上海社会科学院法学研究所学术精品文库

# 新时代国有企业综合改革研究

李建伟 著

上海三联书店

# 总　　序

　　上海社会科学院法学研究所成立于 1959 年 8 月，原名"政治法律研究所"，是我国成立最早、规模最大、最早招收研究生的地方社科系统法学研究机构。

　　法学所的历史可以追溯到 1952 年由原圣约翰大学、复旦大学、南京大学、东吴大学、厦门大学、沪江大学、安徽大学等 9 所院校的法律系、政治系和社会系等合并组建成立的华东政法学院，1958 年华东政法学院并入上海社会科学院，翌年成立了上海社会科学院政治法律研究所。彼时上海滩诸多法学大家汇聚于斯，潘念之、齐乃宽、浦增元、张汇文、卢峻、周子亚、何海晏、丘日庆、徐开墅、徐振翼、肖开权、郑衍杓、陈振国、李宗兴、程辑雍等均在各自领域独当一面、各领风骚。1984年，东吴大学上海校友会也正式在上海社会科学院注册成立，成为东吴法学的精神传承，一时颇有海派法学的大气候。

　　1979 年复建后，"政治法律研究所"正式更名为"法学研究所"。作为南方地区的法学理论研究重镇，在中国社会经济快速发展的浪潮中，法学所勇立潮头，不断探求中国特色社会主义法治的发展规律，解决我国改革开放和现代化建设中的现实问题。法学所在法理学、公法学、国际法学、刑法学和民商法学等领域为国家法治建设鼓与呼，在新时期法学学科建设、民法通则制定、港澳回归、浦东开发等重要历史性事件进程中均作出了重大贡献。

　　进入新世纪，随着国家科研方针政策的转型以及各大高校法学研究的崛起，社科院系统的体制模式受到重大挑战，加上老一辈学人的隐退,法学所也开始了二次创业的征程。近年来,法学所通过"内培外引"大力加强人才梯队建设,引进和培养了一批在国内有影响力的中青年学者,特别是一批青年才俊陆续加入,他们充满朝气,基础扎实,思想活跃,承载着法学所的未来与希望。通过不断提高学科队伍建设、夯实智库研究基础,法学所得以进一步加强和形成了"经济刑法""租借·租借地等特殊地区研究""刑事法创新学科""法治中国及其上海智库实践智库""比较法学""生命法学""党内法规""青少年法学"等多个优势学科和特色研究团队。如今的法学所安立于古典而又繁华的淮海中路的静谧一角,立足上海,面向全国,以"国家高端智库"和院"创新工程"为平台,坚持学科建设和智库建设双轮驱动,在法学研究领域焕发出新的生机。

为弘扬学术精神、传播学术成果、传承学术血脉,我们策划了"上海社科院法学所学术精品文库"。法学所科研人员的重要理论成果和学识智慧,将收入本文库,以期学脉绵延,薪火相传,续写法学所的当代辉煌篇章。本文库主要由两部分组成,一部分是法学所科研人员的重要学术专著,另一部分是法学所青年学术沙龙系列。前者秉持学术为本、优中选优的原则,遴选并最终确定出版的著作,后者是对法学所学术品牌青年法学学术沙龙的整理。在条件成熟时,本文库也将陆续整理出版老一辈法学所专家的代表性作品。

文章千古事,希望纳入文库出版的作品能够不负学术精品之名,服务国家法治建设与社会发展,并能够历经岁月洗礼,沉淀为经世之作。

是为序。

上海社会科学院法学研究所所长、研究员、博士生导师

姚建龙

2020 年 7 月 30 日

# 序

  国有企业改革是中国经济体制改革的中心环节。党的十八大以来，以习近平同志为核心的党中央高度重视国有企业改革工作，首次提出国有企业是中国特色社会主义重要物质基础和政治基础等一系列重大论断，开启了新时代国有企业改革再出发的重大命题。

  李建伟同志长期从事国有企业改革发展的理论与实务工作，在多年理论研究和工作实践基础上形成的这部专著，首次对习近平新时代国有企业重要论述进行了系统研究阐释，可以作为新时代国有企业综合改革的指导思想。在此基础上，该著作对国有企业党的领导治理改革、国有资产管理体制改革、国有企业监督体制改革、国有企业监管模式改革、包括"资本化主线国资改革、市场化主线国企改革、法治化主线监管改革"在内的国资国企综合改革，进行了深入系统研究。本著作研究，率先对新时代国有企业综合改革的指导思想、体制机制、模式范式进行了的系统阐释与构建，首次对特色化推进治理改革、资本化推进国资改革、市场化推进国企改革、法治化推进监管改革等国资国企多位一体综合改革进行了深入研究和系统阐释，是近年国有企业改革领域一部较为优秀的著作。

  本书研究首先体现出鲜明的政治性。国有资产是全体人民的共同财富，国有企业是中国特色社会主义重要物质基础和政治基础。本书研究抓住国有企业政治性这一本质属性，并以其引领国企改革，为整体研究奠定了科学坚实的政治基础。其次，体现出突出的专业性。国企改革是一项科学性、专业性要求很高的系统工程。本研究较好地统筹了政治、经济、法律和管理等相关专业视角和专门知识，最终遂成这部聚焦国有企业综合改革的系统研究著述。第三，体现出较好的实践性。本书整体研究注重理论与实践的密切联系和结合互动，在理论研究基础上，有对策、有制度、有成效，体现出较好实践指导价值。总体而言，本著作研究，打通了长期制约我国国企改革理论和实践的诸多难点、堵点，构建了新时代国有企业改革再出发的理论框架，为深化国企综合改革，推动国企治理优化、发展升级提供了实践指导；为夯实"两个基础"，推动国有经济可持续、高质量发展提供了对策建议；为落实"两个毫不动摇"，助推国民经济整体发展提供了理论思路。

习近平总书记指出，坚持和发展中国特色社会主义，需要不断在实践和理论上进行探索，希望理论工作者要从中国实践中来、到中国实践中去，把论文写在祖国大地上。很高兴李建伟同志等一大批研究人员结合各自研究领域，围绕新时代党和国家发展大局，在立足中国实践、研究中国问题、提出中国方案方面作出了积极探索。

是为序。

上海市社会科学界联合会主席

2022 年 7 月 16 日

# 目　　录

# 内容摘要

国有企业是中国特色社会主义的重要物质基础和政治基础,国有企业改革是中国经济体制改革的关键环节与重要内容。本研究坚持以习近平新时代中国特色社会主义思想为指导,对新时代我国国有企业改革的指导理论、党的领导、管理体制、监督体制、监管模式、综合改革、实践样本等进行了探索研究,以期服务新时代中国特色国有企业改革的顺利推进。

本研究第一章立足中华民族伟大复兴战略全局和世界百年未有之大变局,从新时代国有企业的"基本属性、本质特征、地位作用、政企关系、主要矛盾、目标任务、改革主体、发展动力、布局结构、公司治理、竞争中性、监督管理"等十二个方面,对习近平新时代国有企业重要论述的核心要义进行了深入研究和系统阐释,为新时代国有企业改革再出发奠定了坚实的指导思想和科学理论基础。

第二章围绕以"党的领导融入嵌入国有企业公司治理"为主要内涵的中国特色现代国有企业制度建设,在对我国国有企业党的领导发展演进和国有企业本质属性考察分析基础上,重点对包括"法律挑战、法律属性、法律价值、法律关系、法治统一和立法发展"等在内的国有企业党的领导的法理构建、推进国有企业党的领导"功能建设、组织建设、机制建设、权责建设、纪律建设、制度建设"等治理实现和国有企业党内法规建设进行了系统研究。

第三章立足我国国有资产管理体制改革历程,尤其是十八大以来的国资国企改革发展与实践探索,对新时代我国国有资产管理体制改革发展进行系统深入的研究。重点对国有资产"领导管理体制、行政管理体制、组织管理体制、资本管理体制、人员管理体制、企业管理体制、经营管理体制、监督管理体制"的改革完善进行了系统研究。

第四章首先系统总结了包括"体系论、主体论、客体论、合力论、法治论"为核心要义的习近平总书记关于国有企业监督重要论述;其次分析了国有企业监督体系建设的理论依据、政策依据和法律依据,以及国有企业监督体系建设存在的问题与短板。在此基础上,建立了包括"内部监督、出资监督、审计监督、纪检监督、社会监督"在内的多位一体国有企业大监督体系;并探讨了国有企业监督体系的实施保障。

第五章基于对国有企业监管管理的性质特点,在与其他监督管理的比较分析基础上,对出资人监管这一新型的国有企业监管模式进行了系统研究。重点以"国有企业出资人三大权利"为主线,以"出资人监管模式与机制建设、出资人监管法律体系的构建、出资人监管的重点工作"等为主要内容,对新时代国有企业出资人监管模式的改革完善进行了系统论述。

第六章立足国资国企改革发展演进与当代实践,全面、准确把握国资国企改革面临的新形势、新要求,深入研究"国资改革、国企改革、监管改革"等重大改革问题,提出"以资本化为主线推进国资改革""以市场化为主线推进国企改革""以法治化为主线推进监管改革"等三位一体的国资国企综合改革的对策建议,以进一步增强国资国企综合改革的系统性、整体性、协同性,形成国资改革、国企改革和监管改革协调协同,相互促进的综合改革格局。

第七章以上海市金山区国资国企改革发展为样本;研究了国资国企改革的指导思想、基本原则、总体目标、主要指标、工作重点、主要任务、功能定位、布局结构、主要举措与十大工程。在此基础上,以"资本化、市场化、法治化"为方向进一步深化国资改革、国企改革和监管改革,立足公司法、国资法、证券法三法统一,制定实施了以"国有资产出资人监管权利清单制度"为核心的"1＋1＋11"国资国企综合改革方案与配套制度体系。

# 第一章　新时代国有企业改革的指导思想

　　理论上的与时俱进和不断创新,是马克思主义政党的理论品格,也是新时代全面深化国有企业改革的现实需要。党的十八大以来,以习近平同志为核心的党中央,高度重视理论建设和理论指导对全面深化国有企业改革的重要意义,坚持以马克思列宁主义、毛泽东思想、邓小平理论、"三个代表"重要思想、科学发展观为指导,密切联系新的时代条件下我国国有企业改革发展实际,统筹中华民族伟大复兴战略全局和世界百年未有之大变局,以广阔深邃视野深化对国有企业发展规律的认识,全面总结和科学概括国有企业改革实践经验,进行艰辛理论探索,提出了推进国有企业改革发展的一系列新思想、新论断、新观点,系统、深刻回答了新时代为什么要发展国有企业、发展什么样的国有企业、怎样发展国有企业等重大问题①,深化了新时代中国特色社会主义市场经济条件下国有企业改革发展规律的认识,形成了习近平新时代国有企业重要论述。

## 第一节　习近平新时代国有企业重要论述的提出背景

　　习近平新时代国有企业重要论述是新时代中国特色社会主义思想

---

① 参见李建伟:《新时代国企改革如何再出发》,载《解放日报》2018 年 6 月 19 日,第 10 版（思想周刊・新论）。

的重要组成部分,关系新时代我国国有企业的改革发展,关系中国特色社会主义基本经济制度的发展完善。习近平新时代国有企业重要论述,通过"十二个明确"的理论体系构建,对我国国有企业的基本性质、本质特征、地位作用、主要矛盾、目标任务、改革主体、改革动力、布局结构、公司治理、监督管理等作了开创性的系统深入阐明,形成了指导新时代中国特色国有企业改革发展的科学理论体系。确立并加强对习近平新时代国有企业重要论述的研究和贯彻落实,对于推进新时代国有企业新一轮改革发展具有重大理论意义和实践价值。

## 一、历史与时代背景

### (一) 新时代国有企业重要论述形成的时代方位

时代问题是理论发展、政策制定和实践推进的重要前提与基础。党的十八大以来,中国特色社会主义进入到了一个新的时代方位,党和国家事业发展从主要矛盾、国际形势到指导思想、目标任务、方针政策等各方面都与时俱进形成重大发展。习近平总书记在准确把握这些新的时代特征基础上,作出了中国特色社会主义进入"新时代"历史方位的重大判断。①

方位决定方略,"一切划时代的体系的真正的内容都是由于产生这些体系的那个时期的需要而形成起来的"②。"新时代"重大政治论断的确立,为习近平新时代国有企业重要论述的提出,标定了坚实的时间坐标、时代背景和历史方位,指明了新目标、注入了新内涵,从而构成认识和把握新时代国有企业重要论述形成的总背景与总逻辑。

### (二)"两个大局"下国有企业地位功能与任务

新时代"两个大局",是新时代国有企业重要论述形成的空间方位、

---

① 习近平:《决胜全面建成小康社会　夺取新时代中国特色社会主义伟大胜利——在中国共产党第十九次全国代表大会上的报告》,载《人民日报》2017 年 10 月 28 日,第 1 版。

② 马克思、恩格斯:《马克思恩格斯全集(第 3 卷)》,人民出版社 1960 年版,第 544 页。

现实背景和基本根据。正如习近平总书记所指出的:新的征程上,必须"统筹中华民族伟大复兴战略全局和世界百年未有之大变局"。①

新中国成立以来,国有企业一直是我国社会主义基本经济制度的重要支柱。改革开放以来,国有企业改革则一直是我国经济体制改革的核心环节。党的十八大以来,习近平总书记高度重视国有企业工作。在 2016 年 10 月 10 日至 11 日召开的全国国有企业党的建设工作会议上,习近平总书记指出:"国有企业是中国特色社会主义的重要物质基础和政治基础,是我们党执政兴国的重要支柱和依靠力量。新中国成立以来特别是改革开放以来,国有企业发展取得巨大成就。我国国有企业为我国经济社会发展、科技进步、国防建设、民生改善作出了历史性贡献,功勋卓著,功不可没"②;强调:"要通过加强和完善党对国有企业的领导、加强和改进国有企业党的建设,使国有企业成为党和国家最可信赖的依靠力量,成为坚决贯彻执行党中央决策部署的重要力量,成为贯彻新发展理念、全面深化改革的重要力量,成为实施'走出去'战略、'一带一路'建设等重大战略的重要力量,成为壮大综合国力、促进经济社会发展、保障和改善民生的重要力量,成为我们党赢得具有许多新的历史特点的伟大斗争胜利的重要力量"③。

中华民族伟大复兴战略全局和世界百年未有之大变局,对作为中国特色社会主义重要物质基础和政治基础的国有企业改革发展的指导思想,提出了重大而迫切的任务,要求我们的国有企业改革的指导思想必须进行创新发展,对新时代国有企业改革发展的重大问题予以科学回答和正确应对。党的十八大以来,国内外形势变化和我国经济改革实践都给我们提出了国有企业改革发展再出发的重大时代课题,这就是必须从理论和实践结合上系统回答如何定位新时代国有企业的地位作用和发展方向、怎样坚持和发展新时代国有企业等一系列重大问题,

① 习近平:《在庆祝中产党成立 100 周年大会上的讲话》,载《人民日报》2021 年 7 月 2 日,第 1 版。
② 习近平:《坚持党对国有企业的领导不动摇》,载《人民日报》2016 年 10 月 12 日,第 1 版。
③ 同上注。

包括新时代国有企业改革发展的形势任务、主要矛盾、指导思想、目标任务、改革方向、改革主体、改革客体、改革动力、改革模式等基本问题，尤其是要对新时代中国特色社会主义建设中国有企业的基本性质、地位作用、功能定位、布局结构等作出科学定位和指导推动等，这对于新时代更好坚持和发展中国特色社会主义，是一项重大而紧迫的课题。

## 二、理论与实践背景

正如习近平总书记指出："新中国成立以来特别是改革开放以来，国有企业发展取得巨大成就。我国国有企业为我国经济社会发展、科技进步、国防建设、民生改善作出了历史性贡献，功勋卓著，功不可没。"[1]新中国成立、改革开放以来，国有企业改革的理论探索就处于不断的探索中。应当承认，一段时期以来，我们在对待国有企业问题上，认识还不深刻、到位和科学，关于国有企业的相关理论和政策，包括国有企业的性质功能、地位作用、党的领导、国资进退、政企关系、政资关系、监管定位、地方国资、国企体系、激励约束、治理结构等一系列理论问题上，都是模糊甚至停滞的。一些国内外机构和人士出于各种出发点，对国有企业制造出"垄断论""冰棍理论""靓女先嫁"论调，有的甚至鼓吹"去国有化""私有化"等主张。理论的模糊、停滞甚至错误干扰，极大的影响和制约了我国国有企业的改革发展进程，影响了我国国有企业的质量效益与功能发挥，一定程度上对坚持、发展和完善我国社会主义基本经济制度产生了影响。因此，新时代我国国有企业改革发展的指导理论就成为亟待研究解决的重大课题。

就其主要而言，党的十八大前后，开启新时代之际，国有企业改革存在一系列基本问题需要研究解决。一是新时代国有企业改革的指导思想问题。长期以来，我国国有企业改革一直在国资进退、功能定位、政企分开、政资分开、体系结构、激励约束等方面存在争议和困惑，一定

---

① 习近平:《坚持党对国有企业的领导不动摇》,载《人民日报》2016 年 10 月 12 日,第 1 版。

程度制约了改革发展的顺利推进。二是新时代国有企业改革的根本实质问题。新时代的国有企业改革,关系到社会主义公有制经济的坚持发展,是改革开放以来尤其是十八大以来中国特色社会主义基本经济制度中观层面制度体系的发展完善。新时代国有企业改革,实质是中国特色社会主义基本经济制度的具体发展完善,它关系到作为上层建筑的中国特色社会主义的基本经济制度,关系中国特色社会主义基本经济制度微观细胞即国有企业的发展。三是新时代国有企业改革的主要矛盾。新时代国有企业改革的改革对象,是新时代国有资产管理体制所存在的主要矛盾,即现行国有企业改革与新时代中国特色国有经济的基本性质、地位作用发展、发展需求还不平衡、不相适应。比方说,一段时期党的领导在国有企业中弱化、淡化、虚化、边缘化等情况的存在,严重影响了国有企业的改革发展;政企不分一定程度长期存在,影响了国有企业的市场化运行机制、考核评价与激励约束;国资进退问题长期得不到政策明确,严重制约了国资国企改革发展,等等。四是新时代国有企业改革的本质特征问题。新时代国有企业改革的本质特征,是指新时代国有企业改革区别于民营、外资等其他性质资产、企业管理体制改革的主要特征。这一问题长期未得到明确。五是新时代国有企业改革的主体动力。国资国企改革发展的主体,是政府有关主管部门、还是广大国有企业,这是在实践中往往错位的一个重要问题。六是新时代国有企业改革基本原则问题。如何在新时代国有企业改革中把握体现社会主义公有制性质、落实和推进好国有企业党的领导、管资本和管人管事相结合、政府经济管理职能与国有资产所有者管理职能分开和依法治理依法治企等原则,是新时代国有企业改革面对的又一重大问题。

在上述背景之下,党的十八大以来,习近平总书记围绕我国国有企业改革发展,发表了一系列重要讲话,作出了许多重要指示[①]。自 2012 年 10 月担任总书记以来,习近平总书记从 2013 年 2 月 4 日在兰州金

---

[①]　参见宋方敏:《习近平国有经济思想研究略论》,载《政治经济学评论》2017 年第 1 期。

川集团股份有限公司考察时的讲话,到 2022 年 2 月 28 日在主持召开中央全面深化改革委员会第二十四次会议,审议《关于加快建设世界一流企业的指导意见》《关于推进国有企业打造原创技术策源地的指导意见》等重要政策,近 10 年公开发表的关于或涉及国有企业的讲话就有60 余篇。此外,还有大量未公开发表的关于国有企业改革的工作批示、指示和内部讲话。另外,《中共中央、国务院关于深化国有企业改革的指导意见》《中国共产党国有企业基层组织工作条例(试行)》等中央有关文件和党内法规均为习近平总书记主持或领导下制定的。这一系列针对国有企业改革发展的重要讲话和指示,其针对性之强、要点把握之准确、观点之明确、次数之多、内涵之丰富,体系之系统等特征,在我们党历届中央领导中是前所未有的。这充分反映出习近平总书记对国有企业改革的高度重视和深入思考。在此基础上形成的习近平新时代国有企业重要论述,全面、科学、深刻、系统地回答、解决了上述长期困扰甚至严重损害我国国有企业健康发展的理论问题,为新时代国有企业改革再出发、发展新跨越,从而为新时代中国特色社会主义建设和中华民族伟大复兴作出国有经济的应有贡献,奠定了坚实的指导思想和科学理论基础。

## 第二节　习近平新时代国有企业重要论述的核心要义

习近平新时代国有企业重要论述,从世界观和方法论的高度,系统全面地回答了进入新时代后,国有企业的基本性质、党的领导、功能地位、主体动力等在新形势下应该明确坚持的根本方面,和进入新时代后所面临的"新环境""新矛盾",肩负的"新目标""新使命",推进的"新方略""新举措"等一系列带有根本性的问题,用"十二个明确"清晰阐明了在新时代为什么要坚持和发展国有企业,坚持和发展什么样的国有企业,怎么样坚持和发展国有企业这一重大时代课题。以"十二个明确"为核心要义的习近平新时代国有企业重要论述,是习近平新时代中国特色社会主义思想的重要内容,构成了一个完备科学的思想理论体系,既有理论高度,更具实践价值,将指导我们在新时代更好推动中国特色国有企业改革发展。

## 一、明确了新时代国有企业的基本属性

习近平总书记明确指出了国有企业的重要性质,即政治性、经济性和社会性,尤其是相对于其他所有制企业,突出强调了"政治性"这一国有企业的基本属性。这一重要揭示,从理论和实践上解决了长期影响和制约国有企业改革发展的重要基石性问题。

关于国有企业的政治性,习近平总书记在 2016 年 10 月 10 日—11日召开的全国国有企业党的建设工作会议上作出了明确的揭示:"国有企业是中国特色社会主义的重要物质基础和政治基础,是我们党执政兴国的重要支柱和依靠力量";强调指出:"从政治上看问题,决不能认为这只是一个简单的所有制问题,或者只是一个纯粹的经济问题,那就太天真了",否则将"导致中国经济基础的社会主义公有制彻底变质,以及中国上层建筑合法性和社会意识形态合理性的彻底丧失"[1]。

党的十五大以来,我国一直坚持并完善社会主义初级阶段"公有制为主体、多种所有制经济共同发展"的基本经济制度[2]。党的十九大强调:"必须坚持和完善我国社会主义基本经济制度和分配制度"。马克思主义的科学社会主义原理认为,在资本主义私有制被否定以后产生的一种新型的社会生产关系,即是生产资料公有制[3]。我国现阶段,以国家所有作为全民所有制的具体实现形式,即由国家代表全体人民行使全民财产权利。在我国,是由人民民主专政的国家政权机构代表全

---

[1] 习近平:《共同为改革想招一起为改革发力 群策群力把各项改革工作抓到位》,载《人民日报》2014 年 8 月 19 日,第 1 版。

[2] 参见宋方敏:《论"国有企业做强做优做大"和"国有资本做强做优做大"的一致性》,载《政治经济学评论》2018 年第 3 期。

[3] 参见丁堡骏:《国有企业如何实现浴火重生》,载《红旗文稿》2014 年第 10 期。

体人民，以国家所有制的形式，以国有企业为微观基础和载体来实现公有制下生产资料的所有权和经营权。这就使国有企业成为了社会主义制度实现生产资料社会占有的最重要形式，从而也决定了国有企业在社会主义基本经济制度中的性质及功能[①]，即国有企业是社会主义这一政治制度不可或缺、极其重要的微观经济基础，从而决定了国有企业政治性这一基本属性。

综上可见，国有企业的所有权属于国家，而国家是一个政权组织，这就决定了国有企业具有三重性：在本质上国有企业是政治组织、经济组织、社会组织的结合，是政治性、经济性和社会性的结合体，国有企业既担负着一定的政治功能，又担负着一定的经济功能和社会责任，从而构成党执政的重要政治基础、物质基础。而相对于同样具有经济性、社会性的私营企业、外资企业而言，国有企业的政治性则是其基本属性。

在中国特色社会主义理论体系中，坚持中国特色社会主义基本经济制度居于决定性的基础地位。中国特色社会主义基本经济制度的核心和基石是以公有制为主体、国有经济为主导，这也是多种所有制经济共同发展的前提和保证。这些因素影响、决定着我们中国特色社会主义基本经济制度、政治制度等上层建筑的性质和坚持完善，即：能否旗帜鲜明地坚持和巩固公有制主体地位，理直气壮地做强做优做大国有企业，毫不动摇地发展壮大国有经济[②]。习近平总书记关于国有企业政治性基本属性的科学揭示和论述，为在国有企业改革发展中加强党的领导和党的建设，奠定了坚实的理论基础和法理基础；为新时代整个国有企业的改革再出发、发展新跨越奠定了坚实的理论基础和政策基石。

## 二、明确了新时代国有企业的本质特征

一段时期以来，我们理论和实务界对国有企业本质特征把握不够

---

① 参见乔榛：《中国经济体制改革中的国有企业地位及功能变迁》，载《社会科学辑刊》2018年第3期。

② 参见宋方敏：《习近平国有经济思想研究略论》，载《政治经济学评论》2017年第1期。

清晰明确、落实不够切实有力。尤其是对国有企业相较于民营企业、外资企业的一般性、共性看的多一些,比方说对西方的现代企业的制度、公司治理理论的引入和建设。但是,对国有企业的本质特征,有所淡化甚至忽视。

对此,习近平总书记对国有企业的本质特征——党的领导,多次作出明确揭示。2015 年 6 月 5 日,习近平总书记主持召开中央全面深化改革领导小组第十三次会议指出:"坚持党的领导是我国国有企业的独特优势。要坚持党的建设与国有企业改革同步谋划、党的组织及工作机构同步设置,实现体制对接、机制对接、制度对接、工作对接,确保党的领导、党的建设在国有企业改革中得到体现和加强。"[①]2016 年 7 月 4 日,在全国国有企业改革座谈会上,习近平总书记作出重要指示强调:"要坚持党要管党、从严治党,加强和改进党对国有企业的领导,充分发挥党组织的政治核心作用。"[②]2016 年 10 月 10 日—11 日,习近平总书记在全国国有企业党的建设工作会议上指出:"坚持党对国有企业的领导是重大政治原则,必须一以贯之"。"国有企业是党领导的国家治理体系的重要组成部分,理所当然要坚持党的领导"。"坚持党的领导、加强党的建设,是我国国有企业的光荣传统,是国有企业的'根'和'魂',是我国国有企业的独特优势"。"国有企业和国有资产必须牢牢掌握在党的手中[③]。2017 年 10 月习近平总书记作党的十九大报告时强调:"明确中国特色社会主义最本质的特征是中国共产党领导,中国特色社会主义制度的最大优势是中国共产党领导,党是最高政治领导力量,提出新时代党的建设总要求,突出政治建设在党的建设中的重要地位。"[④]

综上,"党的领导是国有企业的本质特征"是习近平总书记在国有

---

① 习近平:《树立改革全局观积极探索实践　发挥改革试点示范突破带动作用》,载《人民日报》2015 年 6 月 6 日,第 1 版。

② 习近平:《理直气壮做强做优做大国有企业》,载《人民日报》2016 年 7 月 5 日,第 1 版。

③ 参见《习近平:决不允许把国有企业搞小了、搞垮了、搞没了》,载《昆仑策》,http://www.kunlunce.com/xjpxjp/2018-02-02/122796.html。

④ 习近平:《决胜全面建成小康社会夺取新时代中国特色社会主义伟大胜利——在中国共产党第十九次全国代表大会上的报告》,载《人民日报》,2017 年 10 月 28 日,第 1 版。

企业政治性基本属性判断、阐述基础上的又一重要论断。国有资产属于全体人民。中国共产党是中国人民和中华民族的先锋队，是中国特色社会主义事业的领导核心，代表中国最广大人民的根本利益。由此可见，我们党对国有企业的领导，天然统一于党的性质和宗旨。在此基础上，习近平总书记明确指出：坚持党的领导、加强党的建设是我国国有企业的光荣传统，是国有企业的"根"和"魂"，是国有企业的独特优势，要坚持党对国有企业的领导不动摇。关于新时代国有企业改革发展的一系列重大问题，习近平总书记对党的领导作为国有企业本质特征的揭示和判断，为其发展方向、功能作用和目标任务的明确与实现，奠定了坚实的政治保障。

## 三、明确了新时代国有企业的地位作用

习近平总书记的多次讲话，对国有企业的重要地位和重要作用进行了明确强调：主要是"基础论"——国有企业是"中国特色社会主义的重要物质基础和政治基础"；"支柱论"——国有企业是"国民经济的重要支柱""党执政兴国的重要支柱""中国特色社会主义经济的'顶梁柱'"；"力量论"——国有企业是"推进国家现代化、保障人民共同利益的重要力量""我国经济发展的重要力量""党执政兴国的依靠力量"；以及 2015 年 10 月 10 日—11 日在全国国有企业党的建设工作会议上习近平总书记指出国有企业的"四大力量"等。

习近平总书记关于国有企业重要地位和重要作用的相关具体论述主要包括：2013 年 11 月 16 日，在关于《中共中央关于全面深化改革若干重大问题的决定》的说明中，习近平总书记指出："国有企业是推进国家现代化、保障人民共同利益的重要力量"，"必须毫不动摇巩固和发展公有制经济，坚持公有制主体地位，发挥国有经济主导作用"[①]。2014

---

① 习近平：《关于〈中共中央关于全面深化改革若干重大问题的决定〉的说明》，载《人民日报》2013 年 11 月 16 日，第 1 版。

年 8 月 18 日,习近平总书记主持召开中央全面深化改革领导小组第四次会议指出:"国有企业特别是中央管理企业,在关系国家安全和国民经济命脉的主要行业和关键领域占据支配地位,是国民经济的重要支柱,在我们党执政和我国社会主义国家政权的经济基础中也是起支柱作用的。"①2014 年 12 月 9 日,在中央经济工作会议上习近平总书记讲话指出:"国有企业是我国经济发展的重要力量,也是我们党和国家事业发展的重要物质基础。"②2016 年 10 月 10 日—11 日,习近平总书记在全国国有企业党的建设工作会议上指出:"国有企业是中国特色社会主义的重要物质基础和政治基础,是我们党执政兴国的重要支柱和依靠力量"。"我们要通过加强和完善党对国有企业的领导、加强和改进国有企业党的建设,使国有企业成为党和国家最可信赖的依靠力量,成为坚决贯彻执行党中央决策部署的重要力量,成为贯彻新发展理念、全面深化改革的重要力量,成为实施'走出去'战略、'一带一路'建设等重大战略的重要力量,成为壮大综合国力、促进经济社会发展、保障和改善民生的重要力量,成为我们党赢得具有许多新的历史特点的伟大斗争胜利的重要力量"。③ 2017 年 12 月 12 日,习近平总书记在视察江苏徐工集团时指出:"国有企业是中国特色社会主义的重要物质基础和政治基础,是中国特色社会主义经济的'顶梁柱'"。"要按照党的十九大部署推动国有企业深化改革、提高经营管理水平,使国有企业成为贯彻新发展理念、全面深化改革的骨干力量,成为我们执政兴国的重要支柱和依靠力量"。④

这是习近平总书记站在新时代中国特色社会主义物质基础和政治基础角度、从关乎兴亡成败的战略高度,站在我们党领导人民推进中华

① 习近平:《共同为改革想招一起为改革发力　群策群力把各项改革工作抓到位》,载《人民日报》2014 年 8 月 19 日,第 1 版。
② 参见《习近平:决不允许把国有企业搞小了、搞垮了、搞没了》,载《昆仑策》,http://www.kunlunce.com/xjpxjp/2018-02-02/122796.html。
③ 习近平:《坚持党对国有企业的领导不动摇》,载《人民日报》2016 年 10 月 12 日,第 1 版。
④ 《习近平在江苏徐州市考察时强调　深入学习贯彻党的十九大精神　紧扣新时代要求推动改革发展》,载《人民日报》2017 年 12 月 14 日,第 1 版。

民族伟大复兴的政治高度来观察和思考问题,就新时代国有企业的重要地位和作用所得出的重大科学结论。这一重要论断,为新时代国有企业的改革发展的现实推进指明了重要方向,作出了重大部署。

## 四、明确了新时代国有企业的政企关系

政企关系、政资关系长期以来是国有企业的理论和实践领域一个重大问题。从"国营企业"、到"国有企业"、再到"国家出资企业"等法定名称的发展变化,可以从侧面看出国有企业与政府的关系的发展演进。新时代以来,习近平总书记立足国家治理体系和能力现代化大局,对政府与国有企业关系作出了重大的理论发展和实践推进,提出国有企业的"出资人监管",对于政府对于国有企业是做"老板"还是做"婆婆",即政府对国有企业定位为承担社会管理职能,还是承担出资人职责职权,作出了重要论述和部署。

相关主要论述有:2013 年 2 月 28 日,中共中央举行民主协商会,习近平主持会议并发表重要讲话指出:"中共十八大从我国发展全局出发,提出了深化行政体制改革的要求和任务,强调要按照建立中国特色社会主义行政体制目标,深入推进政企分开、政资分开、政事分开、政社分开,建设职能科学、结构优化、廉洁高效、人民满意的服务型政府。"[1]2013 年 11 月 15 日,在关于《中共中央关于全面深化改革若干重大问题的决定》的说明中习近平总书记指出:"国有资本继续控股经营的自然垄断行业,实行以政企分开、政资分开、特许经营、政府监管为主要内容的改革。"[2]在 2015 年 6 月 5 日召开的中央全面深化改革领导小组第十三次会议,习近平总书记主持会议并发表重要讲话,强调:"防止国有资产流失,要坚持问题导向,立足机制制度创新,强化国有企业内

---

[1] 参见《中共中央举行民主协商会 习近平主持会议并发表重要讲话》,载《人民日报》2013年3月1日,第1版。

[2] 习近平:《关于〈中共中央关于全面深化改革若干重大问题的决定〉的说明》,载《人民日报》2013 年 11 月 16 日,第 1 版。

部监督、出资人监督和审计、纪检巡视监督以及社会监督,加快形成全面覆盖、分工明确、协同配合、制约有力的国有资产监督体系。"①2016年12月5日召开的中央全面深化改革领导小组第三十次会议,习近平总书记主持会议指出:"要按照以管资本为主加强国有资产监管的要求,依法依规建立和完善出资人监管权力和责任清单,重点管好国有资本布局、规范资本运作、提高资本回报、维护资本安全。要加强国有资产监督,把强化出资人监管同落实管党治党责任结合起来。"②2016年12月30日召开的中央全面深化改革领导小组第三十一次会议,习近平总书记主持会议并发表重要讲话,强调:"要完善权力运行监督机制,加强和改进出资人监管。"③2019年9月9日召开的中央全面深化改革委员会第十次会议,习近平总书记主持会议并发表重要讲话,强调:"建立统一的出资人制度,要坚持以管资本为主、市场化、审慎性原则,明确出资人与受托人职责。"④

政府与国有企业关系经历了以下阶段的发展演进:由新中国成立之后国营企业阶段的政府直接所有并经营企业;演进到国有企业阶段政府拥有国有企业的所有权、与国有企业经营权两权分离;再发展为政府按照《企业国有资产法》《公司法》等法律规范,作为国有企业出资人,享有出资人权利、履行出资人义务。在上述发展历程基础上,习近平总书记关于国有企业政企分开、政资分开,尤其是"出资人监管"的一系列论述,为新时代政府与国有企业关系的改革与发展完善,奠定了坚实的政治与政策基础。

---

① 《习近平:树立改革全局观积极探索实践　发挥改革试点示范突破带动作用》,载《人民日报》2015年6月6日,第1版。
② 《习近平主持召开中央全面深化改革领导小组第三十次会议》,载《人民日报》2016年12月6日,第1版。
③ 习近平:《投入更大精力抓好改革落实　压实责任提实要求抓实考核》,载《人民日报》2016年12月31日,第1版。
④ 习近平:《加强改革系统集成协同高效　推动各方面制度更加成熟更加定型》,载《人民日报》2019年9月10日,第1版。

## 五、明确了新时代国有企业的主要矛盾

我们党所走过的路,所取得的历史经验,充分说明了科学判断社会及其子系统主要矛盾的极端重要性。准确把握新时代国有企业主要矛盾,是党领导我国国有企业改革顺利推进的认识论前提。

关于当前阶段国有企业改革发展的主要矛盾,对习近平总书记相关论述进行分析总结,可将主要矛盾提炼总结为:"国有企业治理与国有资产监管体制机制与新时代国有企业的性质特征、地位作用、发展需求、目标任务不相适应"。习近平总书记相关论述主要包括:2014 年 12 月 9 日习近平总书记在中央经济工作会议上讲话指出:"从调研情况看,近年来国企改革发展取得了很大成绩,但也存在一些亟待破解的问题,主要是:一些国企市场主体地位未真正确立,现代企业制度尚不健全,国资监管体制需要完善,国有资本运行效率有待进一步提高,内部人控制、利益输送、国有资产流失严重,企业办社会职能和历史遗留问题还很多。特别是有的国企内部管理混乱,侵吞、贪污、输送、挥霍国企资产现象大量发生。这说明,国企体制机制还有很多需要完善的地方,必须加快推进改革。"[①]在 2016 年 10 月 10 日—11 日全国国有企业党的建设工作会议上,习近平总书记讲话指出:"坚持党要管党、从严治党,紧紧围绕全面解决党的领导、党的建设弱化、淡化、虚化、边缘化问题,坚持党对国有企业的领导不动摇。"[②]

新时代国有企业的主要矛盾的提出,对于新时代国有企业改革的目标任务的明确与推进,具有重要的指导意义。例如,坚持公有制主体地位,探索基本经济制度,需要采取有效的实现形式,不断发挥国有经济的主导作用,不断增强国有经济的活力、控制力、影响力,国有企业作为中国特色社会主义的政治基础和物质基础的作用充分发挥需要进一

---

① 参见《习近平:决不允许把国有企业搞小了、搞垮了、搞没了》,载《昆仑策》,http://www. kunlunce. com/xjpxjp/2018-02-02/122796. html。

② 习近平:《坚持党对国有企业的领导不动摇》,载《人民日报》2016 年 10 月 12 日,第 1 版。

步加强、发展完善，等等。

## 六、明确了新时代国有企业的目标任务

通过一系列论述，习近平总书记明确了新时代国有企业改革发展的目标方向、总体任务和具体职责。目标方向："做强做优做大"；总体任务："进一步探索基本经济制度有效实现形式"；具体任务：成为"改革主力军和先行者"、"深化供给侧结构性改革的生力军"，"落实新发展理念的排头兵、创新驱动发展的排头兵、实施国家重大战略的排头兵"，"具有全球竞争力的世界一流企业"。

相关主要论述有：在关于《中共中央关于全面深化改革若干重大问题的决定》的说明中，习近平总书记明确指出："改革开放以来，我国所有制结构逐步调整，公有制经济和非公有制经济在发展经济、促进就业等方面的比重不断变化，增强了经济社会发展活力。在这种情况下，如何更好体现和坚持公有制主体地位，进一步探索基本经济制度有效实现形式，是摆在我们面前的一个重大课题"。[1] 2015 年 6 月 5 日召开的中央全面深化改革委员会第十三次会议习近平总书记主持会议时讲话指出："要坚定不移把国有企业做强做优做大，不断增强国有经济活力、控制力、影响力、抗风险能力。"[2]2016 年 7 月 4 日，在全国国有企业改革座谈会习近平总书记指出："国有企业是壮大国家综合实力、保障人民共同利益的重要力量，必须理直气壮做强做优做大，不断增强活力、影响力、抗风险能力，实现国有资产保值增值。"[3]2016 年 10 月 10 日—11 日，习近平总书记在全国国有企业党的建设工作会议上的讲话指出："在中国共产党领导和我国社会主义制度下，国有企业和国有经济

---

[1]　习近平：《关于〈中共中央关于全面深化改革若干重大问题的决定〉的说明》，载《人民日报》2013 年 11 月 16 日，第 1 版。

[2]　习近平：《树立改革全局观积极探索实践　发挥改革试点示范突破带动作用》，载《人民日报》2016 年 6 月 6 日，第 1 版。

[3]　习近平：《理直气壮做强做优做大国有企业》，载《人民日报》2016 年 7 月 5 日，第 1 版。

必须不断发展壮大,这个问题应该是毋庸置疑的"。"坚定不移把国有企业做强做优做大。"①2017 年 3 月 7 日,在参加十二届全国人大五次会议辽宁代表团审议时习近平总书记讲话指出,国有企业要"争当创新驱动发展先行军"。"国有企业作为国民经济发展的中坚力量,必须发挥带头作用,模范执行各项改革决策,成为改革的主力军和先行者"②。2017 年 4 月 20 日,在广西南宁考察国有企业时习近平总书记讲话指出:"国有企业要做落实新发展理念的排头兵、做创新驱动发展的排头兵、做实施国家重大战略的排头兵。"③2017 年 10 月 18 日,习近平总书记《在中国共产党第十九次全国代表大会上的报告》指出:"深化国有企业改革,发展混合所有制经济,培育具有全球竞争力的世界一流企业。"④2017 年 12 月 12 日,习近平总书记在江苏徐州考察徐工集团重型机械有限公司时讲话指出:"国有企业要成为深化供给侧结构性改革的生力军,瞄准国际标准提高发展水平,促进我国产业迈向全球价值链中高端。"⑤

综上可见,十八大以来,习近平总书记一以贯之地多次强调,要"理直气壮""坚定不移"把"国有企业做强做优做大";他敏锐指出,"如果把国有企业搞小了、搞垮了、搞没了,公有制主体地位、国有经济主导作用还怎么坚持?工人阶级领导地位还怎么坚持?共同富裕还怎么实现?我们党的执政基础和执政地位还怎么巩固?"⑥科学地回答了国有企业的发展目标与发展任务,为新时代国有企业改革发展明确了道路方向、

---

① 习近平:《坚持党对国有企业的领导不动摇》,载《人民日报》2016 年 10 月 12 日,第 1 版。
② 参见《习近平:决不允许把国有企业搞小了、搞垮了、搞没了》,载《昆仑策》,http://www.kunlunce.com/xjpxjp/2018-02-02/122796.html。
③ 《扎实推动经济社会持续健康发展 以优异成绩迎接党的十九大胜利召开》,载《人民日报》2017 年 4 月 22 日,第 1 版。
④ 习近平:《决胜全面建成小康社会 夺取新时代中国特色社会主义伟大胜利——在中国共产党第十九次全国代表大会上的报告》,载《人民日报》2017 年 10 月 28 日,第 1 版。
⑤ 《习近平在江苏徐州市考察时强调 深入学习贯彻党的十九大精神 紧扣新时代要求推动改革发展》,载《人民日报》2017 年 12 月 14 日,第 1 版。
⑥ 参见《习近平:决不允许把国有企业搞小了、搞垮了、搞没了》,载《昆仑策》,http://www.kunlunce.com/xjpxjp/2018-02-02/122796.html。

主要目标和重点任务,意义重大、影响深远。

## 七、明确了新时代国有企业的改革主体

国有企业改革发展的重要课题之一,就是明确改革发展的依靠主体。习近平总书记通过多次讲话,对此作出了明确判断:一是国有企业是改革发展主体,二是国有企业领导人员是党在经济领域的执政骨干,三是国有企业职工是企业的主人翁。

习近平总书记相关主要论述有:2013 年 8 月 28 日—31 日,习近平总书记在辽宁考察时强调:"要抓住新一轮世界科技革命带来的战略机遇,发挥企业主体作用。"[1]2014 年 1 月 14 日,在第十八届中央纪律检查委员会第三次全体会议上习近平总书记讲话指出:"选好用好干部","党委主要负责同志要管好班子,带好队伍,管好自己,当好廉洁从政的表率"[2]。2014 年 8 月 18 日,在中央财经领导小组第七次会议上习近平总书记讲话指出:"全面深化改革,要围绕使企业成为创新主体";"坚持企业在创新中的主体地位"。[3] 2015 年 4 月 28 日在庆祝"五一"国际劳动节暨表彰全国劳动模范和先进工作者大会上,习近平总书记讲话指出:"在前进道路上,我们要始终坚持人民主体地位,充分调动工人阶级和广大劳动群众的积极性、主动性、创造性。不论时代怎样变迁,不论社会怎样变化,我们党全心全意依靠工人阶级的根本方针都不能忘记、不能淡化"[4]。2015 年 7 月 17 日,在长春召开部分省区党委主要负责同志座谈会上习近平总书记讲话指出:"要深化国有企业改革,完善

① 习近平:《深入实施创新驱动发展战略　为振兴老工业基地增添原动力》,载《人民日报》2013 年 9 月 2 日,第 1 版。

② 《习近平总书记在十八届中央纪委第二次、三次、五次全会上重要讲话选编》,载中国共产党新闻网,http://jhsjk. people. cn/article/28036900。

③ 习近平:《加快实施创新驱动发展战略　加快推动经济发展方式转变》,载《人民日报》2014 年 8 月 19 日,第 1 版。

④ 习近平:《在庆祝"五一"国际劳动节暨表彰全国劳动模范和先进工作者大会上的讲话》,载《人民日报》2015 年 4 月 29 日,第 1 版。

企业治理模式和经营机制,真正确立企业市场主体地位。"①2016 年 10 月 10 日—11 日,在全国国有企业党的建设工作会议上习近平总书记讲话指出:"坚持党管干部原则,保证党对干部人事工作的领导权和对重要干部的管理权,保证人选政治合格、作风过硬、廉洁不出问题";"坚持党组织对国有企业选人用人的领导和把关作用不能变,着力培养一支宏大的高素质企业领导人员队伍";"要加强对国有企业领导人员的党性教育、宗旨教育、警示教育,严明政治纪律和政治规矩,引导他们不断提高思想政治素质、增强党性修养,从思想深处拧紧螺丝。""坚持全心全意依靠工人阶级的方针,是坚持党对国有企业领导的内在要求。""国有企业领导人员是党在经济领域的执政骨干,是治国理政复合型人才的重要来源,肩负着经营管理国有资产、实现保值增值的重要责任"。② 2017 年 12 月 12 日,习近平总书记在江苏徐工集团重型机械有限公司视察时指出:"在前进道路上,我们要始终坚持人民主体地位。"③2018 年 5 月 11 日,习近平总书记主持召开中央全面深化改革委员会第二次会议指出:"建设对党忠诚、勇于创新、治企有方、兴企有为、清正廉洁的中央企业领导人员队伍。"④2018 年 11 月,习近平总书记考察上海时指出:"要贯彻新时代党的组织路线,坚持把政治标准作为第一标准,建设忠诚干净担当的高素质干部队伍,确保干部队伍政治上信得过、靠得住、能放心。"⑤

习近平总书记对国有企业改革发展三大依靠主体——国有企业、国企领导人员、广大职工的明确,为充分调动、激发新时代国有企业改革发展的主体积极性和广大力量,奠定了科学、坚实的基础。

---

① 习近平:《加大支持力度增强内生动力　加快东北老工业基地振兴发展》,载《人民日报》2015 年 7 月 20 日,第 1 版。

② 习近平:《坚持党对国有企业的领导不动摇》,载《人民日报》2016 年 10 月 12 日,第 1 版。

③ 习近平:《深入学习贯彻党的十九大精神　紧扣新时代要求推动改革发展》,载《人民日报》2017 年 12 月 14 日,第 1 版。

④ 《习近平主持召开中央全面深化改革委员会第二次会议》,载《人民日报》2018 年 5 月 12 日,第 1 版。

⑤ 习近平:《坚定改革开放再出发信心和决心加快提升城市能级和核心竞争力》,载《人民日报》2018 年 11 月 8 日,第 1 版。

## 八、明确了新时代国有企业的发展动力

国有企业改革发展的重要课题之一，就是明确改革发展的动力。习近平总书记通过多次讲话，对此作出了明确判断。主要论述有：2015年3月5日，在参加十二届全国人大三次会议上海代表团审议时习近平总书记讲话强调："创新是引领发展的第一动力。抓创新就是抓发展，谋创新就是谋未来。适应和引领我国经济发展新常态，关键是要依靠科技创新转换发展动力。"①2015年5月27日，在华东七省市党委主要负责同志座谈会上习近平总书记讲话指出："综合国力竞争说到底是创新的竞争。要深入实施创新驱动发展战略，推动科技创新、产业创新、企业创新、市场创新、产品创新、业态创新、管理创新等，加快形成以创新为主要引领和支撑的经济体系和发展模式。"②2015年6月16日—18日，在贵州调研时习近平总书记讲话强调："要大力推进经济结构性战略调整，把创新放在更加突出的位置，继续深化改革开放，为经济持续健康发展提供强大动力。"③2015年7月17日，在考察吉林东北工业集团长春一东离合器股份有限公司时习近平总书记强调："创新是企业的动力之源。"④2015年10月29日，习近平总书记在党的十八届五中全会第二次全体会议上的讲话中指出："我们必须把创新作为引领发展的第一动力，把人才作为支撑发展的第一资源，把创新摆在国家发展全局的核心位置。"⑤2016年3月7日，在参加全国人大黑龙江省代表团审议时习近平总书记讲话指出："国有企业要深化改革，要'借东

---

① 《总书记的两会声音》，载《人民日报》2015年3月15日，第1版。
② 习近平：《住机遇立足优势积极作为　系统谋划"十三五"经济社会发展》，载《人民日报》2015年5月29日，第1版。
③ 《习近平在贵州调研时强调：看清形势适应趋势发挥优势　善于运用辩证思维谋划发展》，载《人民日报》2015年6月19日，第1版。
④ 习近平：《保持战略定力增强发展自信　坚持变中求新变中求进变中突破》，载《人民日报》2015年7月19日，第1版。
⑤ 《习近平总书记谈创新》，载《人民日报》2016年3月3日，第1版。

风',激发内生动力。"①2017 年 10 月 25 日,习近平总书记在党的十九届一中全会上的讲话指出:"新时代坚持和发展中国特色社会主义,根本动力仍然是全面深化改革。"②

综上可见,习近平总书记明确指出了国有企业改革发展的主要动力:"创新和改革"。这为我们推进新时代国有企业新一轮改革发展,在理论和实践方面提供了重要的方法论指导。

## 九、明确了新时代国有企业的布局结构

在全国分布、数量巨大、层级众多的国有企业体系现状基础上,国有企业的布局结构是一个重大问题。在关于《中共中央关于全面深化改革若干重大问题的决定》的说明中习近平总书记指出:"全会决定坚持和发展党的十五大以来有关论述,提出要积极发展混合所有制经济,强调国有资本、集体资本、非公有资本等交叉持股、相互融合的混合所有制经济,是基本经济制度的重要实现形式,有利于国有资本放大功能、保值增值、提高竞争力。这是新形势下坚持公有制主体地位,增强国有经济活力、控制力、影响力的一个有效途径和必然选择。"③2014 年 8 月 18 日,习近平总书记主持中央全面深化改革领导小组第四次会议讲话指出:"国有企业特别是中央管理企业,在关系国家安全和国民经济命脉的主要行业和关键领域占据支配地位,是国民经济的重要支柱。"④2016 年 7 月 4 日,在全国国有企业改革座谈会习近平总书记作出重要指示强调:"要坚定不移深化国有企业改革,着力创新体制机制,加快建立现代企业制度。要按照创新、协调、绿色、开放、共享的新发展

---

① 《习近平参加黑龙江代表团审议:冰天雪地也是金山银山》,载新华网,http://www.xinhuanet.com/politics/2016-03/07/c_128779874.htm。

② 习近平:《在党的十九届一中全会上的讲话》,载《求是》2018 年第 1 期,第 6 页。

③ 习近平:《关于〈中共中央关于全面深化改革若干重大问题的决定〉的说明》,载《人民日报》2013 年 11 月 16 日,第 1 版。

④ 习近平:《共同为改革想招一起为改革发力 群策群力把各项改革工作抓到位》,载《人民日报》2014 年 8 月 19 日,第 1 版。

理念的要求,推进结构调整、创新发展、布局优化,使国有企业在供给侧结构性改革中发挥带动作用。"①2017年12月12日,习近平总书记在江苏徐工集团重型机械有限公司视察时指出:"必须始终高度重视发展壮大实体经济,抓实体经济一定要抓好制造业。国有企业要成为深化供给侧结构性改革的生力军,瞄准国际标准提高发展水平,促进我国产业迈向全球价值链中高端。"②

综上,习近平总书记在所有制布局结构、国民经济布局结构、改革任务布局结构、产业布局结构等方面,对国有企业进行了部署明确。在所有制布局方面,推进混合所有制改革;在国民经济布局方面,抓好国计民生的主要行业关键领域;在改革任务布局方面,成为供给侧结构性改革的生力军;在产业布局方面,抓好制造业、促进我国产业迈向全球价值链中高端。新时代国有企业布局结构的确定与部署,为国有企业改革发展指明了科学方向,具有重要的理论指导意义和实践推动价值。

## 十、明确了新时代国有企业的公司治理

习近平总书记多次讲话对国有企业公司治理进行部署明确,提出了"统一论""国情论""两个一以贯之论""融入嵌入论""职工代表参与公司治理论"等国有企业公司治理的新思想、新观点和新理论。

习近平总书记相关主要论述主要包括:2015年6月5日,习近平总书记主持中央全面深化改革领导小组第十三次会议时讲话指出:"要把加强党的领导和完善公司治理统一起来,明确国有企业党组织在公司法人治理结构中的法定地位。"③2016年10月10日—11日,在全国国有企业党的建设工作会议上习近平总书记讲话指出:"建立中国特色

---

① 习近平:《理直气壮做强做优做大国有企业》,载《人民日报》2016年7月5日,第1版。
② 习近平:《深入学习贯彻党的十九大精神 紧扣新时代要求推动改革发展》,载《人民日报》2017年12月14日,第1版。
③ 习近平:《树立改革全局观积极探索实践 发挥改革试点示范突破带动作用》,载《人民日报》2015年6月6日,第1版。

现代国有企业制度，要立足我国国情，不要生搬硬套外国的做法。公司治理本来就没有什么放之四海而皆准的模式。我国是中国共产党领导下的社会主义国家，国有企业当然要同大的体制合拍，不要向任何西方企业看齐，也不可能看齐"①。"坚持党对国有企业的领导是重大政治原则，必须一以贯之；建立现代企业制度是国有企业改革的方向，也必须一以贯之。中国特色现代国有企业制度，'特'就特在把党的领导融入公司治理各环节，把企业党组织内嵌到公司治理结构之中，明确和落实党组织在公司法人治理结构中的法定地位，做到组织落实、干部到位、职责明确、监督严格"。"在实际运行中，要处理好党组织和其他治理主体的关系，明确权责边界，做到无缝衔接，形成各司其职、各负其责、协调运转、有效制衡的公司治理机制。国有企业党委（党组）是公司治理结构的领导核心和政治核心。企业党委（党组）也要尊重其他治理主体，既维护董事会对企业重大问题的决策权，又保证党组织的意图在重大问题决策中得到体现"。"要明确党组织在决策、执行、监督各环节的权责和工作方式，使党组织发挥作用组织化、制度化、具体化"。"要明确党组织研究讨论是董事会、经理层决策重大问题的前置程序"。"要健全以职工代表大会为基本形式的民主管理制度，推进厂务公开、业务公开，落实职工群众知情权、参与权、表达权、监督权，充分调动工人阶级的积极性、主动性、创造性。企业在重大决策上要听取职工意见，涉及职工切身利益的重大问题必须经过职代会审议。要坚持和完善职工董事制度、职工监事制度，鼓励职代表有序参与公司治理。"②2014 年 12 月 9 日，在中央经济工作会议上习近平总书记讲话指出："要加强和改进公司法人治理机制，把加强党的领导和完善公司治理统一起来，全面提高经营管理水平，完善符合我国国情又体现效率和

---

① 参见《习近平：决不允许把国有企业搞小了、搞垮了、搞没了》，载《昆仑策》，http://www.kunlunce.com/xjpxjp/2018-02-02/122796.html。

② 习近平：《坚持党对国有企业的领导不动摇》，载《人民日报》2016 年 10 月 12 日，第 1 版。

公平原则的激励机制。"①2016 年 12 月 30 日，在中央全面深化改革领导小组第三十一次会议习近平总书记强调："开展落实中央企业董事会职权试点，要坚持党的领导，坚持依法治企，坚持权责对等，切实落实和维护董事会依法行使中长期发展决策权和经理层成员选聘权、业绩考核权、薪酬管理权以及职工工资分配管理权等，推动形成各司其职、各负其责、协调运转、有效制衡的公司治理机制。"②

习近平总书记关于新时代国有企业公司治理的新思想、新观点和新理论，坚持、体现了马克思主义与时俱进的理论品格，丰富了国有企业治理理论，将对国有企业治理结构的新时代发展完善和功能作用更好发挥，必将起到重要的理论指导与实践推动作用。

## 十一、明确了新时代国有民营企业发展关系

国有企业与非公有制企业的关系是国有企业改革的重大问题之一，也是中国特色社会主义的重要问题之一。党的十八大以来，习近平总书记高度重视这一问题，在认识论和实践论等方面作出一系列判断和论述，多次强调"两个毫不动摇"，指出：公有制经济和非公有制经济发展是"有机统一的"，两者"应该相辅相成、相得益彰"。可见，习近平总书记提出了以"国民共进"为主要内涵的国有企业与民营企业共同发展的关系论。

相关主要论述主要有：2013 年 11 月 9 日至 12 日召开的十八届三中全会指出："公有制为主体、多种所有制经济共同发展的基本经济制度，是中国特色社会主义制度的重要支柱，也是社会主义市场经济体制的根基。公有制经济和非公有制经济都是社会主义市场经济的重要组成部分，都是我国经济社会发展的重要基础。必须毫不动摇巩固和发

① 参见《习近平：决不允许把国有企业搞小了、搞垮了、搞没了》，载《昆仑策》，http://www.kunlunce.com/xjpxjp/2018-02-02/122796.html。
② 习近平：《投入更大精力抓好改革落实 压实责任提实要求抓实考核》，载《人民日报》2016 年 12 月 31 日，第 1 版。

展公有制经济,坚持公有制主体地位,发挥国有经济主导作用,不断增强国有经济活力、控制力、影响力。必须毫不动摇鼓励、支持、引导非公有制经济发展,激发非公有制经济活力和创造力。要完善产权保护制度,积极发展混合所有制经济,推动国有企业完善现代企业制度,支持非公有制经济健康发展。"①2013 年 11 月 15 日,在关于《中共中央关于全面深化改革若干重大问题的决定》的说明中习近平总书记指出:"坚持和完善基本经济制度必须坚持'两个毫不动摇'。全会决定从多个层面提出鼓励、支持、引导非公有制经济发展,激发非公有制经济活力和创造力的改革举措。在功能定位上,明确公有制经济和非公有制经济都是社会主义市场经济的重要组成部分,都是我国经济社会发展的重要基础;在产权保护上,明确提出公有制经济财产权不可侵犯,非公有制经济财产权同样不可侵犯;在政策待遇上,强调坚持权利平等、机会平等、规则平等,实行统一的市场准入制度;鼓励非公有制企业参与国有企业改革,鼓励发展非公有资本控股的混合所有制企业,鼓励有条件的私营企业建立现代企业制度。这将推动非公有制经济健康发展。"②"要坚持和完善社会主义基本经济制度,毫不动摇巩固和发展公有制经济,毫不动摇鼓励、支持、引导非公有制经济发展,推动各种所有制取长补短、相互促进、共同发展。"③2016 年 3 月 4 日,在看望全国政协民建、工商联界委员时习近平总书记指出,"中共十八届三中全会提出,公有制经济和非公有制经济都是社会主义市场经济的重要组成部分,都是我国经济社会发展的重要基础;公有制经济财产权不可侵犯,非公有制经济财产权同样不可侵犯;国家保护各种所有制经济产权和合法利益,坚持权利平等、机会平等、规则平等,废除对非公有制经济各种形式的不合理规定,消除各种隐性壁垒,激发非公有制经济活力

---

① 《中共十八届三中全会在京举行　习近平作重要讲话》,载《人民日报》2013 年 11 月 13 日,第 1 版。

② 习近平:《关于〈中共中央关于全面深化改革若干重大问题的决定〉的说明》,载《人民日报》2013 年 11 月 16 日,第 1 版。

③ 习近平:《立足我国国情和我国发展实践　发展当代中国马克思主义政治经济学》,载《人民日报》2015 年 11 月 25 日,第 1 版。

和创造力。中共十八届四中全会提出要'健全以公平为核心原则的产权保护制度,加强对各种所有制经济组织和自然人财产权的保护,清理有违公平的法律法规条款'。中共十八届五中全会强调要鼓励民营企业依法进入更多领域,引入非国有资本参与国有企业改革,更好激发非公有制经济活力和创造力。"①2022年5月16日出版的第10期《求是》杂志发表习近平总书记的重要文章《正确认识和把握我国发展重大理论和实践问题》,再次重申,"要坚持和完善社会主义基本经济制度,毫不动摇巩固和发展公有制经济,毫不动摇鼓励、支持、引导非公有制经济发展,促进非公有制经济健康发展和非公有制经济人士健康成长"②。

习近平总书记关于国有企业、民营企业两个"毫不动摇"、竞争中性、平等竞争、共同发展的重要论述,打破了之前"国退民进""国进民退"等错误或似是而非的理论观点和实践做法,对新时代国有企业、民营企业的平等竞争、共同发展,具有重要的理论和政策指导意义。

## 十二、明确了新时代国有企业的监督管理

在委托代理和授权经营运营体制和模式下,国有企业的监督管理是一个世界性课题,也是一个带有普遍性长期性的难题。习近平总书记对国有企业监督管理工作高度重视,在多次讲话中予以强调和明确,提出了"改革反腐三同步""细则决定论""公开透明关键论""强化三集监管论""出资人监管论"等重要思想和要求。

相关主要论述主要有:2014年1月14日,在第十八届中央纪律检查委员会第三次全体会议上习近平总书记讲话指出:"要更加注重改革的系统性、整体性、协同性,同防范腐败同步考虑、同步部署、同步实施,

---

① 习近平:《毫不动摇坚持我国基本经济制度　推动各种所有制经济健康发展》,载《人民日报》2016年3月9日,第1版。

② 习近平:《正确认识和把握我国发展重大理论和实践问题》,载《求是》2022年第10期。

避免出现制度真空,堵塞一切可能出现的腐败漏洞,保障改革健康顺利推进。"①2014 年 1 月 23 日,习近平总书记在中央政治局常委会听取2013 年下半年中央巡视组巡视情况汇报时指出:"坚决落实党风廉政建设党委的主体责任和纪委的监督责任。"②2014 年 11 月 1—2 日,习近平总书记在福建调研时指出:"把对党组织的管理和监督、对党员干部特别是领导干部的管理和监督、对党内政治生活的管理和监督在标准上严格起来。"③2014 年 3 月 9 日,参加全国人大安徽代表团审议时习近平总书记讲话指出:"发展混合所有制经济,基本政策已明确,关键是细则,成败也在细则。要吸取过去国企改革经验和教训,不能在一片改革声浪中把国有资产变成谋取暴利的机会。改革关键是公开透明。"④2014 年 12 月 9 日,在中央经济工作会议上习近平总书记讲话指出:"要发展混合所有制经济,提高国有资本利用效率,同时要严格程序、明确范围,做到公正透明,不能'一混了之',也不是'一混就灵',切实防止国有资产流失。"⑤2015 年 1 月 13 日,在第十八届中央纪律检查委员会第五次全体会议上习近平总书记讲话指出:"着力完善国有企业监管制度,加强党对国有企业的领导,加强对国企领导班子的监督,搞好对国企的巡视,加大审计监督力度。国有资产资源来之不易,是全国人民的共同财富。要完善国有资产资源监管制度,强化对权力集中、资金密集、资源富集的部门和岗位的监管。"⑥2015 年 3 月 6 日,习近平总书记参加十二届全国人大三次会议江西代表团审议时指出:"要加强对

① 习近平:《坚定不移走中国特色社会主义政治发展道路,不断推进社会主义政治制度自我完善和发展》,载人民网—中国共产党新闻网,http://jhsjk. people. cn/article/25413247。

② 习近平:《习近平论党内监督:权力越大,越容易出现"灯下黑"》,载人民网—中国共产党新闻网,http://jhsjk. people. cn/article/28753867。

③ 《习近平在福建调研》,载《人民日报》2014 年 11 月 3 日,第 1 版。

④ 习近平:《不能在一片改革声浪中把国有资产变成谋取暴利的机会》,载人民网—中国共产党新闻网,http://jhsjk. people. cn/article/24583612。

⑤ 参见《习近平:决不允许把国有企业搞小了、搞垮了、搞没了》,载《昆仑策》,http://www. kunlunce. com/xjpxjp/2018-02-02/122796. html。

⑥ 《习近平在十八届中央纪委五次全会上发表重要讲话》,载《人民日报》2015 年 1 月 14 日,第 1 版。

干部特别是党员领导干部的监督管理。"①2015 年 6 月 5 日,在中央全面深化改革领导小组第十三次会议上,习近平总书记主持会议时讲话指出:"防止国有资产流失,要坚持问题导向,立足机制制度创新,强化国有企业内部监督、出资人监督和审计、纪检巡视监督以及社会监督,加快形成全面覆盖、分工明确、协同配合、制约有力的国有资产监督体系。要全面覆盖、突出重点,加强对国有企业权力集中、资金密集、资源富集、资产聚集等重点部门、重点岗位和重点决策环节的监督。要权责分明、协同联合,清晰界定各类监督主体的监督职责,增强监督工作合力。要放管结合、提高效率,改进监督方式,创新监督方法,增强监督的针对性和有效性。要完善制度、严肃问责,依法依规开展监督工作,完善责任追究制度。"②2015 年 10 月 29 日,习近平总书记在中共十八届五中全会第二次全体会议上强调:"把加强党的领导体现在党的建设、管理、监督之中。"③2016 年 1 月 12 日,在第十八届中央纪律检查委员会第六次全体会议上习近平总书记强调:"党要管党、从严治党,'管'和'治'都包含监督。党委监督是全方位的监督,包括对党员的批评教育、组织处理、纪律处分等工作,党委要任命干部,更要监督干部。纪委监督重点是履行监督执纪问责的职责。党内监督是全党的任务,第一位的是党委监督";"要把党的领导体现到日常管理监督中。"④2016 年 10 月 10 日至 11 日,在全国国有企业党的建设工作会议上习近平总书记讲话指出:党和人民把国有资产交给企业领导人员经营管理,是莫大的信任。信任是最大的关怀,但信任不能代替监督,关心不能忘了严管";"突出监督重点,强化对关键岗位、重要人员特别是一把手的监督管

---

① 《习近平张德江俞正声王岐山分别参加全国两会一些团组审议讨论》,载《人民日报》2015年 3 月 7 日,第 1 版。

② 习近平:《树立改革全局观积极探索实践　发挥改革试点示范突破带动作用》,载《人民日报》2015 年 6 月 6 日,第 1 版。

③ 《习近平对"强化监督执纪问责"都说了什么》,载人民网　中国共产党新闻网,http://jhsjk.people.cn/article/28617863。

④ 习近平:《在第十八届中央纪律检查委员会第六次全体会议上的讲话》,载《人民日报》2016 年 5 月 3 日,第 1 版。

理"。① 2016 年 10 月 27 日,在党的十八届六中全会第二次全体会议上习近平总书记强调:"各级党组织都负有执行纪律和规矩的主体责任,要强化监督问责";"各级纪委是党内监督专责机关,履行监督执纪问责职责";"党内监督是全党的任务,党委(党组)负主体责任"。② 2016 年 12 月 30 日,召开中央全面深化改革领导小组第三十一次会议,习近平总书记主持会议强调:"要完善权力运行监督机制,加强和改进出资人监管。"③

习近平总书记在国有企业监管方面,提出了一系列新思想、新理念和新方法。这对新时代国有企业监管的进一步发展完善,具有重要的指导意义和实践价值。

综上所述,习近平总书记坚持马克思主义基本原理,在国内国外、经济政治等错综复杂的形势下,从新时代中国具体实际出发,从宏观经济和微观经济相联系的大领域,从社会主义经济制度优势和市场资源配置机制相结合的大思维,从国内问题和国际问题相联系的大视野,主要通过对十二个方面的明确,深刻揭示了国有企业作为代表全民利益的社会主义生产关系的性质和实现形式,及其适应社会生产力现代化、与国民经济协调发展的规律性要求,探索形成了习近平新时代国有企业重要论述,在我国全面深化改革和经济转型发展的新的历史进程中,深刻系统地回答了"如何更好地体现和坚持公有制主体地位,如何搞好国有企业、发展壮大国有经济"等一系列基本问题,回答了国有企业地位、作用和国有企业改革的重大问题,回答了国有企业、国有经济与市场、与政府、与其他所有制经济的关系的问题,也回答了国有企业在国家供给侧结构性改革和发展新常态经济的大局中的使命担当问题,形成了既具有鲜明中国特色,又具有国际视野,既具有理论高度,又具有

---

① 习近平:《坚持党对国有企业的领导不动摇》,载《人民日报》2016 年 10 月 12 日,第 1 版。

② 习近平:《在党的十八届六中全会第二次会议上的讲话(节选)》,载《求是》2017 年第 1 期,第 6—8 页。

③ 习近平:《投入更大精力抓好改革落实　压实责任提实要求抓实考核》,载《人民日报》2016 年 12 月 31 日,第 1 版。

时代特征的中国特色国有企业理论①。习近平新时代国有企业重要论述形成了内容完整、逻辑严密、思想深刻、实践有效的科学体系,抓住了引领新时代中国特色社会主义国有企业持续健康发展的牛鼻子,找到了新时代中国特色国有企业改革发展的金钥匙,奠定了新时代中国特色社会主义的基本经济制度发展完善重要基石,从而在国有企业的新时代改革发展和基本经济制度的新时代发展完善方面,对中国特色社会主义理论作出了重大创新与发展。

## 第三节　习近平新时代国有企业重要论述的指导意义

党的十九大和十三届全国人大一次会议将习近平新时代中国特色社会主义思想确立为党必须长期坚持的指导思想并载入党章、写入宪法,实现了党和国家的指导思想又一次飞跃和新时代发展。习近平新时代国有企业重要论述是新时代中国特色社会主义思想的重要组成部分,是新时代中国特色社会主义思想在国有企业领域的体现与具体化,是新时代中国国有企业改革发展的重要指导思想。加强对习近平新时代国有企业重要论述的研究、宣传和贯彻落实,具有重大的理论发展意义和实践指导价值。

### 一、充分认识国有企业工作的重要性,坚持党对国有企业工作的领导

加强习近平新时代国有企业重要论述的学习与贯彻落实,首要的是在准确把握国有企业的基本属性——"政治性"、本质特征——"党的领导"和地位作用——"中国特色社会主义的重要物质基础和政治基础"的基础上,充分认识国有企业工作对我们中国特色社会主义的基础

---

① 宋方敏:《习近平国有经济思想研究略论》,载《政治经济学评论》2017 年第 1 期。

性、根本性和极其重要性;明确把握国有企业"政治性"的基本属性,旗帜鲜明地坚持党对国有企业工作的领导,理直气壮地加强国有企业党的建设。

党政军民学,东西南北中,党是领导一切的。而国有企业是中国特色社会主义的重要物质基础和政治基础,是我们党执政兴国的重要支柱和依靠力量,是我们社会主义基本经济制度的支柱,是我们社会主义制度上层建筑和意识形态的微观基础。对于具有这样极其重要地位、作用的国有企业,必须高度重视、切实全面深入加强党的领导。在新时代国有企业改革发展推进中,必须坚持党的全面领导,进一步增强政治意识、大局意识、核心意识、看齐意识,把握好国有企业工作的政治方向,自觉在思想上政治上行动上同党中央保持高度一致,统筹协调推进好新时代国有企业改革发展各项工作。

## 二、准确把握国有企业改革的主要矛盾,抓好改革发展目标任务推进落实

习近平新时代国有企业重要论述,科学地揭示了新时代国有企业改革发展所面临的主要矛盾:"国有企业治理与国有资产监管体制机制与新时代国有企业的性质特征、地位作用、发展需求不相适应"。主要矛盾的准确把握,为我们党和国家正确、科学制定国有企业改革发展大政方针、长远战略奠定了重要的客观依据基础。

围绕新时代中国特色国有企业的主要矛盾,我们就要坚持继续推进国有企业改革发展。在这一过程中,应重点聚焦习近平新时代中国特色国有企业所明确的国有企业主要目标任务,围绕"做强做优做大"目标方向,大力推进"进一步探索基本经济制度有效实现形式"总体任务;着力落实国有企业、成为"改革主力军和先行者""深化供给侧结构性改革的生力军""落实新发展理念的排头兵、做创新驱动发展的排头兵、做实施国家重大战略的排头兵""具有全球竞争力的世界一流企业"重要任务,推动我国国有企业改革发展再上新台阶。

### 三、充分认识国有企业改革的主体动力，坚持人民中心推进国企改革创新

习近平新时代国有企业重要论述坚持"以人民为中心"的马克思主义政治观和辩证唯物主义方法论，明确提出了国有企业改革涉及的三个相互联系、统一于国有企业改革发展事业的"三位一体"主体观，即国有企业改革发展的主体地位、广大职工的主人翁地位和国企领导人员的骨干地位，明确了新时代国有企业改革发展的方法论，即改革创新。

国有资产、国有企业是全体人民共同所有。必须坚持人民主体地位、企业的改革发展主体地位、发挥好企业领导人员的骨干作用，依靠人民、通过改革创新创造新时代国有企业工作新局面。"三位一体主体观"和"改革创新方法论"，解决了一段时期以来存在的不能正确认识甚至忽视整个国有企业改革三个主体的重要地位，忽视其积极性、主动性调动，忽视了国有企业改革创新的重要性，从而一定程度上影响、制约了国有企业改革顺利推进的重要问题，明确了新时代国有企业改革发展的方向、方法与路径问题，必将对我们新时代国有企业改革政策措施方案的发展完善和推进实施，起到重大的积极指导作用。

### 四、准确把握国有企业的布局结构，不断推进国有企业治理发展完善

习近平新时代国有企业重要论述明确了新时代国有企业的所有制布局结构、国民经济布局结构、改革任务布局结构、产业布局结构，为新时代国有企业改革发展的领域指明了科学方向。在当前和下一阶段工作中，我们要围绕这一战略决策部署，在所有制布局方面，推进混合所有制改革；在国民经济布局方面，抓好国计民生的主要行业关键领域；在改革任务布局方面，推进国有企业成为供给侧结构性改革的生力军；在产业布局方面，抓好制造业、促进我国产业迈向全球价值链中高端。

围绕习近平总书记多次讲话对国有企业公司治理的决策部署,我们要系统、深入学习新时代国有企业治理的"统一论""国情论""两个一以贯之论""融入嵌入论""职工代表参与公司治理论"等国有企业公司治理的新思想、新观点和新理论,在工作过程中切实加以系统推进、贯彻落实,打造符合马克思主义政治经济学、适应我国新时代发展国情,各司其职、各负其责、协调运转、有效制衡的新时代中国特色现代国有企业公司治理机制。

## 五、贯彻落实政企政资分开,推进国有民营企业共同发展

习近平新时代国有企业重要论述,明确了政企分开、政资分开的决策部署和治理方向,明确了新时代政府与国有企业"出资人"与"国家出资企业"的关系。在政治方向基础上,我们应该进一步在国家立法、政府监管等方面加强贯彻落实。核心和主线是,推进"出资人监管"在国有企业监督管理中的制度建设和实践运用。具体而言,在对国有企业的监管管理中,政府不是基于社会管理职能的行政管理,而是在经济法、商法等制度框架内,作为国有企业出资人身份,享有出资人的以管理者选聘、重大决策和资产收益等为主要内容的出资人权益,履行出资人义务;在国有企业经营管理过程中,以出资人身份进行监督管理。

习近平总书记关于国有企业民营企业竞争中性、共同发展的重要论述,是对马克思主义政治经济学在所有制领域理论的重大理论发展和创新。首先,这一理论坚持和继承了马克思主义关于生产力与生产关系的重要论述,明确了国有企业、民营企业等广大市场主体在社会主义市场经济发展中的微观细胞的重要地位作用。其次,打破了"国进民退""国退民进""有进有退"等似是而非、实质错误的观点和理论的束缚,科学指出了国有企业与民营企业的优势互补、共同发展的正确道路。再次,提出了国有企业民营企业的权利平等、机会平等、规则平等,为国有企业、民营企业共同发展奠定了重要的政策导向和规则基础。

## 六、坚持全面从严治党,不断提升国有企业监督管理水平

勇于自我革命,从严管党治党,是我们党最鲜明的品格。国有企业是我们党执政兴国的重要支柱和依靠力量,对其改革发展,必须坚持全面从严治党。必须以党章为根本遵循,在国有企业改革发展中把党的建设摆在首位,始终以人民为中心,紧紧围绕全面解决党的领导、党的建设弱化、淡化、虚化、边缘化问题,从严落实管党治党主体责任,进一步明确党组织在公司治理中的法定地位,不断增强党自我净化、自我完善、自我革新、自我提高的能力,推进管党治党在国有企业工作的不断提升与积极作用充分发挥。

国有企业监督管理工作,是代表全体人民对人民共同资产的保值增值、功能发挥进行监督、保障和推动的重要工作。习近平总书记高度重视国有企业监督工作,明确提出了"改革反腐三同步""细则决定论""公开透明关键论""强化三集监管论""出资人监管论"等重要思想和要求。我们要在国有企业改革发展工作中,加强深入系统学习,切实抓好贯彻落实,推进和保障好新时代国有企业改革的健康顺利发展和再上台阶。

习近平新时代国有企业重要论述,作为习近平新时代中国特色社会主义思想体系的重要组成部分,充分体现了科学的马克思主义世界观和方法论,坚持马克思主义与中国国情的统一、经济与政治的统一、继承与发展的统一、理论与实践的统一,充分体现了坚持中国特色社会主义道路、理论和制度的根本要求。习近平新时代国有企业重要论述,是一个针对性强、指导性强、战略性强的综合性、实践性的博大精深的完整体系,为新时代我国国有企业改革发展提供了根本性的科学指南。对习近平新时代国有企业重要论述的研究宣传和贯彻落实,在全面深化国有企业改革的大局中非常必要、非常关键,这对统一思想、明确方向、推进改革,对更好引领和推动我国国有企业事业在新时代的顺利发展与再上台阶,具有重大的理论发展意义和实践指导价值。

# 第二章　国有企业党的领导治理改革研究

  国有企业是我国社会主义基本经济制度的重要组成部分和微观基础。加强国有企业党的领导和完善国有企业公司治理,建设中国特色现代国有企业制度,是十八大以来党中央的重大决策部署和任务要求。2016 年 10 月在全国国有企业党的建设工作会议上,习近平总书记指出:"国有企业是中国特色社会主义的重要物质基础和政治基础,是我们党执政兴国的重要支柱和依靠力量","坚持党的领导、加强党的建设,是国有企业的'根'和'魂',是我国国有企业的独特优势",明确要求"推进中国特色现代国有企业制度,把党的领导融入公司治理各环节,把企业党组织内嵌到公司治理结构之中"①。

  围绕新时代对国有企业改革发展有着重大深远影响的这一重大决策部署,大量理论和现实问题需要研究解决。尤其是国有企业党的领导融入传统公司治理存在传统西方公司法理无法解释的渊源冲突、结构冲突、机制冲突、效率冲突、法规冲突等一系列合法性及价值性挑战,党的领导与现代公司治理"嵌入、融合"为核心的中国特色现代国有企业制度法理等亟待研究解决。基于产权制度的治理安排,传统西方企业制度并不直接包含国有企业党的领导的权力来源与合法性基础。在这项工作推进过程中,理论和实践中也存在一些困惑甚至争论。通过"中国知网"相关主题文献检索,国有企业党的领导与公司治理完善的

---

① 习近平:《坚持党对国有企业的领导不动摇》,载《人民日报》2016 年 10 月 12 日,第 1 版。

相关论文代表性研究有:《国有企业走向公司的难点及其法理思考》(王保树,1995),《国有企业资本化经营的法理研究》(刘学灵,1995),《国有企业资本结构改革的法理分析》(沈贵明,2002)。上述研究大部分是2012年11月党十八大前对国有企业党的建设相关法律问题研究。十八大后关于党领导与公司治理完善相统一的专题研究还不多,还是一个亟待加强和丰富的重要研究领域。

在实践发展动态方面,目前加强国有企业党的领导和完善公司治理相统一还停留在党和政府政策文件层面,国有企业将相关政策要求转化为公司章程内容来落实相关部署。但根据我国《立法法》,政策性文件有关规定内容并不具有规范意义上的法律效力;由于《公司章程》系企业的自治规范,亦不属于规范意义上的法律规定。由此,加强国有企业党的领导和完善公司治理相统一的法治视角研究,是当前依法执政、依法治国、依法行政背景下加强国有企业党的领导的重点工作。

在此理论研究和实践探索背景下,推进落实党中央关于"党的领导融于公司治理机制、党的组织嵌入公司治理结构"重大决策部署,对国有企业党的领导和完善公司治理相统一进行研究论证、发展完善,对推进中国特色现代国有企业制度建设,具有重要的理论意义和实践价值。

## 第一节 国有企业党的领导的发展演进

### 一、1921至1949年:公营企业党的领导与治理完善的孕育

作为我国国有企业雏形的公营企业,最早出现在革命根据地建设时期。党在根据地公营企业建设过程中,在土地革命战争时期,探索建立了"三人团"企业领导体制模式,即由厂长、党的支部书记和工会主任共同商量决定企业中的各种工作事项。[①] 根据《苏维埃国有工厂管理

---

① 参见马进、祁升、郝梅生:《百年征程中的山西国企党建》,载《前进》2021年第10期。

条例》和《苏维埃国家工厂支部工作条例》的规定,厂长"对厂内一切事务,有最后决定之权。""三人团会议由厂长召集,会议上发生争执最后取决于厂长"。这意味着厂长是国有工厂的具体负责者。在抗日战争和解放战争时期,这一原则一直得到坚持和加强①②。

直到 1949 年新中国成立之前,坚持党领导下的经济工作原则下,根据地公营企业以生产为中心保证了革命胜利。党组织的主要任务,在这一时期是动员全体党员和全体职工贯彻厂长在生产经营上的决定,确保生产计划的完成。③ 这一时期,中央出台的政策文件主要是针对经济工作作出的规定,有关企业党的建设的相关制度法规很少。这一时期由于所处的战时环境,决定了党的领导融入公营企业公司治理还处于孕育探索过程中。④

## 二、1949 至 1966 年:国营企业党的领导与治理完善的探索

在这一时期,党中央对建立新的国营企业领导体制越来越重视。党的正式文件第一次明确规定了国营工业企业实行党的集体领导和个人负责相结合的制度。1956 年 9 月,《中国共产党中央委员会向第八

---

① 在 1943 年 3 月召开的陕甘宁边区工厂工作会议上,张闻天强调"在工厂内部,厂长代表政府,集中管理工厂内部的一切,凡有关生产上的一切问题,他均有最后决定之权"。参见张守良:《在实践中探索 在探索中创新 国有企业党的领导体制及党的建设制度建设沿革》,载《国资报告》2016 年第 7 期。

② 1949 年 8 月,《华北人民政府关于在国营、公营工厂企业中建立工厂管理委员会与工厂职工代表会议的实施条例草案》第七条中规定:"管委会以厂长(经理)为主席,管委会的决议,以厂长(经理)的命令颁布实施。"第八条规定:"管委会多数委员通过之决议,如厂长(经理)认为与该厂利益抵触,或与上级指示不合时,经理或厂长有停止执行之权。"参见张守良:《在实践中探索 在探索中创新 国有企业党的领导体制及党的建设制度建设沿革》,载《国资报告》2016 年第 7 期。

③ 在《中央职工运动委员会对陕甘宁边区公营工厂职工工作的指示》中载有:"工厂党的支部和职工会,不得干涉工厂生产计划和行政管理事宜","有关生产行政问题争论,厂长有最后决定之权。支部和工会与厂方,均保有其本身工作之独立性。"邓发在陕甘宁边区政府直属公营工厂会议上作的《论公营工厂党与职工会工作》讲话中也指出:"支部不得干涉厂长行政,但有责任经常向厂长反映情况,提出意见。"

④ 张守良:《在实践中探索 在探索中创新 国有企业党的领导体制及党的建设制度建设沿革》,载《国资报告》2016 年第 7 期。

次全国代表大会的政治报告》中指出："在企业中,应当建立以党为核心的集体领导和个人负责相结合的领导制度。"①之后,在中共八大上通过的《中国共产党章程》第一次明确规定了企业党组织在企业中的领导地位,标志着中国开始全面实行党委领导下的厂长负责制。1961年通过的《国营工业企业工作条例》又进一步明确:"在国营工业企业中,实行党委领导下的行政管理上的厂长负责制。"这些规定,对于坚持党在国营企业的领导核心地位和发挥厂长等企业管理者积极性,是重要的积极探索。这一时期,有关围绕党委领导下的厂长负责制②,以及党、政、工的职责和权限的探索,对于国有企业党的领导和治理发展,具有重要的意义和价值。

## 三、1966 至 1976 年:国营企业党的领导与治理完善出现停滞

1966年到1976年,"文化大革命"成为中国社会的重大事件。在这一时期,国营企业的领导体制受到重大影响,革命委员会一定程度取代了党组织领导国营企业。革命委员会难以按照企业的自身规律来治理国营企业,国有企业党组织工作开展和职能发挥受到影响。

国营企业的生产经营在此期间受到较大影响。"文革"中后期,国营企业党组织生活逐渐正常化,党组织对国营企业各项工作的领导权重新掌握。然而,国营企业的党委书记和"革委会"主任往往由同一人担任。这一阶段,由于特殊的历史环境的影响,企业领导体制具有浓厚的政治色彩,一直没有给企业党组织找到准确的定位,在一定程度上影

---

① 参见张明楚:《中共八大与我国国营工业企业领导体制的变革与发展》,载上海地方志办公室《上海通》网,http://www.shtong.gov.cn/node2/index.html。又见张守良:《在实践中探索　在探索中创新　国有企业党的领导体制及党的建设制度建设沿革》,载《国资报告》2016 年第 7 期。
② 参见张守良:《在实践中探索　在探索中创新　国有企业党的领导体制及党的建设制度建设沿革》,载《国资报告》2016 年第 7 期。

响和制约了企业党组织作用的正常有效发挥①。

## 四、1976 至 1988 年：国营企业党的领导与治理完善反复中不断提升

中共中央在 1978 年 4 月公布《关于加快工业发展若干问题的决定》。《决定》强调："企业的一切重大问题，都必须经党委集体讨论决定。②"1983 年 4 月 1 日颁布实施的《国营工业企业暂行条例》规定："企业实行党委领导下的厂长（经理）负责制。"

党的十二届三中全会于 1984 年 10 月召开，全会通过了《中共中央关于经济体制改革的决定》，决定强调：要在全国工业系统内广泛实施厂长（经理）负责制，企业中党的组织要积极支持厂长行使统一指挥生产经营活动的职权，保证和监督党和国家各项方针政策的贯彻执行，加强企业党的思想建设和组织建设。同时提出"经济体制的改革和国民经济的发展，使越来越多的经济关系和经济活动准则需要用法律形式固定下来。国家立法机关要加快经济立法"③。中央组织部、国家经委、全国总工会于 1987 年 8 月联合召开了全面推行厂长负责制的工作会议。1988 年 4 月通过的《全民所有制工业企业法》明确规定：企业实行厂长（经理）负责制，企业党组织的主要任务是"对党和国家的方针、政策在本企业的贯彻执行实行保证监督"。由此，厂长负责制开始全面推行，国营企业生产经营取得一定积极成效。同时，在全面落实厂长负责制的过程中，也出现了一些新的问题，如党组织的监督和监督能力不

---

① 参见张守良：《在实践中探索　在探索中创新　国有企业党的领导体制及党的建设制度建设沿革》，载《国资报告》2016 年第 7 期。

② 参见张守良：《在实践中探索　在探索中创新　国有企业党的领导体制及党的建设制度建设沿革》，载《国资报告》2016 年第 7 期。

③ 参见韩强：《改革开放以来国有企业党组织地位作用的演变与反思》，载《学习论坛》2018 年第 9 期。

足,企业的思想政治工作受到一定程度削弱等①。在这一阶段,国营企业党的领导与治理完善在反复中得到提升发展。

## 五、1989 至 2012 年:国有企业党的领导在治理完善中发挥政治核心作用

厂长(经理)负责制确立以后,一定范围一定程度出现了企业党组织建设滞后,党的工作被弱化,党组织的保证监督作用难以落实的情况②。针对这些问题,1990 年 12 月《中共中央关于制定国民经济和社会发展十年规划和"八五"规划的建议》提出,要"在企业内部进一步发挥党组织的政治核心作用,坚持和完善厂长负责制,全心全意依靠工人阶级③"。1994 年 9 月 28 日,十四届四中全会《中共中央关于加强党的建设几个重大问题的决定》强调"国有企业要充分发挥党组织的政治核心作用,坚持和完善厂长(经理)负责制","国有企业党组织要按照党章规定的职责和国家的有关法律法规,开展工作"④。1997 年 1 月,《中共中央关于进一步加强和改进国有企业党的建设工作的通知》正式下发。指出"坚持党对国有企业的政治领导,充分发挥国有企业党组织的政治核心作用"⑤。此后,党的十五届四中全会、十七届四中全会等,均明确企业党组织要发挥政治核心作用。

2009 年 12 月召开了全国国有企业党建工作会议,时任中央政治

---

① 参见张守良:《在实践中探索　在探索中创新　国有企业党的领导体制及党的建设制度建设沿革》,载《国资报告》2016 年第 7 期。

② 参见张守良:《在实践中探索　在探索中创新　国有企业党的领导体制及党的建设制度建设沿革》,载《国资报告》2016 年第 7 期。

③ 参见韩强:《改革开放以来国有企业党组织地位作用的演变与反思》,载《学习论坛》2018 年第 9 期。

④ 参见韩强:《改革开放以来国有企业党组织地位作用的演变与反思》,载《学习论坛》2018 年第 9 期。

⑤ 参见《中共中央关于进一步加强和改进国有企业党的建设工作的通知》,载共产党员网,https://fuwu.12371.cn/2013/01/07/ARTI1357528442984784.shtml。又见郇庆治:《新时代语境下的国企党建创新理论与实践研究》,载《中国浦东干部学院学报》2018 年第 7 期。

局常委、中央书记处书记,中华人民共和国副主席习近平出席会议强调:"当前国有企业改革发展正处在一个新的阶段,越是这样的时候越要毫不动摇地坚持党对国有企业的领导,越要以改革创新精神加强和改进国有企业党的建设,越要充分发挥国有企业党组织的政治核心作用。"①在这一阶段,国有企业党的领导在治理完善中的重要发展是政治核心作用的定位与发挥。

## 六、2012 年至今:不断提高国有企业党的领导与治理完善的能力与水平

党的十八大以来,党中央高度重视国有企业党的领导和治理完善工作。中共中央办公厅在 2013 年转发《中央组织部、国务院国资委党委关于中央企业党委在现代企业制度下充分发挥政治核心作用的意见》,明确了党委发挥政治核心作用的内涵、要求和规则程序。此后,根据全面从严治党要求和国有企业党建工作新情况新问题②。中共中央、国务院于 2015 年在这个文件基础上印发《关于深化国有企业改革的指导意见》(以下简称《指导意见》),中共中央办公厅印发《关于在深化国有企业改革中坚持党的领导加强党的建设的若干意见》(以下简称《若干意见》)③,提出一系列针对性、指导性很强的措施要求。《指导意见》提出,国有企业属于全民所有,是推进国家现代化、保障人民共同利益的重要力量,是我们党和国家事业发展的重要物质基础和政治基础。《指导意见》指出:深化国有企业改革,必须坚持和完善基本经济制度,坚持社会主义市场经济改革方向,坚持党对国有企业的领导,坚持积极稳妥统筹推进。《指导意见》强调:把加强党的领导和完善公司治理统

---

① 《习近平强调以改革创新精神推进国有企业党的建设》,载中国政府网 http://www.gov.cn/ldhd/2009-08/17/content_1394600.htm。

② 参见张守良:《在实践中探索 在探索中创新 国有企业党的领导体制及党的建设制度建设沿革》,载《国资报告》2016 年第 7 期。

③ 参见郇庆治:《新时代语境下的国企党建创新理论与实践研究》,载《中国浦东干部学院学报》2018 年第 7 期。

一起来,将党建工作总体要求纳入国有企业章程,明确国有企业党组织在公司法人治理结构中的法定地位,切实承担好、落实好从严管党治党责任。[①]《若干意见》指出:充分发挥党组领导核心作用、党委政治核心作用、基层党组织战斗堡垒作用和党员先锋模范作用;把加强党的领导和完善公司治理统一起来,明确国有企业党组织在公司法人治理结构中的法定地位。[②]

2015 年 6 月 5 日,中央全面深化改革领导小组第十三次会议《关于在深化国有企业改革中坚持党的领导加强党的建设的若干意见》强调:"坚持党的领导是我国国有企业的独特优势。""要坚持党的建设与国有企业改革同步谋划、党的组织及工作机构同步设置,实现体制对接、机制对接、制度对接、工作对接,确保党的领导、党的建设在国有企业改革中得到体现和加强。""要把加强党的领导和完善公司治理统一起来,明确国有企业党组织在公司法人治理结构中的法定地位。"[③]

2016 年 10 月在全国国有企业党建工作会议上习近平总书记强调:"坚持党对国有企业的领导是重大政治原则,必须一以贯之;建立现代企业制度是国有企业改革的方向,也必须一以贯之。中国特色现代国有企业制度,'特'就特在把党的领导融入公司治理各环节,把企业党组织内嵌到公司治理结构之中。"[④]

2020 年 1 月,中共中央印发了《中国共产党国有企业基层组织工作条例(试行)》(以下简称《条例》)。《条例》共 9 章 41 条,涵盖了国有企业党的建设各个方面。《条例》阐明了国有企业党组织工作的指导思想和工作原则,规范了国有企业党组织的设置,规定了国有企业党组织

---

① 中共中央国务院印发《关于深化国有企业改革的指导意见》,载人民网,http://cpc. people. co。

② 参见郇庆治:《新时代语境下的国企党建创新理论与实践研究》,载《中国浦东干部学院学报》2018 年第 7 期。

③ 习近平:《树立改革全局观积极探索实践 发挥改革试点示范突破带动作用》,载《人民日报》2015 年 6 月 6 日,第 1 版。参见张守良:《在实践中探索 在探索中创新 国有企业党的领导体制及党的建设制度建设沿革》,载《国资报告》2016 年第 7 期。

④ 习近平:《坚持党对国有企业的领导不动摇》,载《人民日报》2016 年 10 月 12 日,第 1 版。

的主要职责,明确了加强国有企业党员队伍建设的有关要求;明确了党的领导和公司治理的关系,从党建工作要求写入公司章程、"双向进入、交叉任职"领导体制、决策把关、干部人才工作、职工参与公司治理等方面作出规定。《条例》以习近平新时代中国特色社会主义思想为指导,全面规范国有企业党组织工作,是新时代抓好国有企业党的建设的基本遵循。[①]

这一系列决策部署,体现了马克思主义与时俱进的理论品格,丰富了国有企业治理理论,是我们党关于国有企业党的领导的重大的思想理论突破,为我们处理好党的领导与公司治理之间的关系找到了一把"金钥匙",对不断提高国有企业党的领导与治理完善的能力与水平,起到重要的理论指导与实践推动作用。党的十八大以来,按照上述党中央对国有企业党的领导和公司治理工作的重大决策部署,中央和各地方积极探索推进国有企业党的领导和完善公司治理相统一,具有中国特色的现代国有企业制度建设取得积极进展。

## 第二节　新时代国有企业基市性质分析

### 一、国有企业是我国基本经济制度的重要微观基础与载体

党的十五大以来,我国一直坚持并完善社会主义初级阶段"公有制为主体、多种所有制经济共同发展"的基本经济制度。党的十九大强调:"必须坚持和完善我国社会主义基本经济制度和分配制度"。按照马克思主义基本原理,在资本主义私有制被否定以后产生的一种新型的社会生产关系,即是生产资料公有制。我国现阶段,以国家所有作为全民所有制的具体实现形式,即由国家代表全体人民行使全民财产权

---

① 参见《以高质量党建推动国有企业高质量发展——中共中央组织部负责人就颁布〈中国共产党国有企业基层组织工作条例(试行)〉答记者问》,载《石油组织人事》2020年第2期。

利。生产资料在社会主义制度下是靠国家政权维系其社会占有性质的。这就决定了国有企业成为社会主义制度实现生产资料社会占有的最重要形式,如此也决定了国有企业在社会主义经济制度中的地位及功能,即国有企业被用来规定社会主义制度的性质,并主导社会主义经济发展。实践证明,必须由无产阶级专政的国家政权力量来保证公有制这一社会主义新型生产关系的建立和发展。在我国,则是由人民民主专政的国家政权机构代表全体人民,以国家所有制的形式,以国有企业为微观基础和载体来实现公有制下生产资料的所有权和经营权。

苏联东欧社会主义国家改革的失败,一定程度上是因为这些国家没有很好地坚持和发展完善生产资料的公有制。一段时期以来,一些人以各种借口攻击和否定公有制的实现形式——国有企业,一些人认为国有企业不能适应市场经济的改革方向;有的以国有企业"垄断"而否定国有企业具有效率;有的以国有企业被"利益集团"所利用而主张取消国有企业,这都是错误的逻辑。在社会主义现阶段,除党和人民政府外,没有任何机构和组织能够代表全体人民的利益,对全民所有的生产资料负责。因此,我们有充分的理由说,在社会主义现阶段,坚持或反对国有企业与坚持或反对社会主义是有分水岭的①。所以,习近平同志明确强调:国有企业是中国特色社会主义的重要物质基础和政治基础,要坚定不移推进国有企业做优做强做大。

## 二、国有企业是中国特色社会主义的重要物质基础与政治基础。

按照马克思提供的关于研究资本主义私有制的方法论,社会主义公有制还必须在生产、分配、交换和消费各个领域都发挥作用,这个作用必须要体现公有制的作用。换句话说,公有制必须在生产和再生产的这些具体环节中,实现工人和生产资料的直接结合。这样的公有制是真正的社会主义公有制,反映了社会主义生产关系的现实。这种生

---

① 参见丁堡骏:《国有企业如何实现浴火重生》,载《红旗文稿》2014 年第 10 期。

产资料公有制,如果与社会生产和再生产过程脱节,那么就是变异了的社会主义公有制。当这种变异积累到一定程度时,它将引起社会和政治的变化,例如苏联东欧国家所发生的变化:资本主义把社会主义颠覆。这是社会主义国家在改革和发展过程中要认真吸取的深刻教训。

### (一)国有企业是政治性和经济性的结合体

国有企业的所有权属于国家,而国家是一个政权组织,这就决定了国有企业具有两重性:既担负着一定的政治功能,又担负着一定的经济功能。国有企业不只是一种纯粹意义上的经济组织,而是政治与经济的统一体。国有企业除了进行市场化经营外,还通过企业的组织形式在一定的程度上成为政府进行宏观调控的载体。这种两重性决定了国有企业目标函数的多元化,即不仅有经济目标,还有政治目标。对国有企业而言,仅仅追求利润是不够的。长期以来,政府在行使国有企业所有权时,不以追求利润为唯一目标,这正是国有企业不同于其他企业之处。由于国有企业既受经济目标的约束,又受政治目标的约束,因此,即使在西方国家的国有企业中能够真正做到严格意义上的自负盈亏也并不多见。

国有企业作为政府实施其政治、经济政策的工具,很明显地表现在它服从于政府特定时期的目标。国有企业的政策工具作用主要表现之一即为在执行政府宏观经济政策的职能。例如,国有企业常常被用作反经济周期的手段,在经济衰退时期,政府通过强制扩大国有企业的投资来拉动需求以推动经济增长,实现经济发展的目标;当面临通货膨胀压力时,政府则通过控制国有企业产品的价格来缓解通货膨胀压力。

### (二)国有企业是社会性和企业性的结合体

国有企业是社会化大生产的重要微观主体,是经济社会的重要组成部分,承担着一定的社会职能和社会责任,具有一定的社会性。但另一方面,国有企业又需要通过提供产品或服务获得一定收入,依靠赚取的利润得以存续,与企业追求利润的经营活动有着某种类似,即具有一定的企业性。国有企业具有社会性和企业性兼容的特性。

我国的国有企业,不光要讲利润,还要讲社会责任。例如中国邮政,往边疆大草原某个牧场的蒙古包寄一封信,最后邮递员骑着毛驴也要送到。国家电网为了边疆亮上一盏灯,需要支出几十万的铺设成本。大西北千里荒原的高速上,也得有服务区加油站,信号也得满格。大家都知道这"亏本",但是必须要做到。

国有企业的社会性是相对于私营企业的私人性而言的。主要表现在:一是国有企业必须承担一定的社会责任。虽然利润是国有企业的重要目标,但必须以社会整体利益为第一目标,特别是当利润目标与社会目标存在冲突时,国有企业必要时要牺牲利润目标。如高风险的高新技术产业、投资回收期长的基础设施项目、资金需求量巨大的公共福利设施以及保障国家安全的航天航空领域等都应该是国有企业的主要活动区间。二是国有企业的重大经营决策权可以由政府掌控,国有企业所保留的自主权其实是不完整的。事实上,不论是在市场经济发育成熟的国家,还是在处于体制转轨时期的国家,政府干预企业经济活动的现象是普遍存在的,绝非中国所独有,隐藏在这种现象背后的是国有企业的本质,而不仅仅是经济体制问题。国家作为国有企业的所有者,有权控制和监督企业,确保国有资产的保值增值。国有企业的净利润归国家所有,亏损也由国家承担。

综上可见,在本质上国有企业是政治组织、经济组织、社会组织的结合,具有政治功能、经济功能、社会功能三方面功能,从而构成我们党执政的重要政治基础、物质基础和社会基础。这就为国有企业加强党的领导和党的建设,奠定了坚实的理论基础和法理基础。

## 第三节 国有企业党的领导的法理分析

### 一、国有企业党的领导和治理完善的法律挑战

国有企业党的领导与传统西方企业制度,存在法律渊源冲突、结构

冲突、机制冲突、效率冲突等一系列必须解决的合法性及价值性挑战。首先是法律渊源冲突。无论是英美法系还是大陆法系，传统以公司制为主体的传统企业法律制度，没有党领导企业的法律渊源，是与党管国企冲突的。其次，传统西方公司治理结构理论和法律安排，无论英美法系还是大陆法系，在股东会、董事会、监事会、经理层以及独立董事等的结构安排中，没有党组织尤其是党组织嵌入公司治理各个环节安排。再次，传统西方公司治理理论和法律，与党管国企融入公司治理运行的要求，比如党委会作为董事会决策的前置程序等一系列程序安排，存在冲突。最后，党管国企下党组织嵌入公司治理各个环节、融入公司治理运行过程，也存在公司运行效率影响的问题与冲突。

综上，对于上述渊源冲突、结构冲突、机制冲突、效率冲突等一系列合法性及价值性挑战，必须进行研究并从理论上给予科学论证和明确回答，以保障和促进新时代国有企业党的领导加强和完善重大工作顺利推进。

## 二、国有企业党的领导和治理完善的法律属性

国有企业是政治性、经济性和社会性的统一体。国有企业属于国家所有即全体人民所有，这决定了国有企业首先具有两重性：既担负着的政治功能又担负经济功能。即国有企业除了进行市场化经营、承载经济功能外，还承担着作为我国上层建筑的经济微观基础的政治功能。这种两重性决定了国有企业目标函数的多元化，即不仅有经济目标，还有政治目标。对国有企业而言，国家和政府在行使国有企业所有权时，不以追求利润为唯一目标，而是同时强调其政治目标的追求与实现。虽然利润是国有企业的重要目标，但必须统筹政治效果和社会效益，尤其是当利润目标与政治目标、社会目标发生矛盾时，国有企业可以牺牲利润目标。如高风险的高新技术产业、投资回收期长的基础设施项目、资金需求量巨大的公共福利设施以及保障国家安全的航天航空领域等都应该是国有企业的重要活动区间。

综上,国有企业在本质上是政治组织、经济组织、社会组织三者的有机结合与统一,具有政治功能、经济功能、社会功能三方面功能,从而构成我们党执政的重要政治基础、物质基础和社会基础。

## 三、国有企业党的领导和治理完善的法律价值

国有企业党的领导加强和完善是党组织与国有企业自身的双重需要。企业的法人权利本位会影响国有企业的政治性质及其功能发挥,因此在国有企业内部设立党组织来形成民主集中制,保障国有企业的公有性质和功能发挥,就成为一个重要现实制度安排。另一方面,从执政党角度,也需要在作为上层建筑经济微观基础的国有企业内部设立党组织,作为执政党加强经济领导的微观基础,引导企业与国家的发展目标相一致。

总体而言,国有企业党的领导嵌入、融入公司治理结构与运行,具有秩序、公平、正义以及效益、共享、和谐等法律价值基础。

## 四、国有企业党的领导和治理完善的法律关系

西方主流企业制度与公司治理模式是在私有制条件下产生和发展起来的,主要目标是对私有企业股东负责,不存在对全体人民负责的问题,这种企业制度与法律安排显然不适用于公有制企业。国有企业党的领导和完善公司治理相统一的法律关系建立在"人民意志、党的领导、依法治理、协调协同"这一主线之下。

国有企业的党组织与股东会、董事会、监事会、经理层之间具有权力制衡、协调协同关系。党组织是对国有企业法人治理结构是否符合法律价值与规范程序而实行主体监管,其通过规范合理的方式去参与企业决策,本质是有效指引、保障和规范国有企业行为,确保在企业内部贯彻执行党和国家的方针、政策和法律法规,并以思想政治为导向发挥其监督保障职能,将党组织的政治领导落到实处,发挥重要作用及实

现其政治领导地位。股东会是最高权力机构,董事会是常设经营决策机构,监事会是常设监督机构,经理层是日常经营机构;四者在党的政治领导之下开展工作。

## 五、国有企业党的领导和治理完善的法治统一

国有企业党组织主要职责是发挥国有企业党的领导的政治核心和领导核心作用,承担党章规定的执政党在企业中应从事的基层政治工作。这些政治工作或企业中党的工作,要结合企业是经济组织的性质和企业员工集中的社会组织的特点,围绕企业生产经营、社会责任来开展。

企业党组织在企业经济工作中的首要关注点就应该是生产关系。这里的生产关系有两个方面:一是企业内部的生产关系,这些生产关系的状态都可能对企业生产力产生很大的促进或抑制作用,同时也影响大多数人的根本利益。二是与企业相关的社会生产关系,这一方面也与企业的经济效益有关、与企业的社会形象有关,更是与党的根本宗旨有关。

从"重大改革于法有据"角度,应推进国有企业党的领导融入公司治理的法治化,推动两个"一以贯之"有机统一的组织化、制度化、具体化。一是要充分发挥党和政府的主导作用。重点将党组织作为治理主体纳入公司章程,并对涉及的政策、法规等进行协调优化。二是要充分发挥立法的引领作用。建立现代企业制度的法律依据是《公司法》,但《公司法》只是对党组织设立有非常原则的规定。应进一步通过立法、修法明确国有企业党组织在公司治理中的法定地位、功能与职权。三是要充分发挥中国特色现代企业制度改革同步解决问题的作用。注重处理好国有企业治理主体之间的关系。进一步明确和细化各自的功能定位,要着力完善"双向进入、交叉任职领导体制"等具体制度落实和保障。

综上可见,中国特色现代国有企业制度是"人民意志、党的领导、依

法治理、协调协同"主线下党的领导与现代公司治理、现代企业制度协调、自治、统一的制度安排:国有企业党的领导统一于人民意志,统一于党的宗旨,统一于执政兴国,统一于改革发展,统一于从严治党,即国有企业党的领导与现代企业制度建设具有统一性尤其是法治统一性。综合而言,党领导国有企业在宪法、基本法、党内法规方面,可以统一于"中国特色现代国有企业制度"这一企业制度法律安排。

## 六、国有企业党的领导和治理完善的立法发展

按照党中央依法执政、依法治国方略和"重大改革必须于法有据"要求,在前述研究基础上,围绕党领导国有企业和中国特色现代国有企业制度建立完善,就有关法律体系的健全完善与具体法律法规的制定、修改、完善、废止,提出如下国有企业党的领导和完善公司治理相统一的法律保障对策建议。

**第一,国有企业党的领导和治理完善相统一的法律体系发展完善。** 国有企业党的领导和完善公司治理相统一涉及党的政策、党内法规和法律法规。应健全完善包括从《宪法》到《公司法》《企业国有资产法》《全民所有制工业企业法》到《中国共产党章程》《中国共产党党内监督条例》《中国共产党党组工作条例(试行)》等党内法规,再到《审计法》《证券法》等相关法律,最后到《企业国有资产交易监督管理办法》《中央企业投资监督管理办法》等法律法规在内的国有企业加强党的领导完善公司治理"五位一体法律规范体系"。

**第二,国有企业党的领导和治理完善相统一的主要法律发展完善。** 在根本大法《宪法》相关法条研究基础上,按照依法执政、依法治国原则,围绕党领导国有企业健全有关法律制度的部署要求,应在《企业国有资产法》《公司法》《全民所有制工业企业法》等国有企业相关基本法律中有关国有企业党的领导与完善公司治理相统一的规定基础上,着力加强和改善党对国有企业的领导的法律地位、法律功能、法律权力、法律责任、法律关系、法律机制等相关法律安排,对相关章节、条

款提出相关基本法律进行修订完善。

**第三，国有企业党的领导和治理完善相统一的党内法规发展完善。** 中国共产党党内法规在历经几十年的变迁后在党的十八届四中全会上被正式认定与法律规范共同构成我国社会主义特色法治体系。由于其包含了软法和社会法的属性，在推动和完善党在宪法及各类法律的范畴内，对提升和改进国有企业的领导，具有重要的意义和价值。由此，应对《中国共产党章程》《中国共产党党组工作条例（试行）》《中国共产党党内监督条例》《中国共产党纪律处分条例》《中国共产党廉洁自律条例》等党内法规国有企业党的领导和完善公司治理相统一相关规定进行修订完善。

**第四，国有企业党的领导和治理完善相统一的配套法律健全完善。** 按照党领导国有企业的总体要求，国有企业的运营与监督管理，除了《企业国有资产法》《公司法》外，还有大量国有企业党的领导和完善公司治理相统一相关法律，包括《审计法》《证券法》《税法》《企业破产法》《劳动法》《民法典》《劳动合同法》等。应对上述配套法律中国有企业党的领导和完善公司治理相统一相关条款，按照党领导国有企业的政治决策、政策要求和法治原则，进行修订完善。

**第五，国有企业党的领导和治理完善相统一的国资规章发展完善。** 对国务院国资委或者会同其他部委联合制定发布的部门规章，包括《中央企业投资监督管理办法》《企业国有资产交易监督管理办法》《中央企业境外国有资产监督管理暂行办法》等，按照党领导国有企业有关部署要求，对其中国有企业党的领导和完善公司治理相统一相关条款，进行修订完善。

## 第四节　国有企业党的领导的治理实现

聚焦加强和改善党对国有企业的领导，推进国有企业党的领导和完善公司治理相统一的治理实现，建议重点推动国有企业党的领导的功能建设、组织建设、机制建设、权责建设、纪律建设和制度建设"六位一体"治理改革完善。

## 一、推进国有企业党的领导功能建设

全面落实党的领导"国有企业'根'和'魂'"的定位与要求，系统推进国有企业党的领导功能建设和发挥作用，是新时代国有企业治理改革的首要工作。

### （一）落实两个核心作用

1992 年，党的十四大首次将国有企业党组织的职能确定为"发挥政治核心作用"，此后这一职能定位长期保持不变，一直延续到党的十八大。中共中央办公厅于 2015 年印发《关于在深化国有企业改革中坚持党的领导加强党的建设的若干意见》，将党委与党组的职能分别表述为发挥政治核心作用和发挥领导核心作用。2016 年 7 月 4 日，习近平总书记在全国国有企业改革座谈会的重要讲话中指出："要坚持党要管党、从严治党，加强和改进党对国有企业的领导，充分发挥党组织的政治核心作用。"①2016 年 10 月召开的全国国有企业党的建设工作会议上，习近平总书记强调，"国有企业党组织发挥领导核心和政治核心作用，保证党和国家方针政策、重大部署在国有企业贯彻执行"②，将党组织的职能从"单核心"扩展为"双核心"。2017 年 10 月，党的十九大通过《中国共产党章程（修正案）》，将国有企业党委政治核心和党组领导核心的"双核心"职能合并概括为"发挥领导作用"，以党的根本大法形式确定了党组织的新职能。

习近平总书记关于国有企业党的领导落实两个核心作用的科学揭示和论述，对于在国资国企改革发展中加强党的领导和党的建设，具有

---

① 习近平:《理直气壮做强做优做大国有企业》，载《人民日报》2016 年 7 月 5 日，第 1 版。
② 习近平:《坚持党对国有企业的领导不动摇》，载《人民日报》2016 年 10 月 12 日，第 1 版。

重要的指导意义。坚持国有企业党组织的领导核心与政治核心作用,既是在新时代坚持党对国有企业领导的必然需要,也是国有企业建立中国特色现代国有企业制度的重要保证。国有企业党组织发挥着领导核心和政治核心的作用,归根结底,就是要把方向、管大局、保落实。

1. 方向:把好国有企业三个方向

把方向,就是国有企业党组织通过开展思想政治等工作,引导广大干部职工把思想和行动统一到党中央精神上来,确保企业沿着正确的方向前进,党和国家的方针政策以及重大部署,确保在国有企业贯彻落实。**一是把好政治方向。** 坚持党的领导、加强党的建设,是国有企业的"根"和"魂"。新时代,国有企业是党领导的国家治理体系的重要组成部分,坚持和加强党对国有企业的全面领导,是新时代国有企业必须坚持的政治方向。**二是把好改革方向。** 新时代国有企业必须坚持的改革方向和道路,就是要建设中国特色现代国有企业制度。**三是把好发展方向。** 坚定不移把国有企业做强做优做大,是新时代国有企业必须坚持的发展方向。

2. 管大局:管好国有企业三个大局

管大局,就是国有企业党组织要总揽全局、协调各方,自觉站在新时代中国特色社会主义建设全局上想问题、做决策、办事情,坚定不移地推进国有企业改革发展。一是管好服务大局。国有企业是中国特色社会主义的重要物质基础和政治基础,是我们党执政兴国的重要支柱和依靠力量。国有企业要以党和国家的大局为重,以人民群众的利益为重,忠实履行国有企业的政治责任、经济责任、社会责任,紧密围绕国家发展战略,服务好新时代国家改革发展大局。二是管好统筹大局。国有企业党组织应统筹协调好股东会、董事会、监事会、职工(代表)大会、广大职工和工会、共青团、妇联等各方面力量,形成合力,共同推进国有企业改革发展。三是管好业务大局。国有企业党组织要坚持推进生产经营的大局,把提高企业效益、增强企业竞争力、维护和增加国有资产价值作为工作的出发点和落脚点,用企业改革发展的成果检验党组织的工作和战斗力。

### 3. 保落实：确保国有企业三个落实

保落实，就是要重点解决部分国有企业党的领导和党建工作弱化、虚化、淡化、边缘化问题，提高党的领导的执行力。一是确保政策落实。党的路线方针政策，国有企业党组织要保障在国有企业的有效贯彻，确保党对国有企业的功能作用定位得到落实。二是确保决策落实。国有企业党组织要保障把党中央和上级党组织的决策部署落地落实。三是确保任务落实。国有企业党组织要把握好带有全局性和根本性的企业发展任务，使党的建设和企业发展共同稳步前进，保障国有企业生产经营目标得到实现。

### （二）加强完善三个领导

党对国有企业的领导是政治领导、思想领导、组织领导的有机统一。

#### 1. 落实党对国有企业的政治领导

国有企业党组织必须把党的政治建设摆在首位，肩负起党的政治建设责任，提高政治站位，强化政治引领，增强政治能力，涵养政治生态，防范政治风险，坚持和落实中国特色社会主义根本制度、基本制度、重要制度，坚决落实党中央决策部署，教育引导全体党员始终在政治立场、政治方向、政治原则、政治道路上同党中央保持高度一致；推动企业聚焦主责主业，服务国家发展战略，全面履行经济责任、政治责任、社会责任。[①]

#### 2. 落实党对国有企业的思想领导

深入学习贯彻习近平新时代中国特色社会主义思想，坚持用党的创新理论武装国有企业党员干部职工[②]，以社会主义核心价值观引领企业文化建设，学习宣传党的理论，把思想政治工作作为企业党组织的经常性基础工作，把解决思想问题与解决实际问题结合起来。要加强对国有企业领导人员的党性教育、宗旨教育、警示教育，严格执行政治纪律和政治规矩，引导国有企业领导人员不断提高思想政治素质、加强

---

① 参见《中国共产党国有企业基层组织工作条例（试行）》，载《支部建设》2020 年第 1 期。
② 参见《中国共产党国有企业基层组织工作条例（试行）》，载《支部建设》2020 年第 1 期。

党性修养。

3. 落实党对国有企业的组织领导

坚持党管干部原则,落实党对国有企业干部人事工作的领导权和对重要干部的管理权,确保党组织在国有企业选人用人中发挥主导作用。国有企业党组织按照干部管理权限,规范动议提名、组织考察、讨论决定等程序,落实对党忠诚、勇于创新、治企有方、兴企有为、清正廉洁的要求,做好选配企业领导人员工作。实施人才强企战略,健全人才培养、引进、使用机制,重点做好企业经营管理人才、专业技术人才、高技能人才以及特殊领域紧缺人才工作。[①] 抓好企业领导班子建设和干部队伍、人才队伍建设,重视和发挥好国有企业企业家作用,保证人选政治合格、作风过硬、廉洁不出问题,着力培养一支宏大的高素质国有企业领导人员队伍。

## 二、推进国有企业党的领导组织建设

### (一) 推进国有企业党组织建设

1. 推进党组织领导地位建设

党的十九届三中全会通过的《中共中央关于深化党和国家机构改革的决定》提出,"强化党的组织在同级组织中的领导地位"。这一要求是党章规定,是深化党和国家机构改革的重要内容,是坚持和加强党的全面领导的重要保证。加强国有企业党的领导的组织建设,首先要落实和加强党组织在国有企业中的领导地位,推动形成国有企业党组织总揽全局、协调各方的国有企业领导体系。[②]

2. 推进党组织具体设置建设

继续加强国有企业党组织不放松,确保企业发展到哪里,党的建设就跟到哪里,党支部战斗堡垒作用就体现到哪里,为国有企业的做强做

---

① 参见《中国共产党国有企业基层组织工作条例(试行)》,载《支部建设》2020年第1期。

② 参见王立胜、张弛、陈健:《习近平关于国有企业论述研究》,载《当代经济研究》2020年第3期。

优做大提供强有力的组织保证①。

推进党的基层委员会、总支部委员会、党支部设置完善与作用发挥，推进党员代表大会、党员大会选举制度的发展完善；推进国有企业党组织书记、副书记以及设立常务委员会的党委常务委员会委员的设置、选举完善与作用发挥②；推进国有企业纪律检查委员会或者纪律检查委员的设置完善与作用发挥。

3. 推进党组织党员队伍建设

一是坚持把政治标准放在首位，按照控制总量、优化结构、提高质量、发挥作用的总要求和有关规定发展国有企业党员。二是强化政治理论教育、党的宗旨教育、党章党规党纪教育和革命传统教育。三是紧密结合企业生产经营开展党组织活动，引导党员创先争优、攻坚克难，争当生产经营的能手、创新创业的模范、提高效益的标兵、服务群众的先锋③。四是严肃党的组织生活，增强党内政治生活的政治性、时代性、原则性、战斗性。五是强化党员日常管理，增强党员意识。六是从政治、思想、工作、生活上关心关爱党员，建立健全党内关怀帮扶机制④。七是严格执行党的纪律，对违反党的纪律的党员，按照党内有关规定及时进行教育或者处理⑤。

### （二）推进党的领导特色化建设

1. 推进组织嵌入

中国特色现代国有企业制度，"特"就特在把党的领导融入公司治

---

① 参见王立胜、张弛、陈健：《习近平关于国有企业论述研究》，载《当代经济研究》2020年第3期。

② 参见王立胜、张弛、陈健：《习近平关于国有企业论述研究》，载《当代经济研究》2020年第3期。

③ 参见王立胜、张弛、陈健：《习近平关于国有企业论述研究》，载《当代经济研究》2020年第3期。

④ 参见王立胜、张弛、陈健：《习近平关于国有企业论述研究》，载《当代经济研究》2020年第3期。

⑤ 参见王立胜、张弛、陈健：《习近平关于国有企业论述研究》，载《当代经济研究》2020年第3期。

理各环节,把企业党组织内嵌到公司治理结构之中①。中国特色现代国有企业制度其核心就在于党组织是公司法人治理结构的重要组成部分,就在于充分发挥党建工作与公司治理两个优势。坚持党组织和工作机构同步设置、党组织负责人及党务工作人员同步配备、党的工作同步开展,实现体制对接、机制对接、制度对接和工作对接。

2. 推进治理融入

一是坚持和完善国有企业"双向进入、交叉任职"领导体制,符合条件的党委(党组)班子成员可以通过法定程序进入董事会、监事会、经理层,董事会、监事会、经理层成员中符合条件的党员可以依照有关规定和程序进入党委(党组)。② 二是推行国有企业党委(党组)书记、董事长由一人担任。三是在决策程序上,明确党组织研究讨论是董事会、经理层决策重大问题的前置程序。③

3. 推进章程写入

国有企业应当在章程中明确党建工作总体要求,将党组织的机构设置、职责权限、职责分工、运行机制、工作任务、基础保障纳入企业的管理体制、管理制度、工作规范,明确党组织在企业决策、执行、监督各环节的权责和工作方式以及与其他治理主体的关系,明确党组织研究讨论是董事会、经理层决策重大问题的前置程序④,是治理结构的有机组成部分。支持企业法人治理结构依法行使职权,在保证公司法人治理结构有效运转的同时,实现党组织发挥作用的组织化、制度化、具体化⑤。

---

① 习近平:《坚持党对国有企业的领导不动摇》,载《人民日报》2016年10月12日,第1版。
② 参见王立胜、张弛、陈健:《习近平关于国有企业论述研究》,载《当代经济研究》2020年第3期。
③ 参见苏虹:《构建落实"前置程序"推动党的领导有机融入公司治理——上海市国资委党委落实"前置程序"要求的实践与探索》,载《现代国企研究》2021年第7期。
④ 参见杨寅、闫志龙:《我国国有企业党建工作的制度变迁、发展经验及优化对策》,载《中小企业管理与科技(下旬刊)》2021年第9期。
⑤ 参见《中国共产党国有企业基层组织工作条例(试行)》,载《支部建设》2020年第1期。又见2015年,《关于在深化国有企业改革中坚持党的领导加强党的建设的若干意见》明确要求:"在章程中明确党建工作总体要求,将党组织的机构设置、职责分工、工作任务纳入企业的管理体制、管理制度、工作规范,明确党组织在企业决策、执行、监督各环节的权责和工作方式以及与其他治理主体的关系,使党组织成为公司治理结构的有机组成部分。"

## 三、推进国有企业党的领导机制建设

### （一）健全完善职责发挥机制

坚持国有企业党组织作用发挥机制。一是加强企业党的政治建设，教育引导全体党员始终在政治立场、政治方向、政治原则、政治道路上同党中央保持高度一致。二是贯彻执行党的路线方针政策，监督、保证党中央重大决策部署和上级党组织决议在本企业贯彻落实。三是研究讨论企业重大经营管理事项，支持股东（大）会、董事会、监事会和经理层依法行使职权。四是加强对企业选人用人的领导和把关，抓好企业领导班子建设和干部队伍、人才队伍建设。五是履行企业党风廉政建设主体责任，领导、支持内设纪检组织履行监督执纪问责职责，推动全面从严治党落实。六是加强党组织建设和党员队伍建设，团结带领职工群众积极投身企业改革发展。[①] 七是领导企业思想政治工作、精神文明建设、统一战线工作，领导企业工会、共青团、妇女组织等群团组织。

### （二）健全完善业务领导机制

坚持党的建设与企业改革发展同步谋划机制。在国有企业运行上，国有企业重大经营管理事项必须经党委（党组）研究讨论后，再由董事会或者经理层作出决定。研究讨论的事项主要包括：一是贯彻党中央决策部署和落实国家发展战略的重大举措；二是企业发展战略、中长期发展规划，重要改革方案；三是企业资产重组、产权转让、资本运作和大额投资中的原则性、方向性问题；四是企业组织架构设置和调整，重要规章制度的制定和修改；五是涉及企业安全生产、维护稳定、职工权益、社会责任等方面的重大事项[②]；六是其他应当由党委（党组）研究讨

---

① 参见《中国共产党国有企业基层组织工作条例（试行）》，载《支部建设》2020 年第 1 期。

② 参见《中国共产党国有企业基层组织工作条例（试行）》，载《支部建设》2020 年第 1 期。

论的重要事项①。

## 四、推进国有企业党的领导权责建设

习近平总书记指出："要明确党组织在决策、执行、监督各环节的权责和工作方式,使党组织发挥作用组织化、制度化、具体化。"

### （一）健全完善党组织的权力责任

1. 党组织在决策环节的权力责任

国有企业党组织要全面落实管党治党主体责任,按照规定讨论和决定国有企业党的建设重大事项、经营管理重大事项。国有企业党委（党组）要履行国有企业党建的主体责任,研究和决定国有企业党建的重大问题、国有企业的重大经营管理事项。重大经营管理事项必须由党委（党组）研究讨论,然后由董事会或者经理层决定。② 要明确党组织前置研究的事项清单和原则、重点和方式。决策前先调查,次讨论,后研究,再形成意见;决策中,在董事会、经营层中任职的党委成员要充分表达党组织意见和建议。保障党组织在企业改革发展中真正实现把得了关、掌得了舵、说得上话、使得上劲。③

国有企业党组织履行党的建设主体责任,书记履行第一责任人职责,专职副书记履行直接责任,内设纪检组织负责人履行监督责任,党组织领导班子其他成员履行"一岗双责",董事会、监事会和经理层党员成员应当积极支持、主动参与企业党建工作。④

国有企业党委（党组）应当结合企业实际制定研究讨论的事项清单,厘清党委（党组）和董事会、监事会、经理层等其他治理主体的权责边界,明确谁来管、管什么、怎么管,使国有企业党委会与董事会、经理层等治

---

① 参见《中国共产党国有企业基层组织工作条例(试行)》,载《支部建设》2020 年第 1 期。
② 参见《中国共产党国有企业基层组织工作条例(试行)》,载《支部建设》2020 年第 1 期。
③ 参见刘波:《全面提高国有企业党的建设科学化水平》,载《前进》2013 年第 6 期。
④ 参见《中国共产党国有企业基层组织工作条例(试行)》,载《支部建设》2020 年第 1 期。

理主体形成各司其职、各负其责、协调运转、有效制衡的公司治理机制①。

2. 党组织在执行环节的权力责任

应科学界定党组织在国有企业法人治理结构中发挥领导核心作用的方法途径，明确党组织与董事会、监事会、经理层的权责边界，保证党组织在公司治理结构中的工作空间和话语权。研究讨论企业重大经营管理事项，支持股东（大）会、董事会、监事会和经理层依法行使职权。决策后，企业党组织要号召广大党员带头实施执行有关决定，保证企业生产经营任务的完成。②

3. 党组织在监督环节的权力责任

各级党组织应当强化党建工作责任制落实情况的督促检查，层层传导压力，推动工作落实。③ 坚持有责必问、失责必究。建立党支部工作经常性督查指导机制，推进党支部标准化、规范化建设，抓好软弱涣散基层党组织整顿提升。对国有企业党的建设思想不重视、工作不得力的，应当及时提醒、约谈或者通报批评，限期整改。对有关规定的，按照有关规定追究责任。④

### （二）健全完善党组织的工作方式

探索完善"党建＋"工作模式，把"融入中心、进入管理、服务发展"作为国有企业党建工作的落脚点，国有企业党组织的领导核心和政治核心作用进一步充分发挥，推动企业改革发展。

1. 健全完善"党建＋决策"机制

健全完善国有企业党的建设与生产经营重大决策结合的工作方式。发挥"总揽全局、协调各方"的核心作用，通过加强集体领导、推进科学决策，推动企业全面履行政治责任、经济责任和社会责任。推进国有企业党组织参与重大决策的长效机制，发展完善"党委领导政治核

①　参见《中国共产党国有企业基层组织工作条例（试行）》，载《支部建设》2020年第1期。
②　参见《中国共产党国有企业基层组织工作条例（试行）》，载《支部建设》2020年第1期。
③　参见《中国共产党国有企业基层组织工作条例（试行）》，载《支部建设》2020年第1期。
④　参见《中国共产党国有企业基层组织工作条例（试行）》，载《支部建设》2020年第1期。

心、董事会战略决策、管理层经营管理、监事会依法监督"的运行机制。

党委议事权责上,对党内重大事项,党委必须作出决策、形成决议、推动落实执行;对经营者任免事项,党委必须根据上级党组织决定作出决策、形成决议、推荐提名;对重大经营管理事项,程序上党委必须前置研究讨论、提出意见建议,然后再由党委成员在董事会和经理层会议上发表意见。在决策事项上,党委会否决或暂缓的,不再进入公司决策和执行程序;党委会通过的,需要公司法人的决策流程,做好相关技术经济性等方面的论证。

2. 健全完善"党建 + 执行"机制

探索国有企业党的建设与生产经营重大决策执行结合的工作方式。健全完善国有企业党组织领导、团结带领广大党员、群众带头拥护、贯彻执行、推进实施重大生产经营决策执行,保证企业的重大决策事项能够落实落地的常态化机制。

3. 健全完善"党建 + 监督"机制

健全完善国有企业党的建设与生产经营决策监督结合的工作方式。国有企业监督是一个大课题,应着力发挥党的监督问责作用,健全完善从严治党在国有企业监督作用有效发挥的长效机制。

## 五、推进国有企业党的领导纪律建设

党的十九大报告提出了新时代党的建设总要求,首次将纪律建设与政治建设、思想建设、组织建设、作风建设和制度建设并为一体,可见纪律建设的重要性、必要性和紧迫性。习近平总书记指出:"要加强国有企业党风廉政建设和反腐败工作,把纪律和规矩挺在前面。"①

### (一) 抓好纪律促进

抓牢抓实企业纪律建设,必须始终坚持把纪律挺在前面这个前提。

---

① 习近平:《坚持党对国有企业的领导不动摇》,载《人民日报》2016 年 10 月 12 日,第 1 版。

要想建设一支讲政治、敢担当、有作为、守纪律的干部队伍，只有切实把国有企业各项纪律"立起来""严起来""挺在前"，把管党治党的防线从法律拉回到纪律上来，严格用党章党规党纪要求党员干部的行为，使企业各级党员干部时刻保持清醒头脑，国有企业改革发展的宏伟蓝图才有实现的保证。

### （二）抓好执纪问责

抓牢抓实国有企业纪律建设，必须始终坚持用好从严执纪问责这个利器。要正确运用监督执纪"四种形态"实施办法。用足第一种形态，对发现的苗头性问题及时谈话函询、批评教育、组织处理；用好用准第二、三种形态，通过给予党纪处分、作出职务调整，对违纪党员干部进行敲警钟、治"病树"；用好第四种形态，对严重违纪涉嫌违法的坚决移送司法机关依法处理。要着眼构建不敢腐、不能腐、不想腐体制机制，重遏制、强高压、长震慑，坚决查处违规违纪案件，严肃查处违反中央八项规定精神、侵害职工群众利益的行为；严肃查处领导人员违反"三重一大"集体决策制度、利用职权为特定关系人谋取私利的案件；严肃查处失职渎职、不作为、乱作为给企业造成重大损失的案件；严肃查处以权谋私、贪污受贿、搞利益输送、权钱交易、权色交易的案件。

## 六、推进国有企业党的领导制度建设

在党的建设总体布局中，政治建设、思想建设、组织建设、作风建设、纪律建设、制度建设六大建设中，政治建设是统领，制度建设是保障。这是因为制度建设不仅具有基础性、稳定性、长期性的特点，而且有着极大的综合性，各个方面的建设都需要靠制度来规范、来保证、来落实。按照依法治国、依法治企、国企法治的要求，应以国有企业相关国家法律和党内法规实施落实为重点进一步加强有企业党的领导的制度建设。

## （一）国企党建法律法规贯彻落实

围绕中国特色现代国有企业制度建设，聚焦党的领导的制度贯彻落实和发展完善，推进包括国家法律、党内法规在内的法律法规落实与建设完善。

### 1. 国家法律贯彻落实与发展完善

围绕党中央"两个一以贯之"部署要求，应推进《公司法》《企业国有资产法》等国有企业相关法律法规的贯彻落实与修订完善。

### 2. 党内法规贯彻落实与发展完善

推进《中国共产党党章》《中国共产党问责条例》和《中国共产党国有企业基层组织工作条例（试行）》等国企党建党内法规的贯彻落实与发展完善。

## （二）推进国有企业内部制度建设

### 1. 公司章程发展完善

《公司章程》是企业"宪法"。落实"党建进章程"，夯实党组织发挥领导作用的制度基础。在章程中明确党建工作总体要求，将党组织的机构设置、完善职责分工、工作任务纳入企业的管理体制、管理制度、工作规范。① 制定完善《国有企业公司章程制定和审批管理办法》，一是充实章程总则，明确党建工作"四同步"要求，凸显党组织的政治核心地位；二是增加"党委会"专章，明确党组织在公司治理中的权责和工作方式，更加凸显党组织在重大决策和选人用人上的领导把关作用；三是完善相关章节，明确其他治理主体与党组织无缝衔接的运行机制，更加凸显体制对接、制度对接和工作对接。

### 2. 公司制度发展完善

通过制定企业管理制度，确定党组织的法定与非法定职能，明确党组织在国有企业中发挥领导作用的职权、方式、途径、程序、责任等内部

---

① 参见杨寅、闫志龙：《我国国有企业党建工作的制度变迁、发展经验及优化对策》，载《中小企业管理与科技（下旬刊）》2021年第9期。

制度健全完善。建立健全国有企业党的领导的职责清单、履职办法、决策程序、议事规则、责任规定等制度。以责任制度为例，深入推动完善包括责任落实制度、责任考核制度、责任追究制度等。建立完善《党委会议事规则》《董事会议事规则》《经理办公会议事规则》和《落实"三重一大"决策制度的实施办法》等具体制度。

# 第五节　国有企业的党内法规建设保障

形成完善的党内法规体系，是党的十八届四中全会提出的建设社会主义法治体系的任务之一。继《中央党内法规制定工作五年规划纲要》颁布实施五年后，中共中央于2018年2月印发《中央党内法规制定工作第二个五年规划（2018—2022年）》（以下简称《规划》）。《规划》深入贯彻落实习近平新时代中国特色社会主义思想和党的十九大精神，着眼于到建党100周年时形成比较完善的覆盖党的领导和党的建设各方面的党内法规制度体系，对今后5年党内法规制度建设进行顶层设计，提出了指导思想、目标要求、重点项目和落实要求。

## 一、新时代国有企业党内法规建设的指导思想

坚持党的领导、加强党的建设，是我国国有企业的光荣传统，是国有企业的"根"和"魂"，是我国国有企业的独特优势。做好新时代国有企业党内法规建设工作，要高举中国特色社会主义伟大旗帜，全面贯彻党的十九大精神，坚持以马克思列宁主义、毛泽东思想、邓小平理论、"三个代表"重要思想、科学发展观、习近平新时代中国特色社会主义思想为指导，全面落实党的十九大精神和习近平总书记一系列重要讲话精神，牢牢把握加强党在国有企业的执政能力建设、先进性和纯洁性建设这条主线，贯彻落实新时代国有企业党的建设要求，坚持依法治国和依规治党有机统一，坚持思想建党和制度治党同向发力，增强党在国有

企业的依法执政、管党治党水平，积极推进国有企业党内法规制定工作，加快构建国有企业党内法规制度体系，为全面提高国有企业党的建设科学化水平、加强和改善国有企业党的领导①、为党在中国特色社会主义事业建设的重要领域——基本经济制度基础的国有企业提供鲜明政治引领与坚实制度保障。

## 二、新时代国有企业党内法规建设的目标任务

### （一）工作目标

围绕党中央关于新时代国有企业加强党的领导、推进党的建设的部署要求，经过五年的不断努力，到建党 100 周年时形成覆盖国有企业党的领导和党的建设各方面的党内法规制度体系。国有企业党内法规制度质量明显提高，执行力明显提升，成为党和国家最可信赖的依靠力量，成为坚决贯彻执行党中央决策部署的重要力量，成为贯彻新发展理念、全面深化改革的重要力量，成为实施党和国家重大战略的重要力量，成为壮大综合国力、促进经济社会发展、保障和改善民生的重要力量，成为我们党赢得具有许多新的历史特点的伟大斗争胜利的重要力量。

### （二）工作任务

在对现有国有企业党内法规进行全面梳理基础上，制定和修订一批重要国有企业相关党内法规，力争经过五年努力，形成涵盖国有企业党的建设和党的工作主要领域、适应管党治党需要的国有企业党内法规制度体系，使党在国有企业执政的制度基础更加巩固，在建党 100 周年时全面建成内容科学、程序严密、配套完备、运行有效的党内法规制度体系作出国资国企应有的贡献。

首先，国有企业基础主干党内法规更加健全。对一些分散交叉的

---

① 参见刘波：《全面提高国有企业党的建设科学化水平》，载《前进》2013 年第 6 期。

党内法规进行整合提升,形成一批综合性国有企业党内法规。国有企业党的思想建设、组织建设、作风建设、反腐倡廉建设、制度建设各领域的基础主干党内法规制定完成,国有企业党内法规制度体系形成并不断完善。

其次,国企改革发展实践亟须的党内法规及时出台。针对国有企业党的建设中存在的突出问题,以发挥领导核心、政治核心两个核心作用,党的领导、党的建设嵌入、融入公司治理与公司运营为重点,抓紧制定实践迫切需要、干部群众热切期待的国有企业党内法规,努力为解决干部群众普遍关注的热点难点问题提供制度安排。

第三,国有企业配套党内法规更加完备。加强对国有企业已有党内法规制度的配套建设,国有企业基础主干党内法规的实施办法和细则不断完备,相应配套专项制度不断完善,程序性、保障性、惩戒性规定得到强化,国有企业党内法规的匹配性、操作性、实用性明显提高。

最后,各项国有企业党内法规之间协调统一。国有企业党内法规工作的统筹规划机制、审议审核机制、备案审查机制、解释评估机制、动态清理机制、建立健全并有效运行,不同领域、不同位阶、不同效力的党内法规相互衔接,党内法规的系统性、协调性、统一性明显提高。①

## 三、新时代国有企业党内法规建设的技术依据

2013 年 5 月 27 日,党中央发布《中国共产党党内法规制定条例》,对党内法规的起草、审批、发布、适用、解释,以及备案、清理与评估等环节作出明确规定。为保障党内法规的准确适用,2013 年 5 月,党中央

---

① 《中央党内法规制定工作五年规划纲要(2013—2017 年)》提出:"党内法规工作的统筹规划机制、审议审核机制、动态清理机制、备案审查机制、解释评估机制建立健全并有效运行,不同领域、不同位阶、不同效力的党内法规相互衔接,党内法规的系统性、协调性、统一性明显提高。"

同时还发布了《中国共产党党内法规和规范性文件备案规定》,对于提高法规的立法质量,增强党内法规建设的合法性,彰显党内法规的严肃性和权威性,为建成内容协调、程序严密、配套完备、管用有效的党内法规制度体系,奠定了基础。上述《条例》和《规定》为新时代国有企业党内法规建设提供了良好的依据和保障。

## 四、新时代国有企业党内法规建设的主要内容

### (一)国有企业党的思想建设法规建设完善

着眼于教育引导广大国有企业党员、干部坚定理想信念,以思想理论建设为根本、党性教育为核心、道德建设为基础,加大国有企业思想建设方面党员干部理论学习制度、党员党性教育和分析制度、党员干部道德建设制度等党内法规制定力度,积极探索理论创新和理论武装工作的有效途径和方法,推动思想建设工作制度化、常态化。

### (二)国有企业党的组织建设法规建设完善

围绕夯实党在国有企业执政的组织基础,进一步完善国有企业干部队伍建设、基层组织建设、党员队伍建设等方面的党内法规,重点制定国有企业党组织工作条例,国有企业党的干部宏观管理、选拔任用、考核评价、职务任期、奖惩问责等方面的党内法规,国有企业党的基层组织工作、党员队伍建设,党管人才等党内法规,夯实国有企业管党治党、健康发展的组织制度基础。

### (三)国有企业党的领导法规建设完善

党对国有企业的领导是政治领导、思想领导、组织领导的有机统一。坚持党对国有企业工作的领导,完善国有企业党的领导体制机制,明确党组织在决策、执行、监督各环节的权责和工作方式,把方向、管大局、保落实,使党组织发挥作用组织化、制度化、具体化。不断增强国有企业党的政治领导力、思想引领力、群众组织力、社会号召力,把党在国

资国企工作中总揽全局、协调各方落到实处。

### （四）国有企业党的监督保障法规建设完善

按照"规范主体、规范行为、规范监督"相统筹相协调原则，从党要管党、从严治党、党管干部、党管人才角度，围绕中央对党的监督保障的总体部署要求，结合国资国企实际，综合考虑与党政事业部门单位的共性与差异，对国有企业党组织和党员干部的监督、奖惩、保障，建立健全相关法规制度，形成有权必有责、有责要担当、用权受监督、失责必追究的激励约束机制。

### （五）国有企业反腐倡廉党内法规建设完善

围绕建设廉洁国企，加大教育、监督、惩处力度，以解决体制缺陷和制度漏洞为重点，通过健全国有企业党的权力运行制约和监督体系、完善国有企业预防腐败的党内法规、完善国有企业纪检监察体制机制等举措，加快推进国有企业反腐倡廉建设方面党内法规建设，提高制度安排的系统性、科学性，努力形成不敢腐的惩戒机制、不能腐的防范机制、不想腐的保障机制。

## 五、注重党内法规建设与国家法律、现代企业制度的衔接协调

### （一）注重与国家法律的衔接与融合

宪法赋予了中国共产党的执政地位，同时，依法执政、依法治国必须依据党内法规从严治党。党要管党，从严治党，没有党规不行，依法治国，建设法治国家没有国家法律更不行，二者不能相互替代。党内法规制度与国家法律体系紧密相连。包括国有企业党内法规在内的党内法规和国家法律都是党和人民意志的反映，二者在本质上是一致的。在我国，推进依法治国和依法执政，建设社会主义法治国家，必须同时健全、完善国法和党规，形成国法和党规相辅相成、相互促进、相互保障的格局。在法治中国建设过程中，应当把党内法规制度建设作为国家

法治体系建设的有机组成部分一体推进,使党内法规在遵循宪法、法治原则的前提下,以提升党的执政能力和拒腐防变能力为目标,强化权力的制度制约。①

同时,必须坚持党纪严于国法的原则。这是由党的先锋队性质决定的,主要表现为党纪对党员的要求比国法对公民的要求标准更高。党的各级组织和广大党员干部不仅要模范遵守国家法律,而且要按照党规党纪以更高标准严格要求自己,践行党的宗旨和要求。

### (二) 注重与现代企业制度的衔接与融合

坚持党对国有企业的领导是重大政治原则,必须一以贯之;建立现代企业制度是国有企业改革的方向,也必须一以贯之。在国有企业党内法规建设完善中,要处理好党组织和其他治理主体的关系,明确权责边界,做到无缝衔接,形成各司其职、各负其责、协调运转、有效制衡的公司治理机制。

一是要注重党内法规建设与现代企业制度衔接融合的组织化,在公司治理结构中科学嵌入党的领导机构,把党的领导融入公司治理各环节,把企业党组织内嵌到公司治理结构之中。二是注重党内法规建设与现代企业制度衔接融合的制度化。按照党要管党、从严治党的原则,在遵循现代企业制度运行规律基础上,国有企业党的领导工作必须走制度化、常态化之路,从制度上规范机构设置、职责履行、作用发挥等,不断提高国有企业党的领导、党的建设的制度化水平。三是党内法规建设与现代企业制度衔接融合的具体化。国有企业落实全面从严治党和党内监督政治责任,必须在国资国企改革发展的实际工作中落实,推进国有企业党的领导、党的建设的具体化与实效化。

---

① 《中共十八届四中全会在京举行习近平作重要讲话》,载《人民日报》2014 年 10 月 24 日,第 1 版。

# 第三章　国有资产管理体制改革完善研究

　　国有资产管理体制是指国家为了实现对国有资产有效管理而设置的一套管理组织机构体系及其职能设定与责权利的划分，以及国家对国有资产的形成、使用、处置全过程管理以及收益分配所制定的制度、法规、管理模式与方法的总和。国有资产管理体制是国民经济管理体制的有机组成部分，也是我国公有制的主要具体实现形式。

　　国有企业、国有经济在服务政治、发展经济和稳定社会中具有重要的、其他经济成分难以替代的功能。新中国成立以来，特别是改革开放以来，我国国有资产管理体制改革稳步推进，国有资产出资人代表制度基本建立，保值增值责任基本得到落实，国有资产规模、利润水平、竞争能力得到较大提升。正如习近平总书记指出的，"新中国成立以来特别是改革开放以来，国有企业发展取得巨大成就。我国国有企业为我国经济社会发展、科技进步、国防建设、民生改善作出了历史性贡献，功勋卓著，功不可没"[1]。但必须同时看到，现行国有资产管理体制仍一定程度存在党的领导弱化、体制僵化、机制不顺等落后于党中央、国务院的部署要求、落后于新时代我国国资国企改革发展实际等问题，国有资产管理体制还存在越位、缺位、错位等现象；国有资产流失等问题在一些领域仍比较突出；国有经济基本属性、地位作用、功能定位、布局结构、配置效率等问题亟待进一步研究明确、予以解决。根据上述情况，

---

① 习近平：《坚持党对国有企业的领导不动摇》，载《人民日报》2016年10月12日，第1版。

本部分将围绕党的十八大、十九大部署要求,立足我国国有资产管理体制改革 70 年风雨历程,尤其是十八大以来的国资国企改革创新和探索实践,对我国国有资产管理体制改革发展的实践、成效和经验进行系统深入的研究。在此基础上,进一步探索和研究新时代国有资产管理体制改革完善的系统对策建议。

## 第一节  国有资产管理体制的概念构成

### 一、国有资产管理体制的概念界定

#### (一) 国有资产管理体制的概念界定

国有资产管理体制作为关于国有资产所有者及其管理机构和国家行政管理机构之间、国有资产所有者代表之间、国有资产体系内部各机构之间权、责、利关系制度与运行机制等的根本制度,通常包括国有资产管理机构设置、管理权责、管理方式等方面,以及国有资产的管理、监督、运营,以及国家出资企业公司治理等制度。作为国民经济管理体制的有机组成部分,国有资产管理体制是国民经济管理过程中产权关系的具体表现形式,也是我国社会主义基本经济制度主体——公有制的具体实现与存在形式①②。

国有资产管理体制可以分为广义和狭义。广义上的国有资产管理体制是指企业国有资产、行政事业性国有资产以及资源性国有资产等所有权属于国家的一切财产的管理体制;狭义上的国有资产管理体制,特指企业国有资产管理体制。本课题的研究对象为企业国有资产管理体制,即狭义的国有资产管理体制。

---

① 参见陈清泰:《深化国有资产管理体制改革的几个问题》,载《管理世界》2003 年第 6 期。
② 参见顾功耘、罗培新:《经济法前沿问题》,北京大学出版社 2011 年第 1 版。

### （二）国有资产管理体制的类型构成

国有资产管理体制的类型，可以从不同的角度进行划分和设置。从管理体制各种组织形式的管理职能、地位、职责和管辖范围等的分析和划分，可分为宏观管理体制和微观管理体制。

国有资产宏观管理体制，从其整体上说，是从社会管理层次上对全部国有资产行使所有权管理的制度体系，通常反映国有资产的所有人——全体人民及其代表国家、人民代表大会、各级政府（及其内部部门）与国家出资企业之间的管理关系制度安排[①]。具体到国资管理实际，无论是代表国家行使监督管理职权的专门机构即国资委，还是其他管理国有资产的专门机构，作为国有资产所有者的代表，它们凭借资产所有权行使管理职能。这种国有资产所有者代表着国有资产的宏观管理，不同于一般经营活动的管理。它是一项权威、具体、非行政职能。因此，国有资产的宏观管理体系不是资产的"经营总部"，而是据以制定相关的法规、制度等多种方式，通过宏观体制所确立的管理体系，对国有资产的运营、改革与发展进行管理。

国有资产微观管理体制通常反映政府及其出资人代表与国家出资企业之间的产权关系、治理与监管关系等制度安排[②]。主要涉及管理对象是国有资产营运机构和国有资产经营单位。由国家出资设立的，在国家授权范围内，对国有资产行使所有者权利，以股份形式经营国有资本的企业法人是国有资产营运机构。作为所有者代表管理国有资产的产权，主要负责的是企业存量资产的登记管理；对国家以资本金投资形式投入的国有资产和形成的红利进行管理；按照国家投入资本的比例选择股权代表人、监事会成员；审核企业年度财务报告，并向国资委等报告。拥有资产并从事生产、流通和其他经营活动的国有投资企业是国有资产经营单位，它们直接占有和使用国有资产从事经营活动，是

---

① 参见张卓元、郑海航：《中国国有企业改革 30 年回顾与展望》，人民出版社 2008 年第 1 版。

② 参见张卓元、郑海航：《中国国有企业改革 30 年回顾与展望》，人民出版社 2008 年第 1 版。

国有资产的实际经营者、使用者。

## 二、国有资产管理体制的内容构成

通过研究和综合分析,我们认为国有资产管理体制具体构成可以划分为国有资产领导管理体制、国有资产行政管理体制、国有资产组织管理体制、国有资产资本管理体制、国企领导人员管理体制、国有资产经营管理体制、国有资产监督管理体制等八个组成部分(见图1-1国有资产管理体制"八位一体"示意图)。

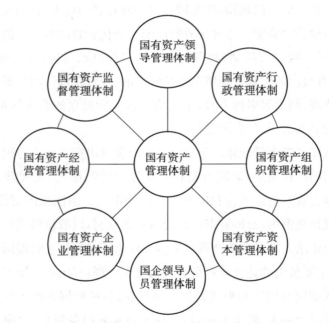

图1-1 国有资产管理体制"八位一体"示意图

### (一)国有资产领导管理体制

我国的国有资产领导管理体制,是指规范国有资产组织体系的具体制度或决策、指挥、监督等领导活动的制度。它使用严格的系统来确保领导活动的完整性、一致性、稳定性和连贯性。它是国有资产系统领导者与被领导者之间建立关系、发生作用的桥梁与纽带,对于国有资产、国有企业的发展具有重要意义。

在中国特色社会主义制度下,国有资产是社会主义基本经济制度的微观基础,国家出资企业是社会主义经济制度的微观细胞。因此,有中国特色的国有资产领导管理体制,是基于国有资产、国有企业政治性等基本属性,由执政党即中国共产党对其进行领导管理的系统制度体系。

### (二)国有资产行政管理体制

我国的国有资产行政管理体制,是指国家在国有资产领域的行政机构设置、行政职权划分以及为保证行政管理顺利进行而建立的一切制度的总称。从本质上说,国有资产行政管理体制是一个国家的政体及其管理制度在国有资产领域的集中反映;从运行状态上说,它就是国有资产领域的国家行政管理机构、管理权限、管理制度、管理工作、管理人员等有机构成的一个管理系统。

我国的国有资产行政管理体制,是指中央人民政府即国务院以及地方各级人民政府按照《中华人民共和国企业国有资产法》,作为国有资产的出资人,对国有资产、国有企业进行管理的行政机构设置、职权划分及其配套制度等构成的制度体系。

### (三)国有资产组织管理体制

我国的国有资产组织管理体制,是指国家关于国有资产终极所有人——全体人民,直至基层国有企业之间各种机构的组织设置、布局、运营与监管及其内部组织机构安排的组织机构设置及其运行机制的制度体系。

在我国,国有资产组织管理体制,主要是指国有资产的终极所有人——全体人民,到全国人大及地方各级人大——到国务院及各级人民政府——国务院及地方各级人民政府所属国有资产管理机构——中央和地方各级国有控股公司——中央和地方各级国有企业,以及各级国有企业内部组织机构的组织机构及其运行机制构成的制度体系。

### （四）国有资产资本管理体制

我国的国有资产资本管理体制，通常是国家或国有资产管理机构对国有资本的布局、结构、进退、管理与监督的制度体系。

我国的国有资产的资本管理体制，主要是指对于国有资本的布局、结构、形式、进退、考核上缴等进行管理的制度体系，具体一般包括对国家出资企业的层次布局结构、产业布局结构、任务布局结构、注册资本金投入、增加注册资本、减少注册资本、债权等权益转换股权、资本整合重组、收益上缴以及资本退出等制度安排。

### （五）国企领导人员管理体制

我国的国有企业领导人管理体制，是规范国有企业党委书记、董事长、总经理、董事、监事等领导人员的产生、履职、激励约束以及退出的各种管理方式、方法和规章制度的总和。

我国的国有企业领导人员管理体制，主要包括国有企业领导人员的选拔、使用、评价、激励、约束、退出、奖惩等各种关系、管理制度所构成的制度体系。

### （六）国有资产企业管理体制

我国的国有资产企业管理体制，是指国有资产管理机构对国家出资企业的公司治理结构与机制进行部署安排的制度体系，这是国有资产管理体制的微观基础。在社会主义市场经济条件下，国有资产企业管理体制的核心是建立中国特色现代国有企业制度。

在我国的国有资产管理体制中，企业管理体制是指国有企业的性质、形式、治理结构机器运行机制等国有资产的具体载体即国家出资企业的以治理结构与机制为主要内容的制度体系。

### （七）国有资产经营管理体制

我国的国有资产经营管理体制，是指对国有资产、国家出资企业经营权的布局、安排、行使的制度与机制体系。国有资产经营管理体制一般是承受国有资产领导管理体制、行政管理体制、资本管理体制等的指令与委托，行使国有资产经营权的权能制度安排。

我国国有资产的经营管理体制，通常是通过授权经营——即国有资产的管理机构作为国有资本的出资人，向某一特定的国有资产的经营机构、国家出资企业授予部分权力，使它作为国有资产的代理所有者行使国有资产经营权的机制和形式。

### （八）国有资产监督管理体制

我国的国有资产监督管理体制，是指监督国有资产管理、经营、投资的合法性和规范性的制度体系，它是国有资产监督各项管理方式、方法和规章制度的总和。

在我国的国有资产监督管理体制中，既包括国有资产监督管理委员会等专设的国有资产监督管理机构，也包括人大、审计、纪委、监察等监督机构，这些机构及其监督管理的职责及其行使机制基本制度，构成国有资产的监督管理体制。

## 第二节　国有资产管理体制的发展演进

我国国有资产管理体制改革发展已有 70 余年进程，从起始阶段的计划经济体制，到向社会主义市场经济体制转轨，并且一直探索至今。从新中国成立至今，我国国有资产管理体制改革发展经历了五个阶段。

### 一、新中国成立至十一届三中全会的国有资产管理体制

在新中国成立后到 1978 年底中共十一届三中全会之前的近 30 年中，国营企业（国有企业）是计划经济的支柱，计划经济是国营企业（国有企业）生存的依托，两者紧紧地结合在一起。国营企业的生产计划国

家统一下达,生产资料国家统一调拨,生产出的产品国家统购包销,企业财务国家统收统支。这一阶段的国资管理体制基本框架是在第一个五年计划时期逐步形成的,国有资产所有权、占有权、支配权、使用权都集中在国家手中,政府高度集权管理构成当时国资管理的最鲜明特征。这一时期,国有资产管理体制和国家赶超战略以及高度集中的计划经济体制是适应的。由于传统计划经济体制具有局限性,我国国有资产是以中央部委的"条条"和各级地方政府的"块块"来进行管理的[①]。在这一阶段,国有经济几乎控制了所有行业和领域,国有企业由国家承办并直接领导、经营、管理,国有资产领导、行政、组织、资本、企业、经营、投资、监督等具体管理体制合一;政府以行政手段管理企业,企业按照政府指示和统一规划组织生产;财政部门实行统一收支,企业利润上缴财政,亏损由国家弥补;企业的投资由国家统一安排,采用自由投资和分配的方式,没有建立有法人产权制度。

这一阶段国有资产管理体制的主要特征是:首先,政资不分。对国有企业而言,中央及各级地方人民政府具有双重身份,这表现为各级政府不仅是国有资产的所有者,而且是国有资产的管理者。因此,这常常会导致政府部门直接行政干预国有企业,但是不会因此而承担经济责任。第二,两权不分。所有权和经营权分离,这是现代企业制度的基本要求,而传统国有企业则要求国有资产所有权与经营权两权统一结合。从理论上讲,国有资产的国家所有和国家的直接经营管理如果合一,则国有企业被视为"国营企业",它表现为国有企业的所有权与经营权高度统一的特点。另外,国有资产的所有权与行政权被混同并附属于行政体系,则国有企业的决策机制和行政经济地位也表现为政府主管部门的行政附属。第三,集权管理。国有资产管理的权力高度集中在各级地方人民政府手中,导致后果是国有企业缺乏积极性和灵活

---

① 参见郑海航:《中国国有资产管理体制改革三十年的理论与实践》,载《经济与管理研究》2008 年第 11 期。

性。① 第四,"五龙治水"。这一时期,财政、组织、计划、经济、劳动等各个政府管理部门对国有资产均有管理权。正是这种"五龙治水",使国有资产产生了所有权虚置、多头管理、无人负责等不良影响。所以,在改革僵化、高度集中的计划经济体制、建立和完善社会主义市场经济体制这一过程中,国有资产管理体制改革已成为一项重要内容与组成部分;并且,推进国有资产管理体制改革,也必将对整个经济体制改革产生重要影响与作用。②

## 二、十一届三中全会到十四大国资管理体制改革

这一阶段包括自 1978 年改革开放到 1992 年十四大的 14 年。在这一阶段,在计划经济体制框架还没有动摇的情况下,中央不断提出一些新的改革思路。先后提出"计划经济为主,市场调节为辅",实行"指令性计划和指导性计划","有计划的商品经济"等,试图不断削弱计划经济的刚性、增加其国民经济和人民群众生产生活发展的适应性。

当时是在计划经济体制框架下的"搞活国有企业"。主要的政策工具是简政放权、减税让利、经济责任承包制③。这一阶段,我国国有资产管理体制改革的探索,主要包括三方面内容。一是把权力和利润下放给企业。自 1979 年以来,国务院发布了一系列关于"扩权"和"让利"、扩大国有企业经营自主权的重要政策,之后的 1983 年、1984 年又分别开展了两步"利改税",把企业实现的部分利润通过所得税、调节税的形式上缴国家财政。二是初步实现所有权与经营权、政府与企业责任的分离。自 1984 年以来,十二届三中全会《关于经济体制改革的决定》为分割线,中央提出了发展社会主义商品经济,将企业所有权与经

---

① 参见郑海航:《中国国有资产管理体制改革三十年的理论与实践》,载《经济与管理研究》2008 年第 11 期。

② 参见郑海航:《中国国有资产管理体制改革三十年的理论与实践》,载《经济与管理研究》2008 年第 11 期。

③ 参见董志凯:《2018 年中国现代经济史研究概述》,载《中共宁波市委党校学报》2020 年第1 期。

营权明确可以适当分离,政府和企业的职责可以分离。此后,以"两权分离"和"政企分开"为特点的国有资产多种经营方式应运而生,如承包经营责任制、租赁经营责任制、资产经营责任制等[①],全民所有制大中型企业中开始了股份制改造和企业集团化的改革试点,国有资产管理体制与价格体制、流通体制、投融资体制等经济改革同步推进。国务院于 1988 年 2 月发布了《全民所有制工业企业承包经营责任制暂行条例》,同年 4 月,全国人大发布了《全民所有制工业企业法》,之后国有企业纷纷与国家签订承包经营合同,以此确定国家与企业的责权利关系,承包制成了改革的主流。这种"一厂一策"的做法,与过去相比企业不仅有了"自主权"而且有了"自主钱",调动了企业的积极性,增加了企业的活力。三是开始触及产权制度改革。自 20 世纪 80 年代以来,出现了企业集团、股份制公司等企业组织形式,企业转让、拍卖,以及企业之间的合并、兼并、收购等在 1986 年开始兴起。为了有效管理国有资本所有权,中央于 1988 年成立了国有资产管理局,探索新的国有资产管理模式。自 1988 年至 1990 年,在国有资产管理局成立初期,主要是设立机构、配备队伍,开始专职国有资产管理,也没有明确区分国家作为社会管理者和国有资本所有者的双重身份。[②]

## 三、十四大到十六大期间国有资产管理体制改革

1992 年初邓小平南巡讲话,把社会主义初级阶段的"姓资姓社"和"市场"同"计划"的关系进行了阐述明确,实现了又一次重大思想解放。在这个基础上,1992 年 7 月 1 日江泽民总书记在中央党校作报告时提出"建立社会主义市场经济体制"。同年 10 月,党的第十四大正式确立了我国经济体制改革的目标是"建立社会主义市场经济体制"。中国共

---

① 参见《我国国有资产管理体制的历史回顾及分析》,载豆丁网,https://www.docin.com/p-1940760747.html。

② 参见《我国国有资产管理体制的历史回顾及分析》,载豆丁网,https://www.docin.com/p-1940760747.html。

产党第十四届中央委员会第三次全体会议于 1993 年 11 月 14 日通过《中共中央关于建立社会主义市场经济体制若干问题的决定》。从此开始，我国计划经济体制向社会主义市场经济转型，国有资产管理体制改革进入了经营机制转换和企业制度创新的阶段。这对我国国有资产管理体制改革来说是一次重大转折性变革。

如果说此前国资国企改革还是在计划经济体制框架下的政策性调整，那么现在则是从国家经济体制层面实现了创新。相应的国有企业改革进入了制度创新的新阶段。这一阶段，1993 年党的十四大确立社会主义市场经济体制的改革目标；党的十四届三中全会决定提出："对国有资产实行国家统一所有，政府分级管理，企业自主经营的体制"；1997 年党的十五大把公有制为主体、国有经济为主导，多种所有制经济共同发展上升为国家"基本经济制度"，提出"建立有效的国有资产管理、监督和运营机制"，提出要"积极探索国有资产管理和经营的合理形式和途径"；党的十五大报告、党的十五届四中全会关于国有企业改革与发展的决定提出要对国有资产推进："国家所有，分级管理，授权经营，分工监督"。这一时期，国有资产管理体制改革的基本命题就是公有制、国有经济与市场经济能不能结合，如何结合，即在保持较大份额国有经济的情况下能否实现政资分开、政企分开、所有权与经营权分离，确保市场配置资源的有效性。到 1995 年，初步形成了"两个系统""三个层次""四个体系"的国有资产管理体制构建思路，即：国有资产行政管理监督和国有资本经营管理两个系统；各级政府下设专职的国有资产管理部门、国有资产管理部门下设的中介性国有产权经营机构和接受国有资本投入的企业三个层次；国有资产基础管理工作、经营效益评价、产权转让市场以及立法监督四个体系。[①] 到 1998 年，国家国有资产管理局被撤销，对国有企业管理进行了明确分工[②]，并且，对国有

---

① 参见《我国国有资产管理体制的历史回顾及分析》，载豆丁网，https://www.docin.com/p-1940760747.html。

② 参见企业主要经营者由人事部和企业工委负责，资产及其相关财务管理由财政部负责，企业重大决策由有关部门负责或报政府批准

企业实行派出特派员制度,中央企业工委在 2000 年成立后,中央将稽查特派员改为监事会①。在 2002 年,推进政府机构改革和转变职能,以初步建立符合社会主义市场经济体制要求、权责明确的国有资产管理、监督和经营体制为目标,明确提出了国有企业实行政企分开、建立现代企业制度的改革目标和任务要求②。

## 四、十六大到十八大期间国有资产管理体制改革

党的十六大报告于 2002 年 11 月提出:"继续调整国有经济的布局和结构,改革国有资产管理体制,是深化经济体制改革的重大任务。在坚持国家所有的前提下,充分发挥中央和地方政府两个积极性。国家要制定法律法规,建立中央政府和地方政府分别代表国家履行出资人职责,享有所有者权益,权利、义务和责任相统一,管资产和管人、管事相结合的国有资产管理体制。"可见,党的十六大报告从三个方面对国有资产管理体制的基本框架作出规定:首先,国家所有,中央人民政府和地方人民政府分别代表国家履行出资人职责;其次,设立管资产和管人、管事相结合的国有资产管理机构;三是对关系国民经济命脉与国家安全的大型国有企业、基础设施和重要自然资源等,由中央人民政府代表国家履行出资人职责,对于其他国有资产,由地方人民政府代表国家履行出资人的职责。党的十六大报告中提出:"国家所有,中央政府和地方政府分别代表国家履行出资人职责",它明确了统一所有还是分级所有的问题。国家所有、分级产权以及分级行使出资人职责政府在理论上实现了终极所有权和出资人所有权的分离,不仅解决了出资人到位问题,而且对分级管理的制度有更多的科学明确。它在理论上具有独创性,在产权理论上有新的发展,解决了长期制约国有资产管理体制

---

① 参见《我国国有资产管理体制的历史回顾及分析,载豆丁网,https://www.docin.com/p-1940760747.html。
② 参见《我国国有资产管理体制的历史回顾及分析》,载豆丁网,https://www.docin.com/p-1940760747.html。

改革完善的重大问题,形成了具有中国特色的国有资产产权理论。[①]

2003年3月,全国人大十届一次会议第三次全会表决通过《关于国务院机构改革方案的决定》,批准设立国务院国有资产监督管理委员会,标志着我国国有资产管理体制进入了又一个新的发展阶段。主要改革举措包括:深化国有资产管理体制改革、以大企业、以产权多元化和治理结构为中心、处理不同所有制企业之间的关系、国有资产管理体制改革和资本市场的改革同步进行等。代表政府履行出资人职责是国有资产管理机构的定位,它是国家股的股东。国有资产管理机构是依法设立的法定机构,即根据《企业国有资产法》设立的法定机构,国有资产管理机构的行为应当符合民商法特别是《公司法》的规定。国有资产管理机构管理的对象是其持有股份的国有资产经营主体,根据产权关系行使出资人职责。在政府管理机构中设立国有资产管理机构,是首次在政府管理体制上实现了国有资产所有者管理职能与社会经济管理职能的分开相分离,从而实现了十四届三中全会提出的政资分开的目标。[②]

## 五、十八大后国有资产管理体制改革的全面深化

改革开放后,我国国有企业进一步改革发展,企业国有资产管理体制随着经历了数次调整,逐渐从计划经济体制下政企不分的政府多头管理模式向社会主义市场经济体制下政企分开、政资分开和资企分开的政府统一管理模式转变。在此基础上,党的十八大、十八届三中全会先后提出了发展混合所有制、国有企业按照功能分类管理,以管资本为主加强国有资产监管,新的一轮国有资产管理体制改革正式启动。党的十八大后至今,随着新时代各项改革的全面深化,包括国有资产管理

---

① 参见《我国国有资产管理体制的历史回顾及分析》,载豆丁网,https://www.docin.com/p-1940760747.html。

② 参见《我国国有资产管理体制的历史回顾及分析》,载豆丁网,https://www.docin.com/p-1940760747.html。

体制在内的国资国企改革全面深化。主要举措包括党组织嵌入国有企业公司治理结构、国企党建融入公司治理、以管资本为主的国资监管体制、探索推进混合所有制改革、国企高管薪酬管理、国有资本运营平台设立、管理层持股、国有企业分类管理、国资监管全覆盖、国有资本经营预算管理等等。这一阶段,随着习近平新时代国有企业重要论述的逐步形成,我国国有资产管理体制改革历经 70 多年艰苦探索,终于有了新时代进一步改革发展的科学指导思想,从而为新时代国有资产管理体制的改革完善,奠定了坚实的指导思想和科学理论基础,明确了改革方向、目标任务、改革主体、改革动力、政治保障等,也为新时代国有资产管理体制改革完善提供了坚实、科学的指导思想。

## 第三节　国有资产管理体制的现状考察

### 一、国有资产管理体制改革的成效

#### (一) 国有资产管理体制初步确立

经过多年探索努力,我国国有资产管理体制框架已基本建立。首先,明确国有资产属于国家,即全体人民,国家或者全体人民是国有资产的所有者,统一行使国有资产所有权。其次,为了解决国家所有权"虚置"的问题,建立了国有资产出资人制度。国务院代表国家行使国有资产所有权。同时,国务院和地方政府分别代表国家履行出资人职责,并享有出资人权益。国务院代表国家履行国务院确定的关系国民经济命脉和国家安全的国有大型企业、重要基础设施和重要自然资源的出资人职责。对于其他国有投资企业,地方政府代表国家履行出资人职能。三是,成立了专门的国有资产监督管理机构。① 中央政府和

---

① 参见常蕊:《企业国有资产管理体制:现状、问题与对策》,载《当代经济管理》2016 年第 2 期。

省、市（地）级地方政府分别设置了专门的国有资产监督管理机构，根据本级政府的授权，代表本级政府具体履行出资人职责。① 四是，落实国有资产授权经营机制。国有资产监督管理机构可以授权符合条件的国有独资企业和国有独资公司经营国有资产。②

### （二）国有资产管理各主体权责体系基本建立

国有资产管理的主体，主要包括国有资产管理相关各级党组织、各级人大常委会、各级人民政府、国有资产监督管理机构以及国家出资企业（含国有资本投资公司、运营公司）五大类③。按照《宪法》《企业国有资产法》等相关法律的规定，中国共产党是包括国资国企事业在内的社会主义各项事业的领导核心。

人大常委会的职责，是其作为立法机关听取和审议本级政府所作的国有资产监督管理专项报告，按《企业国有资产法》的规定组织执法检查。政府行使出资人职责，监督其授权的国有资产监督管理机构的履职情况，对国有资产状况和国有资产监督管理工作情况依法向社会公布。根据本级政府的授权，国有资产监督管理机构依法履行出资人代表职责，监督管理企业国有资产，指导和监督下级政府的国有资产监督管理工作，且对国有企业改革与重组工作进行指导推进，对国有企业的现代企业制度建设进行推进，对国有经济结构与布局的战略性调整等进行推动。国家出资企业在享有法律、法规规定的经营自主权的同时，对出资人负责。④

### （三）国有资产管理体制机制不断完善

近年来，我国国有资产管理体制在实践中不断总结经验、探索完

---

① 也可根据需要授权其他有关部门、机构代表本级政府对国家出资企业履行出资人职责。
② 被授权企业对授权范围内的国有资产依法经营、监管，对其全资、控股或参股企业的国有资产行使所有者职能。
③ 参见常蕊：《企业国有资产管理体制：现状、问题与对策》，载《当代经济管理》2016年第2期。
④ 参见常蕊：《企业国有资产管理体制：现状、问题与对策》，载《当代经济管理》2016年第2期。

善。首先,加快推进国资监管机构职能转变。国务院国资委等各级国有资产管理机构根据《企业国有资产法》《公司法》等法律法规,围绕以资本管理为重点加强国有资产监管的要求,牢牢把握出资人职责定位,进一步明确国资监管的边界,大力推进简政放权。其次,探索以管资本为主改革国有资本授权经营体制。明确了国有资产监管机构与国有资本投资、运营公司以及国有资本投资、运营公司与所出资企业的关系,并推进有关试点企业探索发展。① 三是不断强化国有资产监督。完善规划投资、财务审计、产权管理、收益管理等制度,强化出资人监督,积极推进企业委派总会计师试点;加强和改进外派监事会监督,做深做实做细当期监督和事中监督工作。② 四是加强指导和协调。密切跟踪国资国企改革进展情况,及时协调解决改革中的重大问题,对国资国企重大改革发展工作加强指导把关,确保改革始终沿着既定方向推进。③

### (四) 国有资产依法治理不断推进

在依法治国、依法治企的大背景及其在国资系统的落实推进下,国有企业依法治理不断推进、日益规范。首先,各种国有资产的各项监督管理制度逐步健全。国务院国资委及地方各级国资委成立后建立和优化了一系列相关的制度,涉及企业规划发展、财务监督和统计评价、产权管理、收入分配、业绩考核、安全生产与节能减排、收益管理、干部管理、监事会监督、董事会建设、党群工作、纪检监督、企业法制、社会责任、对地方国有资产监督管理部门的指导等各个方面,基本建立起了较

---

① 参见肖亚庆:《国务院关于国有资产管理与体制改革情况的报告——2016 年 6 月 30 日在第十二届全国人民代表大会常务委员会第二十一次会议上》,载中国人大网 2016 年 7 月 1 日,http://www.npc.gov.cn/zgrdw/npc/xinwen/2016-07/01/content_1992683.htm。
② 参见肖亚庆:《国务院关于国有资产管理与体制改革情况的报告——2016 年 6 月 30 日在第十二届全国人民代表大会常务委员会第二十一次会议上》,载中国人大网 2016 年 7 月 1 日,http://www.npc.gov.cn/zgrdw/npc/xinwen/2016-07/01/content_1992683.htm。
③ 参见肖亚庆:《国务院关于国有资产管理与体制改革情况的报告——2016 年 6 月 30 日在第十二届全国人民代表大会常务委员会第二十一次会议上》,载中国人大网 2016 年 7 月 1 日,http://www.npc.gov.cn/zgrdw/npc/xinwen/2016-07/01/content_1992683.htm。

为全面的国有资产监督管理制度体系。其次,在法制建设方面,我国自1988年以来,先后颁布了《企业国有资产法》《公司法》《全民所有制工业企业法》《企业国有资产监督管理暂行条例》《国有企业监事会暂行条例》《国有企业财产监督管理条例》等一系列有关国有资产管理的法律法规。国有资产管理法律体系的建立健全,为国有资产管理、治理的法治化、规范化奠定了良好的法律规范基础。[①]

### (五)国有现代企业制度不断健全

首先,推动界定和分类国企的功能。明确了国企的分类改革、发展、监管和考核的基本原则,完成了国企的功能界定分类,并同步配套分类考核、差异化薪酬分配等措施,部分国有企业启动工资总额备案制、周期预算等分类管理试点。各地区有序开展国有企业功能界定工作,国企目标多元、定位不清、监管针对性不强等问题初步得到解决。第二,推进公司制股份制改革。国企在集团层面积极推进公司制改革,引入各类投资者实现股权多元化,大力推进改制上市。截至2022年5月底,全国国有及国有控股企业(不含金融类企业,以下简称全国国有企业)改制面超过90%,国务院国资委监管的中央企业(以下简称中央企业)及子企业改制面接近100%。第三,稳妥发展混合所有制经济。国有企业发展混合所有制经济的意见出台,混合所有制改革试点有序开展,鼓励和规范国有企业投资项目引入非国有资本。第四,加大董事会建设。开展了董事会建立规范工作,提高企业科学决策水平和风险防范能力,开展了国企落实董事会选聘高级管理人员试点、业绩考核和薪酬管理等职权试点。[②]

---

① 参见肖亚庆:《国务院关于国有资产管理与体制改革情况的报告——2016年6月30日在第十二届全国人民代表大会常务委员会第二十一次会议上》,载中国人大网2016年7月1日,http://www.npc.gov.cn/zgrdw/npc/xinwen/2016-07/01/content_1992683.htm。
② 参见肖亚庆:《国务院关于国有资产管理与体制改革情况的报告——2016年6月30日在第十二届全国人民代表大会常务委员会第二十一次会议上》,载中国人大网2016年7月1日,http://www.npc.gov.cn/zgrdw/npc/xinwen/2016-07/01/content_1992683.htm。

### （六）国企党建工作不断加强

坚决贯彻落实中央要求，全面加强国有企业党的领导，确保国有企业党建工作不断加强。一是严格落实管党治党主体责任。打铁还需自身硬，认真组织开展党的群众路线教育实践活动、"三严三实"专题教育，着力查找和解决突出问题，研究制定国有企业党建工作责任制实施办法和考核评价办法，把党建工作纳入综合考核，为国资国企改革奠定坚实的党建基础。[①] 二是探索坚持党的领导与完善公司法人治理结构相结合的有效途径。进一步明确企业党组织在公司法人治理结构中的法定地位，坚持和完善双向进入、交叉任职的领导体制。推动党的建设同步谋划、党的组织及工作机构同步设置、党组织负责人及党务工作人员同步配备、党的工作同步开展，健全党的基层组织，加强党员教育管理，有效发挥党组织作用。三是坚持不懈抓好党风廉政建设和反腐败工作。严格落实"两个责任"，把纪律和规矩挺在前面，深入贯彻落实中央八项规定精神，坚决反对"四风"，保持惩治腐败的高压态势，为改革发展营造风清气正的环境[②]。

## 二、国有资产管理体制存在的问题

### （一）国有资产管理体制中党的领导有待进一步加强

对照习近平总书记在 2016 年 10 月全国国有企业党的建设工作会议上的重要讲话精神等部署要求，国有企业党建工作在自身建设方面还存在一些亟待解决的问题，特别是习近平总书记指出的党的领导、党的建设弱化、淡化、虚化、边缘化问题，在国有企业不同程度地存在，主要表现在以下五个方面。

---

① 参见肖亚庆：《国务院关于国有资产管理与体制改革情况的报告——2016 年 6 月 30 日在第十二届全国人民代表大会常务委员会第二十一次会议上》，载中国人大网 2016 年 7 月 1 日，http://www.npc.gov.cn/zgrdw/npc/xinwen/2016-07/01/content_1992683.htm。
② 参见肖亚庆：《国务院关于国有资产管理与体制改革情况的报告——2016 年 6 月 30 日在第十二届全国人民代表大会常务委员会第二十一次会议上》，载中国人大网 2016 年 7 月 1 日，http://www.npc.gov.cn/zgrdw/npc/xinwen/2016-07/01/content_1992683.htm。

　　一是重业务轻党建现象一定时期一定程度普遍存在。一些国有企业领导在思想上不重视党的建设，人为地把党建和经营管理分开。他们单方面认为，党的建设并不能直接创造经济效益，是一个空洞的事情，是一项软任务。"讲起来重要、做起来次要、忙起来不要"的思想在一些企业不同程度地存在。一些国有企业的党组织书记责任心不强，主业意识不强，没有真正树立"把抓好党建作为最大的政绩"的理念，在履行党建责任时缺乏"钉钉子"精神，未完全形成上下联动、共同管理的责任落实体系。二是"两张皮"现象比较突出。一些国有企业没有把党组织的政治优势作为企业最重要的资源加以整合和配置，没有把保障和促进企业改革发展、提高生产经营效率作为党建工作的出发点和落脚点，没有建立起与企业发展战略目标相一致、与企业发展模式相匹配、与企业经营管理模式相协调的党建工作机制，党建对企业改革发展的推动作用不明显。三是党建工作方式方法创新不足。一些国有企业党组织工作缺乏活力，学习教育和组织生活形式单调，[①]一些国有企业基层党组织长期没有开展党的组织活动，"三会一课"流于形式，党建创新步伐滞后于企业发展需要。四是党务干部队伍建设相对滞后。一些国有企业没有落实党务干部激励机制，甚至把党务部门作为安置富余人员的场所。党务人员待遇低，出路狭窄，导致年轻干部和业务干部不愿从事党务工作。一些国有企业由于受到经济效益的影响，不得不节约成本、减少人员时，先考虑的是裁减党务人员，工作人员的裁减导致党的机构和人员的精简和边缘化，对党务干部队伍结构的改善、素质的提高造成严重影响。

　　国有企业党的建设的加强，必须按照习近平总书记要求，坚持培"根"守"魂"不动摇，针对党的建设弱化、淡化、边缘化的突出问题，采取标本兼治的措施，确保责任到位、体制机制到位、权力配置到位、指导推

---

① 　参见周俊军：《浅谈国有企业党建工作存在的问题与对策》，载《福建建材》2017 年第 1期。

动到位。①

### (二) 国有资产管理体制还不统一、性质还未完全明确

在当前的国有资产管理领域,有一部分国有企业属于国资委系统管理,有一部分国有企业在统一的国有资产管理体制之外,后者或者没有明确的类似作为国务院特设机构的国务院国资委法定出资人(如中央金融企业);或者因为刚刚改制完成,国有资产管理体制仍然在探索之中(如中央文化企业);或者尚未实现政企分开,仍由原属政府管理部门直接管理。这部分企业国有资产的管理体制还不健全,管理权限在不同的政府部门之间割裂开来,形成了交叉管理和管理真空等问题。②

由于国资监管机构的性质长期不明确,国资监管机构的行为性质属于行政行为还是民事行为的性质不明确,行使对国有资产的监督权(行政权)和行使国有资产所有权(民事权利)的是国务院和地方政府以及履行出资人职责的机构,这导致针对国有资产实施的诸多行为的性质,国务院及地方政府以及履行出资人职责的机构不一致且不明确,进而造成一部分管理问题及民商事问题③。比如,由于履行出资人职责的机构的性质难以界定,最高人民法院发布的《关于执行中华人民共和国行政诉讼法若干问题的解释》,避开了对行政机关侵犯国有企业自主经营权的行为性质的认定④,在实践中,国家出资企业或者利害关系人认为国有资产监督机构的行为侵犯了其经营自主权或其他合法权益提起行政诉讼时,其结果多被法院以监管机构的此类行为不属于行政行为为由予以驳回,而只要监管机构的此类行为不撤销,当事人一般无法提起民事诉讼,导致当事人对国有资产监管机构的侵权行为无法诉请

---

① 参见周俊军:《浅谈国有企业党建工作存在的问题与对策》,载《福建建材》2017 年第 1 期。

② 参见常蕊:《企业国有资产管理体制:现状、问题与对策》,载《当代经济管理》2016 年第 2 期。

③ 王克稳:《〈企业国有资产法〉的进步与不足》,载《苏州大学学报(哲学社会科学版)》2009 年第 7 期。

④ 参见最高人民法院《关于执行中华人民共和国行政诉讼法若干问题的解释》第 17 条。

救济。①

### （三）国有资产管理不同主体之间的关系还未完全理顺

首先,作为国有资产所有者的国家和全体人民与作为国有资产所有权代表的国务院之间的信托关系没有得到充分体现。主要表现为:一方面,所有权代表人代表所有者行使所有权时具有很大的随意性,另一方面,国有资产所有者缺乏对所有权代表人的监督。其次,在现实中,政府具有国家行政机关和国有资产出资人的双重职能。国有资产监督管理机构作为政府的组成部门或特设机构,在履行国有资产出资人职能时,难以摆脱政府作为国家行政机关的干预。这里的问题主要表现为以下情况:政府对国资委的授权超出了出资人的范围,导致该机构兼具出资人和公共管理者的职能,承担了大量宏观经济管理任务。三是,上级政府国资委依法指导监督对下级政府的国有资产监督管理工作。然而,从国有资产管理体制的基本框架分析,不同层级的履行出资人职责的各级机构之间没有直接行政或产权关系。它们只需对作为出资人同级的政府负责,并在其授权范围内履行出资人的职责。因此,这种指导和监督关系缺乏明确的法律依据,以致往往流于形式。四是,作为国有资产出资人的国有资产监督管理机构与国家出资企业之间的权责关系尚未完全建立。这是因为,该机构对国家出资企业的"指导"和"管理"涉及企业经营的各个方面,对企业的独立自主经营受到一定影响。同时,由于该机构对国有企业的授权经营缺乏相应的规范,容易侵蚀国有资产的出资人权利。②

《企业国有资产法》颁布后,国有资产行政监管的职能的接轨尚不明确。由于《企业国有资产法》立法前国资委承担大量的公共管理职能,《企业国有资产法》未明确国资委的监管职能已经解除,但是第七章

---

① 参见王克稳:《〈企业国有资产法〉的进步与不足》,载《苏州大学学报(哲学社会科学版)》2009年第7期。
② 参见常蕊:《企业国有资产管理体制:现状、问题与对策》,载《当代经济管理》2016年第2期。

明确规定,国有资产的监督由人大常委会、政府及政府审计机关、社会公众监督等组成,说明在推动剥离国资委现有的行政监督职能与立法职能方向已经走出了明确的一步。实际上,国资委的监督职能也只是内部的监督,即是其作为股东对其资产进行监督,这不同于政府行政机关的监管。① 《企业国有资产法》虽然作出了国资委成为国有企业出资人的规定,但未对国资委原承担的行政监管职能作出明确的规定,国资委原有行政职能由谁来接手,原有规定是否有效,今后的问题由谁负责都未作出详细的规定,这就给管理衔接工作带来了一定的混乱,以致影响国有资产管理工作及其改革的顺利推进。

### (四) 国资管理体系各主体的责权利尚不够明确

《企业国有资产法》中对出资人监管的职能作了明确的规定,明确了政府授权的机构履行出资人职责的主要内容、方式和责任等;明确了履行出资人职责的机构向本级人民政府报告的制度,强调履行出资人职责的机构要接受本级人民政府的监督和考核。② 《企业国有资产法》第3条和第11条分别规定国家出资企业的出资人和履行出资人职责的机构。规定国务院国有资产监管机构和地方人民政府按照国务院规定设立国资监管机构,根据本级人民政府授权,代表本级人民政府对国家出资企业履行出资人职责。这点清晰地表明国资监管机构属于出资人范畴。但法条未对其监管模式作出规定,未对国资监管的责、权、利进行具体划分。以国有资产经营公司为例,主体的国资运营模式,尚未建立。考察近年来建立起来的国有资产经营公司,大部分的职责尚不明确,资本运作、股权运作的思路和模式尚未形成,更多地承担着国有资产的处置功能。新《公司法》框架下,以国有资产经营公司为主体的国资运营模式,即以国有资产经营公司为主体,包含三个层级以内的产权纽带结构,以控股权为主导的治理模式的现代规范国资运营模式,尚

---

① 参见李曙光:《论〈国有资产法〉中的"五人"定位》,《政治与法律》,2009 年第 4 期。
② 参见李曙光:《论〈国有资产法〉中的"五人"定位》,《政治与法律》,2009 年第 4 期。

未真正建立。《企业国有资产法》最明显的进步是，政府责任从"管理"转变为"履行出资人职责"。然而，中央政府和地方政府分别代表国家履行出资者的职能，还存在一个问题，即应该明确政府（特别是地方政府）行使产权的边界。这包括：政府作为出资人代表，产权[①]中哪些权利有，哪些权利没有；如果地方政府履行出资人职责，把国有企业卖掉，资本利得归谁；资本损失怎样处理；由地方政府履行出资人职责，中央政府是不是就完全放权了；这些都是相对模糊的问题。[②]

### （五）国资委出资人地位尚未得到充分落实

在坚持国家所有制的前提下，新制度确立了政府国有资产的"出资人"地位，即政府不仅有权管理国有资产，而且对国有资产法定部分拥有相对所有权，享有所有者权益，有权作为"投资者"管理资产、人员和事务。这种所有权和经营权两个层次的统一，无疑是国有资产管理体制改革的实质性突破。[③]

国资委能否按照出资人定位履行职责，是国有资产管理体制改革成败的关键。所有者缺位情况如果不能改变，国有资产管理体制改革将难以成功。十六大以后的国有资产管理体制改革，中央和地方国资委的逐步建立，这在一定程度上缓和了制度本身缺陷所带来的负面影响，基本改变了原有的国有资产所有权被分割在不同的行政管理部门、国有资产产权责任主体缺位、国有资产缺少有效且强有力的监督主体的弊端。然而，由于与所有权代表人相对应的责任和利益机制，特别是法律支持尚未建立，特别是在投资者身份有限的背景下，地方国资委难以在体制框架下承担所有者角色，甚至在某种程度上，仅扮演着"国有资产统计局"的角色。在实践的探索中，个别地方国资委还存在定位不

---

① 产权实际上就是财产所有权四项权能的不同排列与组合，这四项具体权能分别是占有权、使用权、收益权、处置权。

② 参见白鹏飞：《进一步完善国有资产经营管理体制的思考》，载《经济纵览》2013 年第 6 期。

③ 参见赵国良、干胜道：《国有资产管理体制改革：难点与突破》，载《财经科学》2003 年第 7 期。

准或错误的情况,比如对企业越管越多,越管越细。这样在本该履行的职责上,包括推进国有企业改革、调整国有经济布局与结构等方面就有可能出现缺位①,而从制度经济学的角度来说,由于缺乏明晰的产权主体,国有企业乃至国有资产整体很难成为有效的资源配置主体;从管理学的"三角定理"来讲,国有企业的责权利很难促成有效率的管理机制。

同时应当指出,近年来国有资产管理体制改革是沿着政企分开的正确思路展开的,所有权与管理权的"重合",特别是在地方政府这一级的"重合",应当有必要的制度安排和配套改革予以保证和规范,否则,很有可能强化地方政府的行政干预,在新形势下出现新的政企不分。② 政府直接干预大型骨干企业的国有资产的营运不是没有合理的依据。政府作为国有资产的出资人,有权对其出资形成的资产营运的重大事项进行决策。但问题在于监管机制不健全、职能转变滞后。当企业出现资金、人员、管理、资产结构、产品结构、技术创新等问题,都要仰赖于政府的时候,很难认为已经实现了现代企业制度所要求的政企分开。如果地方政府这种权力扩张,在政府职能没有根本转变的条件下,那就有可能强化对企业的行政干预,出现新的政企不分。③

### (六)国有资产管理的法治还不健全

一是,国有资产相关法律法规中有大量原则性规定,埋下了影响法律实施的隐患,对法律的权威和实际作用有一定程度的削弱。比如,《企业国有资产法》规定,国务院和地方政府应监督国有资产监督管理机构,披露国有资产及其监督管理,接受社会公众监督,但是具体的程序和内容却没有规定。二是,一些法律法规没有及时修订,明显落后于实践发展的需要,一些法律法规已经不能反映国有企业改革新形势的

---

① 参见魏敏:《转型期地方国有资产管理体制创新对策思考》,载《宁波经济(三江论坛)》2014 年第 6 期。

② 参见赵国良、干胜道:《国有资产管理体制改革:难点与突破》,载《财经科学》2003 年第 7 期。

③ 参见赵国良、干胜道:《国有资产管理体制改革:难点与突破》,载《财经科学》2003 年第 7 期。

新要求。三是，国有资产管理的法律体系不健全，与《企业国有资产法》相配套的国有资产授权经营管理、国有资产基础管理、境外国有资产管理等法律、法规有待健全完善。四是，需进一步完善和巩固相关执法监督体系。《企业国有资产法》规定，各级人大常委会负责执法监督，但没有相应的执法监督程序。执法部门规范的报告制度还没建立，执法监督部门相应的监督和问责机制也没有规定。五是《企业国有资产法》实施后，明确地界定了国资委系国有企业出资人的性质，并具体地规定了出资人的权利，如，《企业国有资产法》第九条规定：国家建立健全国有资产基础管理制度。① 但由于《企业国有资产法》作出的是原则性的规定，这就需要立法部门早日制定相关的实施细则和配套措施使其能有效执行，《企业国有资产法》的立法精神才能得到完全贯彻。同时考虑《企业国有资产法》与《民法典》等其他法律的密切联系，在制定下位法时应充分考虑法律的连贯性、统一性和有效性，使《企业国有资产法》能得以顺利地实施。

　　同时，值得注意的是，我国缺乏关于经营性国有资产监管基础工作的立法。对国有资产的产权界定、产权纠纷调处、产权登记等经营性国有资产产权基础管理工作，《企业国有资产法》没有对这些基础管理工作作出规定，也没有标明或授权有关部门解释和制定细则，应该说是一种缺失。当前，产权登记主要依据有：国务院 192 号令《企业国有资产产权登记管理办法》（1996 年）以及国务院国资委、财政部对企业和产权登记的相关部门规章，此外，产权界定和产权纠纷调处依据，还是以原国家国有资产管理局发布的《国有资产界定和产权纠纷处理暂行办法》（1993 年）、《集体企业国有资产产权界定暂行办法》（1994 年），它们法律效力明显较低。由于机构改革，这些制定较早的部门规章实际上不可能或难以实施。②

---

① 参见常蕊：《企业国有资产管理体制：现状、问题与对策》，载《当代经济管理》2016 年第 2 期。

② 参见李中亚、董慎秋：《简析国资法立法价值的几点不足——我读〈企业国有资产法〉》，载《产权导刊》2009 年第 6 年第 1 期。

# 第四节　国有资产管理体制的改革完善

本节主要从指导思想、改革实质、主要矛盾、本质特征、主体动力、主要原则等方面,研究总结新时代我国国有资产管理体制改革完善的重点问题,在此基础上,分八个方面探索提出新时代中国特色国有资产管理体制改革理论框架与改革完善建议。

## 一、新时代国有资产管理体制改革的基本问题

### (一) 新时代国有资产管理体制改革的指导思想

长期以来,国有企业改革一直在国资进退、功能定位、政企分开、政资分开、体系结构、激励约束等方面存在争议和困惑,一定程度制约了我国国资国企改革发展的顺利推进。党的十八大后,以习近平同志为核心的党中央,既坚持马克思主义又坚持解放思想、与时俱进,围绕坚持和发展新时代中国特色国有经济提出了一系列新理念、新战略,在理论上有重大突破、重大发展,形成了习近平新时代国有企业重要论述,为新时代国有经济、国有企业改革发展奠定了建设的科学指导思想基础。

### (二) 新时代国有资产管理体制改革的根本实质

国有资产管理体制改革关系公有制经济的坚持发展,是改革开放以来尤其是党的十八大以来中国特色社会主义基本经济制度中观层面制度体系的发展完善。新时代国有资产管理体制改革完善,实质是中国特色社会主义基本经济制度的具体发展完善,它关系作为上层建筑的中国特色社会主义的基础经济制度坚持完善,关系中国特色社会主义基本经济制度微观细胞即国有企业的改革发展。所以,新时代国有资产管理体制改革,实质是中国特色社会主义基本经济制度的具体发

展完善。

### （三）新时代国有资产管理体制改革的主要矛盾

新时代国有资产管理体制改革的改革对象,是新时代国有资产管理体制所存在的主要矛盾,即现行国有资产管理体制与新时代中国特色国有经济的基本性质、地位作用发展、发展需求还不平衡、不相适应。比方说,一段时期党的领导在国有资产管理中弱化、淡化、虚化、边缘化等情况的存在,严重影响了国有企业、国有经济的改革发展;政企不分一定程度长期存在,影响了国有企业、国有经济的市场化运行机制、考核评价与激励约束;国资进退问题长期得不到政策明确,严重制约国资国企改革发展等等。这些都是新时代国有资产管理体制有待进一步改革完善的主要矛盾的表现。

### （四）新时代国有资产管理体制改革的本质特征

新时代国有资产管理体制改革的本质特征,是指新时代国有资产管理体制改革区别于民营、外资等其他性质资产、企业管理体制改革的主要特征。按照习近平新时代国有企业重要论述,新时代国有资产管理体制改革的本质特征,就是中国共产党的领导和党的建设。从现代公司治理角度,国有企业与其他大型的民营企业、外资企业都是一样的,即都是所有权与经营权分离的委托代理制度安排。那么,国有资产管理体制区别于其他所有者企业的特征,就是其本质特征,就是党的领导和党的建设。

### （五）新时代国有资产管理体制改革的主体动力

按照习近平新时代国有企业重要论述,新时代国有资产管理体制改革的主体,包括三个方面。一是国有企业在国有资产管理体制改革中的主体地位;二是国有企业职工的主人翁地位,三是国有企业经营管理者作为党在国有企业领域执政骨干的重要地位。关于新时代国有资产管理体制改革的动力,按照习近平同志的多次讲话论述都非常明确,就是改革创新。这是新时代国有资产管理体制改革必要正确把握的重要方面。

### （六）新时代国有资产管理体制改革的基本原则

推进新时代国有资产管理体制改革完善，要把握好以下原则。一是体现社会主义国家公有制性质；二是落实和推进好国有企业党的领导、党的建设；三是中央政府和地方政府分别代表国家履行出资人职责；四是权利、义务和责任相统一，管资本和管人、管事相结合；五是政府经济管理职能与国有资产所有者管理职能分开；六是政府公共预算与国有资产经营收益分开；七是建立授权经营机制，确保资本合理流动；八是保障和提高国有资产经营效率；九是对国有资产管理与经营实施监督；十是依法治理、依法治企。

## 二、新时代国有资产管理体制改革完善的主要内容

新时代国有资产管理体制改革，应在习近平新时代国有企业重要论述指导下，立足国有企业、国有经济的基本属性、本质特征和地位作用，聚焦国有企业国有经济改革发展的主要矛盾、目标任务，科学把握改革主体、改革动力，进一步推进国有企业、国有经济在新时代的布局结构调整优化、治理结构发展优化和监督管理的发展完善，推进国有企业、国有经济改革再出发、发展再升级。具体而言，重点是推进好国有资产领导管理体制、行政管理体制、组织管理体制、资本管理体制、企业管理体制、经营管理体和监督管理体制八个方面的改革完善。

### （一）新时代国有资产领导管理体制改革

按照习近平新时代国有企业重要论述，坚持党的领导，是新时代国有资产管理体制的本质特征和独特优势。党对国有企业的领导，是政治领导、思想领导、组织领导的有机统一，是把方向、管大局、保落实。关于国有企业党的建设，习近平总书记强调国有企业是党领导的国家

治理体系的重要组成部分,指出要理所当然坚持党的领导;国有企业不仅要党的建设,而且一定要把党的建设搞好[①]。在推进新时代国有资产管理体制改革进程中,必须毫不动摇坚持党对国有企业、国有经济的领导,毫不动摇加强国有企业党的建设。

新时代国有资产领导体制的改革完善对保证国有企业改革发展的社会主义方向,提升国有企业的制度优势和竞争优势,促进国有企业做强做优做大,具有十分重要的战略意义和现实意义[②]。习近平总书记指出,中国特色现代国有企业制度,"特"就特在把党的领导融入公司治理各环节,把企业党组织内嵌到公司治理结构之中。国有企业党组织发挥领导核心和政治核心作用,归结到一点,就是"把方向、管大局、保落实"。当前,国有资产管理体制和国有企业改革正处于攻坚期和深水区,党的领导只能加强,不能削弱。要不断完善党委抓、书记抓、各有关部门抓,一级抓一级、层层抓落实的党建工作格局,确保党的领导、党的建设在国有资产管理体制改革和国有企业改革中得到充分体现和切实加强。

加强国有企业党的建设,一是要保证党对国有企业的领导。确保在国有企业落实中央的政策,推动国有企业做强做优做大。在国有资产和国有企业改革发展中,要充分发挥党组织领导核心和政治核心作用。要把加强党的领导、党的建设同落实党中央、国务院决策部署结合起来,始终坚持服务生产经营不偏离,把提高企业效益、增强企业竞争实力、实现国有资产保值增值作为国有企业党组织工作的出发点和落脚点,用企业改革发展成果检验党组织的工作成效和战斗力,为做强做优做大国有企业提供有力保证[③]。

二是落实全面从严治党主体责任。推进国有企业改革,党的领导

①　参见郝鹏:《坚持党的领导　加强党的建设　为做强做优做大国有企业提供坚强保证》,载《国资报告》2017 年第 2 期。

②　参见周新颖:《加强国有企业党建工作高质量发展探析》,载《北京市工会干部学院学报》2021 年 12 期。

③　参见郝鹏:《坚持党的领导　加强党的建设　为做强做优做大国有企业提供坚强保证》,载《国资报告》2017 年第 2 期。

只能加强，不能削弱。严格落实国有企业党建工作责任制，切实履行党风廉政建设主体责任和监督责任。[①] 落实党建工作责任制，将党建工作考核评价与企业领导人员综合考核评价有机结合，落实党组织书记的党建工作第一责任人职责和班子成员的"一岗双责"，强化基层党组织整体功能，发挥战斗堡垒作用和党员先锋模范作用。进一步探索创新企业党组织发挥作用的有效途径，切实把加强党的领导与完善公司治理统一起来，不断完善中国特色现代国有企业制度。

三是明确党组织在公司法人治理结构中的法定地位。加强党的领导，完善国有资产管理体制和公司治理，把党组织在国有管理体制与国有企业治理结构中的法定地位进一步明确。要坚持党的建设与国有资产管理体制改革同步谋划，充分发挥党组领导核心作用、党委政治核心作用、基层党组织战斗堡垒作用和党员先锋模范作用。推动企业将党建工作总体要求纳入公司章程，进一步明确企业党组织在公司治理机制中的职责权限，坚持和完善双向进入、交叉任职的领导体制，推动党组织发挥政治核心作用组织化、制度化、具体化。按照习近平总书记的指示要求，抓紧把党建工作的总体要求落实到公司章程中，党组织在公司法人治理结构中的法定地位要进一步明确，使党组织作用组织化、制度化、具体化；"双向进入、交叉任职"的领导体制要继续完善，党委（党组）书记和董事长"一肩挑"要全面推行；企业重大事项决策程序和方式要规范，将党组织研究讨论作为董事会、经理层决策重大问题的前置程序；落实"四同步""四对接"的工作要求，确保党的领导和党的建设在国有企业改革中得到体现和加强。[②]

四是加强企业领导班子建设。习近平总书记强调，国有企业领导人员是党在经济领域的执政骨干，是治国理政复合型人才的重要来源，肩负着经营管理国有资产、实现保值增值的重要责任。把这支队伍建

---

① 参见王娜娜：《基层企业廉政风险防控体系建设浅谈》，载《中小企业管理与科技》2022 年第 4 期。
② 参见詹高杰、刘静波、陈裕东、胡静婷、张晓敏：《"双融双高"党建品牌建设实践》，载《国企管理》2021 年第 12 期。

好、用好、管好,对国有企业坚持党的领导、加强党的建设,对做强做优做大国有企业至关重要。要加强对国有企业领导人员的党性教育、宗旨教育、警示教育,严明政治纪律和政治规矩,引导他们不断提高思想政治素质、增强党性修养,从思想深处拧紧螺丝。坚持党管干部原则,从严选拔国有资产管理机构、国有企业领导人员,建立适应现代企业制度要求和市场竞争需要的选人用人机制。国资监管系统和国有企业党委(党组)要从严选拔企业领导人员。按照国有企业领导人员"对党忠诚、勇于创新、治企有方、兴企有为、清正廉洁"的 20 字标准,严把政治关、品行关、能力关、廉洁关,选好配强企业领导班子特别是主要领导。对企业领导人员要从严教育,要坚持"好干部"标准,严格选拔企业领导人员,日常教育要加强监督管理,完善问责机制;班子结构要持续优化,提升班子整体功能。[①]

五是加强"两个责任"落实。牢固树立"四个意识",政治纪律和政治规矩要摆在首要位置。党性教育要注重加强,对企业领导人员的坚定理想信念要引导,坚持共产党人价值观,始终保持共产党人的政治本色。坚持从严教育管理国有资产管理人员和国有企业领导人员,强化对国有资产管理人员和国有企业领导人员特别是主要领导履职行权的监督。注重加强法治教育,引导企业领导人员依法治企、依法办事,做尊法学法守法用法的模范。注重廉洁教育的加强,企业领导人员要始终受警醒、明底线、知敬畏,拒腐防变的思想堤坝要切实筑牢。对管理企业领导人员要从严监督。对权力集中、资金密集、资源富集、资产聚集等重点部门和岗位的要强化监管,对主要负责人履职行权的监督约束尤其是要强化,促进企业领导人员当好国有资产的忠实守护者。日常管理要加强,实行经常性谈心谈话制度,注重抓早抓小、抓苗头抓预防,防止小毛病演化成大问题。积极推进人才选拔任用制度创新。坚持党管干部原则,将董事会依法选择经营管理者、经营管理者依法行使

---

① 参见郝鹏:《坚持党的领导　加强党的建设　为做强做优做大国有企业提供坚强保证》,载《国资报告》2017 年第 2 期。

用人权相结合,拓展选人用人视野,合理提高市场化选聘比例,实行企业经理层任期制、契约化管理,市场化退出机制要建立,形成优者上、庸者下、劣者汰的工作局面。[1]

六是要切实做好基层基础工作。习近平总书记指出,要坚持建强国有企业基层党组织不放松,确保企业发展到哪里、党的建设就跟进到哪里、党支部的战斗堡垒作用就体现在哪里,为做强做优做大国有企业提供坚强组织保证。要把基层基础工作作为一项重要任务来抓。基层组织建设要加强。重点要聚焦于混合所有制企业、新组建单位、境外机构,全面解决基层党组织"应建未建"问题,全覆盖基层组织,基层党组织战斗堡垒作用和党员先锋模范作用要充分发挥。党支部建设和工作考核要加强,将思想政治工作落到支部,将从严教育管理党员落到支部,把党支部建设成为团结群众的核心、教育党员的学校、攻坚克难的堡垒。[2]

### (二) 新时代国有资产行政管理体制改革

国有资产行政管理体制改革是我国经济体制与政治体制改革的结合。经济改革的深化直接导致了政治体制改革的问题,也就是说,从政府的行政体制改革切入,拉开了改革的大幕。在过去的70年里,国企改革基本上是政府对企业的改革,但是,一旦国企改革改到产权,就真的需要对改革者进行改革了。在现有体制下,国企的出资人是政府,即建立国有资产制度不仅是对企业产权制度的简单创新,也是对我国政府管理体制的创新。这个创新要实现,必须重新认识市场经济条件下政府与资本、政府与企业的关系。中国的市场经济是以公有制为基础的。中国的公有制形式在一段时期以来,还没有找到能取代政府所有

---

[1]　参见郝鹏:《坚持党的领导　加强党的建设　为做强做优做大国有企业提供坚强保证》,载《国资报告》2017年第2期。

[2]　参见郝鹏:《坚持党的领导　加强党的建设　为做强做优做大国有企业提供坚强保证》,载《国资报告》2017年第2期。

制的组织形式。① 从法律和财务意义上,国有产权的委托代理关系并未完全建立,政府对国企是行政强干预、财务软约束。这就决定了我国政府仍在履行行政管理和所有者职能,这是我国的国情。如果投资者是三级政府及其机构,则现有政府中的国有企业直接管理部门必须从组织到职能进行调整和设计,就要对国有资产行政管理体制进行再造和完善②。

事实上,在现有的我国公有制为主体的市场经济模式下,政府与企业在理论上是不可分割的,可以通过政府国资管理职能的全新构造,首先实现政资分离,然后通过所有者进入企业,成为企业的股东,实现资产与企业的一体化,建立现代国有企业产权制度。在这个体系内,我们可以进一步研究完善所有权与经营权的分离。建立和完善"三合一"的国有资产管理体系,需要我们重新认识我国政府的政、资分离与资、企合一这两大问题。③ 假设国有资产的管理功能应该保留在政府序列中,那么事实上,政府包括两个职能:一般经济调控者和国有经济所有者。前者是政,后者是资,它们要各司其职、协调运作,统一国有资产行政管理体制改革的实践。如果明确国家仅是国有资产的所有者,各级政府代表国家行使国有资本所有权,因此,各级政府是国有资本的所有权代表,政资分开、政企分开决定了政府不能直接参与国有资本的运营、国有企业的经营。④

一是国有资产监管机构依法履行出资人职责。清晰界定出监管机构的职责和履职方式。监管机构代表国家所有者对国有资本独资的投资运营公司以出资人的方式履行出资人职责,在公司法和相关法规基础上建立监管权力清单、责任清单和监管程序,不干预投资运营机构和监管企业的经营权、不穿越被监管的公司干预其下属公司事务、也不再

---

① 参见刘纪鹏:《论国有资产管理体系的建立与完善》,载《中国工业经济》2003 年第 4 期。
② 参见刘纪鹏:《论国有资产管理体系的建立与完善》,载《中国工业经济》2003 年第 4 期。
③ 参见刘纪鹏:《论国有资产管理体系的建立与完善》,载《中国工业经济》2003 年第 4 期。
④ 参见《以顶层设计引领国有资产管理体制改革——文宗瑜访谈卢森》,载《团结》2015 年第 6 期。

承担公共管理的"漏斗职能"。

二是推进国有资产管理部门的去行政化。在过去的十几年里，国有资产管理就是管人、管事、管资产。国有资产管理机构不仅干预国有企业或国有公司的许多具体事务，而且培养了行政管理的习惯和本能。这就要求我们深化国有资产行政管理体制改革。国有资产管理机构职能的转变是指国有资产管理机构不再履行政管理和产权代表的双重职能，而只履行国有资产出资人代表的职能。随着三层次的国有资产的管理及国有资本运营体系的构建，国有资产管理机构履行产权代表职能，国资管理机构与国有资本运营公司和投资公司、国有企业或国有公司之间不再是"上下级"关系。国有资产管理机构不能直接行政化管理国有资本运营公司和投资公司、国有企业或国有公司进行，也不得审批国有资本运营公司和投资公司运营、国有企业或国有公司经营的"重大事项"。[①]

三是可以探索各级人大、人民政府承担国有资产公共管理职能。监管相应政府行政公共管理职能，包括国资管理的政策制定、法规出台、监督检查等，由各级人大、人民政府负责。国资管理机构每年向政府报告国有资本经营状况；与财政部门合作编制国有资本经营预算，报政府审批；接受政府的审议、监督。

四是推进国有企业经营管理的去行政化。众所周知，国有企业目前处于行政层面。与政府一样，国有企业也有相应级别。国有企业的管理水平是计划经济时代遗留下来的。为了建立现代企业管理制度，我们应该逐步减少国有企业的管理机制和特点。这是市场经济发展的大势所趋和必然。有利于增强国有企业的市场竞争力，有利于国有资产保值增值。

五是国有企业人力资源管理的去行政化。人力资源开发与管理是国有企业管理体制改革的重要组成部分。首先，要建立现代企业领导

---

① 参见《以顶层设计引领国有资产管理体制改革——文宗瑜访谈卢森》，载《团结》2015 年第 6 期。

人员管理体制,将企业管理人员管理与资产管理相结合,构建现代企业领导者管理体系的基本框架,使现有企业干部管理体系符合公司治理结构的要求。其次,要贯彻"以人为本"的思想理念,坚持以人为本,不断培育和提高,使之成为企业长期发展的战略方针。最后,制定并实施人力资源规划,优化人力资源配置,完善绩效考核体系,完善多重激励机制。

六是推进国有企业决策机制的去行政化。决策是企业的生命线,企业行政管理必须符合科学决策要求,要通过多方努力,全面提高行政管理效率。一是针对不同的管理层次提出不同的工作重点和要求,努力从领导、决策程序、组织结构、信息反馈、协调监督等方面提高工作效率。二是建立健全企业规章制度,认真落实本部门的管理制度、岗位责任制度、工作程序等,建立本部门的法治秩序。三是提高企业管理人员的素质。每一个工作人员都要努力提高自身素质,不断提高自身能力和水平,进而提高组织管理的有效性,实现科学艺术的管理。四是引入科学的企业管理方法,如目标管理、绩效评估、成本核算等。通过将企业管理讲求投入和产出、讲求成本核算,提高企业管理人员的责任感,同时科学地衡量管理人员的工作业绩,不断提高企业效率。

### (三)新时代国有资产组织管理体制改革

国有资产组织管理体制通常有宏观和微观之分。宏观的国有资产管理体制是指国有资产在全体人民所有的基础上,从全国人大、中央人民政府以及地方各级人大、政府,到国务院国资委等国有资产管理机构及地方各级国有资产管理机构,到中央和地方各级国有资本运营公司、国有资本投资公司,再到中央企业以及地方各级国有企业的国有资产组织管理制度。微观国有资产组织管理体制则指有国有企业内部组织制度,也即国有资产企业管理体制。国有资产企业管理制度下文专节论述。本节主要研究探讨宏观国有资产组织管理制度。

新时代国有资产组织管理体制,建议在以下方面重点进行发展完善。一是建立健全发展完善国家和地方各级国有资产分级管理体制。二是建立健全发展完善人大—人民政府—国有资产管理机构—国有资本投资运营公司—国有企业的组织管理组织体制。三是进一步提高和加强全国人大及地方各级人大在国有资产管理中的地位和作用。目前,在党中央集中统一领导下,国务院向全国人大常委会报告国有资产管理情况工作取得积极进展。全国人大常委会加强国有资产立法监督,企业国有资产法颁布实施,国有资本经营预算制度、国有自然资源保护和利用制度初步建立,全国人大常委会多次就国有资产管理听取国务院专项工作报告[①],人大国有资产监督职能不断加强。四是国务院国有资产管理机构以及地方各级国有资产管理机构要承担和履行好国有资产出资人代表职责,切实成为"出资人监管"体制的核心和主轴。五是国有资本投资公司、运营公司要承担、履行好国有资本授权经营体制下,国有资本投资、运营、保值增值的职责,各级国有企业要承担好国有企业经营管理的具体职责。

### (四) 新时代国有资产资本管理体制改革

党的十八届三中全会《决定》明确提出,完善国有资产管理体制,以管资本为主加强国有资产监管,改革国有资本授权经营体制,组建若干国有资本运营公司,支持有条件的国有企业改组为国有资本投资公司。这为适应经济市场化改革不断深入的新形势,继续完善国有资产管理监管体制指明了方向。经过多年改革探索,当前以管资本为主加强国有资产监管,已具备较好的基础条件。[②] 进一步加强国有资本管理,改变传统的国有资产管理模式,有利于政企真正分开,调整优化国有经济布局和结构,提高国有资产运行效率,完善现代国有企业制度,进一步增强国有经济的活力、控制力和影响力。

党的十八届三中全会决定明确了国资管理要从管人管事管资产向以管资本为主转变,这说明要正确处理国有资产管理与国有资本运营、

---

① 参见张鹏越:《建立国有资产管理情况报告制度的问题与建议》,载《西部财会》2018 年第 3 期。

② 参见左挺、宋嘉宁:《经营性国有资产管理中"国有资本"内涵》,载金融世界》2018 年第 8 期。

国有企业经营之间的关系,构建新的国有资本管理及国有资本运营体系。国有资产体系的建立将改变传统的国有经济管理模式,实现从管理国有企业到经营国有资本的转变。[①] 全新的国有资本管理及国有资本运营体系。包括三个层面:第一个层面是国有资产管理的监管层面。这一层次的主体是国有资产管理机构,主要履行投资者的监督职能;第二个层面是国有资本产权层面。这一层次的主体是国有资本运营公司和投资公司,主要从事国有资本的专业运营;第三个层面是国有企业或国有公司的经营层次,这一层次的主体是国有企业或国有公司,三级国有资产管理和国有资本运营体制不仅可更有效地实现政资分开、政企分开,而且可以剥离国资管理机构的产权代表职能;可以打造市场化、专业化的国有资本运营平台,国有资本运营公司和投资公司可以发挥国有资本保值增值的功能;也可以促进国有企业或国有公司加快混合所有制改革进程,将国有资本运营和国有企业管理两个层面与产权挂钩,更好地实现资产与企业的分离。[②]

建议围绕国资委、国有资产投资经营公司、企业三层框架的整体改造,积极推进以国资改革带动国企改革的新局面。

一是构建以管资本为主的新型国有资产管理体制。实施专业监管组织模式,构建三层次管理体系。第一层次国有资产管理部门是国有资产运营主体的出资人代表,是不同类型的国有资本的监管主体。作为功能性和竞争性国有资产的主体出资人代表,国有资产部专门负责功能性和竞争性国有资本的监督和控制,并根据国家整体经济战略布局,优化国有资本投资方向。[③] 第二层次是各类国有资本经营主体,它们在新的三级国有资产监管体系中处于承上启下的地位。通过建立国有资本经营主体,实现国有资产监督与经营职能的分离,确保国有资本

---

① 参见《以顶层设计引领国有资产管理体制改革——文宗瑜访谈卢森》,载《团结》2015 年第 6 期。

② 参见《以顶层设计引领国有资产管理体制改革——文宗瑜访谈卢森》,载《团结》2015 年第 6 期。

③ 参见张林山、蒋同明、李晓琳、刘现伟:《以管资本为主　加强国资监管》,载《宏观经济管理》2015 年第 9 期。

的优化配置与经营绩效考核。[①] 第三层次是各类国资投资企业，它们是生产经营的主体，要依照"产权明晰、责权明确、政企分开、管理科学"的原则，建立现代企业制度和法人治理结构，成为独立的市场主体。在这个层面上，实现出资者所有权与企业法人财产权分离，确保国有资产管理的效率。国有资本运营主体和所属国有企业之间是企业法人与出资人的关系，不存在行政隶属关系[②]。

二是优化国有资本投向。加大国有资本在重要资源、国防军工、公共服务、重大基础设施等领域的投入力度。围绕节能环保、信息技术、海洋工程、互联网、智能制造等战略性新兴产业，通过以股权为纽带的专业化整合、建立产业战略联盟等方式，培育新的经济增长动力。以资本管理为重点，改革授权管理体制。稳步推进国有资本投资运营公司改制组建试点，通过投融资、产业培育、资本整合，促进产业转型升级，优化国有资本布局结构；通过股权运营、价值管理、有序进退促进国有资本合理流动[③]。

三是推动国有资本重组整合。加强集团层面的兼并重组，进一步理顺主业，推进产业链重点业务重组整合，优化同类资源配置，实施专业化运营，提升国有企业整体功能、运行效率，打造一批具有较强竞争力的跨国公司。通过国有资本投资和运营公司平台，优化国有资产整合和分类处置，鼓励国有企业与非国有企业开展战略合作、资源整合、融合发展。通过市场化，企业的资产负债规模将更加合理，企业的资本约束机制将建立。[④]

---

① 参见张林山、蒋同明、李晓琳、刘现伟：《以管资本为主 加强国资监管》，载《宏观经济管理》2015 年第 9 期。

② 参见张林山、蒋同明、李晓琳、刘现伟：《以管资本为主 加强国资监管，载《宏观经济管理》2015 年第 9 期。

③ 参见肖亚庆：《国务院关于国有资产管理与体制改革情况的报告——2016 年 6 月 30 日在第十二届全国人民代表大会常务委员会第二十一次会议上》，载中国人大网 2016 年 7 月 1 日，http://www.npc.gov.cn/zgrdw/npc/xinwen/2016-07/01/content_1992683.htm。

④ 参见肖亚庆：《国务院关于国有资产管理与体制改革情况的报告——2016 年 6 月 30 日在第十二届全国人民代表大会常务委员会第二十一次会议上》，载中国人大网 2016 年 7 月 1 日，http://www.npc.gov.cn/zgrdw/npc/xinwen/2016-07/01/content_1992683.htm。

四是加快国有资本化解过剩产能。建立优胜劣汰的市场退出机制，对不符合国家能耗、环保、质量、安全和长期亏损标准的产能过剩企业，坚决实施关闭、兼并、剥离、重组①。采取强化管理、改造提升、债务重组、关闭撤销、破产清算等方式，积极稳妥处置"僵尸企业"。

五是深入实施国有资本创新驱动。推进科技创新、管理创新和商业模式创新，加强共性关键技术研究，核心关键技术要突破和掌握一批。大众创业万众创新要大力推动，结合"互联网＋"行动和大数据发展战略，发展众创、众包、众扶、众筹，建设国家"双创"示范基地和专业化众创空间。落实"中国制造 2025"战略，加强技术改造和设备更新力度，扎实开展"增品种、提品质、创品牌"专项工作，不断提高产业发展水平和产品竞争力②。

六是继续推进国有资本的国际化经营。积极参与实施"一带一路"、周边国家互联互通、非洲"三网一化"等国家重大战略，国际产能和装备制造深化合作，对海外市场布局优化，提升全球资源配置能力③。

## （五）新时代国企领导人员管理体制改革

党中央高度重视国有企业领导班子建设。党的十八大以来，以习近平同志为核心的党中央对深化国有企业人事制度改革和加强国有企业领导班子建设作出了一系列重要部署。我们要以习近平新时代中国特色社会主义思想重要思想为指导，从国有企业实际出发，着力规范公司治理结构，建立现代国有企业制度，建设"政治素质好、经

① 参见肖亚庆：《国务院关于国有资产管理与体制改革情况的报告——2016 年 6 月 30 日在第十二届全国人民代表大会常务委员会第二十一次会议上》，载中国人大网 2016 年 7 月 1 日，http://www.npc.gov.cn/zgrdw/npc/xinwen/2016-07/01/content_1992683.htm。

② 参见肖亚庆：《国务院关于国有资产管理与体制改革情况的报告——2016 年 6 月 30 日在第十二届全国人民代表大会常务委员会第二十一次会议上》，载中国人大网 2016 年 7 月 1 日，http://www.npc.gov.cn/zgrdw/npc/xinwen/2016-07/01/content_1992683.htm。

③ 参见肖亚庆：《国务院关于国有资产管理与体制改革情况的报告——2016 年 6 月 30 日在第十二届全国人民代表大会常务委员会第二十一次会议上》，载中国人大网 2016 年 7 月 1 日，http://www.npc.gov.cn/zgrdw/npc/xinwen/2016-07/01/content_1992683.htm。

营业绩好、团结协作好、作风形象好"的领导班子,着力完善领导体制,完善选拔任用、考核评价和激励约束机制,规范程序,明确要求,建立制度,培养一支高素质的国有企业领导班子,确保国有企业又好又快发展[①]。

一是国有企业领导人员管理必须坚持党管干部原则。坚持党对国有企业的领导,最重要的就是坚持党管干部原则,其实质就是要保证党对国有企业组织人事工作的领导权和对重要领导人员的管理权,中央对此也有明确要求。国有企业在现代企业制度条件下如何坚持党管干部原则,是一个极具探索性的问题,应从以下两个方面进行把握:一要把握好党管干部原则在企业的具体定位。二要处理好党管干部原则与公司治理原则之间的关系。[②]

二是应全面建立市场化的选人用人机制。"要按照企业的特点建立对经营管理者培养、选拔、管理、考核、监督的办法,并逐步实现制度化、规范化。积极探索适应现代企业制度要求的选人用人机制,把组织考核推荐和引入市场机制、公开向社会招聘结合起来,把党管干部原则和董事会依法选择经营管理者以及经营管理者依法行使用人权结合起来。""要坚持党管干部原则,并同市场化选聘企业经营管理者的机制相结合。"中央的决定和要求非常明确,就是要在坚持党管干部原则的前提下,建立市场化的选人用人机制,这是深化国有企业人事制度改革的方向,也是企业实现市场化、国际化经营的客观要求。第一要按照市场化的方式来选人。第二要按照市场化的机制来用人。第三要改善市场配置企业领导人员的外部环境。[③]

三是注重选人用人公信度。进一步扩大职工对干部选拔任用的知情权、参与权、选择权和监督权。领导干部的选拔应当实行民主推荐,

---

① 参见董宏君:《加强对央企领导班子和领导人员的管理与考核》,载《人民日报》2009 年 12 月 31 日,第 8 版。

② 参见严志农:《对国有企业领导人员科学的管理方式思》,载《组织人事报》2012 年第 7 期。

③ 参见苗月霞:《中国共产党的干部管理制度:回顾与展望》,载《北方论丛》2021 年第 11 期。

民主推荐的情况应当在一定范围内公开。实行差异化检查制度、聘任前公示制度、干部职工代表民主评价制度。领导干部的职务消费，应当接受职工的民主监督。要充分发挥职工代表大会的作用，规定职工代表大会的评价结果应当作为评价的组成部分，并给予更高的权重；没有职工代表大会的，职工代表参加企业内部民主评价的比例不得低于10％。进一步强化竞争机制，把公开招聘和竞争上岗作为选拔国有企业领导干部的重要途径。对经理班子成员的选拔应逐步加大公开招聘和竞争上岗的力度。借鉴国际企业评价方法，建立由企业领导班子、中层管理人员、职工代表、上级管理部门、监事会共同参与的多维评价，并结合个别访谈、听取意见、调查核实、综合分析等方法，并综合运用多维度测评、个别访谈、调查核实、综合分析等方法。①

四是推进建立健全"能上能下"机制。董事长、总经理、党委成员实行任期制。加强考核评价结果的应用，将考核评价与任免奖惩挂钩。完善退出机制。健全国有企业领导人员免职（解聘）、辞职、退休制度，规定免职（解聘）的有关情况，明确辞职的四种形式：因公辞职、自愿辞职、引咎辞职和责令辞职。同时，要推进"企业领导人员达到任职年龄界限、不再担任企业领导职务的，其在下属企业所兼任的其他职务也应当一并免除"。建立健全企业领导人员的正常退出机制，真正实现领导人员的"能上能下"。②

五是完善国有企业领导人员考核评价体系。一是建立以"德、能、勤、绩、廉"为主要内容的综合考核评价指标体系。为了使考核评价结果更加客观、全面，应将德、能、勤、廉纳入考核评价体系，使企业领导人员考核评价指标体系更加科学。其次，在经营业绩考核方面，还应注意非量化指标的考核。引导国有企业领导人员更加注重企业长远发展，在加强企业经营绩效考核的同时，要加强对企业管理绩效、战略绩效的

---

① 参见董宏君：《加强对央企领导班子和领导人员的管理与考核》，载《人民日报》2009 年 12 月 31 日，第 8 版。

② 参见董宏君：《加强对央企领导班子和领导人员的管理与考核》，载《人民日报》2009 年 12 月 31 日，第 8 版。

考核,从公司治理水平、企业在国际国内同行业中的竞争能力、经营管理水平、企业文化建设、可持续发展能力等非量化指标作为评价企业经营业绩的重要内容。另外,对党组织负责人和经营管理者,要分层分类考核评价。根据企业领导人员的不同性质和特点,定性评价应优先考虑董事会成员和党组织负责人。主要是因为出资人代表和党组织负责人的主要职责,是决策和监督公司的重大事项,不开展企业的具体生产经营活动,不承担具体经营指标。总经理、总裁等企业经营管理者是承担经营责任和经营风险的主体,对企业经营管理者的考核应坚持定量与定性相结合,注重定量考核,注重经营业绩考核。[①]

六是完善国有企业领导人员激励机制。建立有效的激励机制是充分调动国有企业领导人员积极性,吸引和留住人才,实现国有资产保值增值的根本措施。[②] 根据国有资产管理体制和企业改革发展的新形势、新任务和新要求,应从以下三个方面进行完善:首先是要完善领导干部评价体系。以管理制度、企业经营效益等为基础,结合企业领导干部管理实际,对企业管理过程中的领导行为、领导决策等内容进行量化分解,制定详细的评价指标,实现对企业领导干部的科学评价。其次是要建立企业领导管理能力反馈机制。要充分运用领导干部评价的成果,及时总结企业和领导者个人在管理方面存在的不足之处,促进领导干部管理能力提升,实现优胜劣汰。第三是要建立完善的领导干部激励制度。制定职位分类标准与考核评价标准,建立以业绩为核心的激励制度,通过完善福利制度,提高待遇水平等方式,提高企业领导干部工作的积极性,促进国有企业的进一步发展壮大。要推进以业绩考核为基础,薪酬水平与经营业绩相挂钩的薪酬制度。

七是健全完善国有企业领导人员监督约束机制。应着力建立企业内部监督与外部监督相结合的监督体系。首先,积极构建有效的内部

---

① 参见严志农:《对国有企业领导人员科学的管理方式思》,载《组织人事报》2012 年第 7 期。

② 参见严志农:《对国有企业领导人员科学的管理方式思》,载《组织人事报》2012 年第 7 期。

监督体系。要围绕公司法人治理结构的规范、完善，构建出资人、董事会、经营管理者之间的制衡机制。在董事会这个层面上，应建立外部董事与内部董事有机结合的董事会。对于经理层，由于董事会规范后，与经理层是分开运行的，董事会与经营管理者之间也会自然形成一种监督制约关系，"内部人控制"问题也可以比较好地克服。其次，改进企业党组织发挥监督作用的方式。企业党组织通过参与决策，确保党的路线、方针、政策在企业的贯彻落实，有效监督决策的合规性；同时，通过参与企业的生产经营活动，对企业经营者的经营行为进行监督。在坚持企业负责人民主评议的同时，要加强"厂务公开"，扩大监督内容，切实落实职工的知情权、参与权和监督权①。上级党组织、纪检监察部门还应继续强化对国有企业领导人员的监督。② 通过构建内外结合的监督体系，国有企业领导人员逐步规范经营管理行为，自觉做到诚信、勤勉、守法经营，从而有效促进国有企业持续健康发展。

八是进一步加强国有企业领导人才队伍建设。企业领导干部管理体制改革，最终落脚点都在于建立一支高素质的管理人才队伍。加强国有企业领导人才队伍建设需从以下方面进行：一是改革国有企业领导干部选拔任用体制。要围绕企业的市场发展，进一步加强对领导干部任职条件、任职资格、晋升条件、选拔程序的改革，减少行政干预和行政任命，为真正的企业领导人才创造空间和舞台。二是强化领导管理人才的定向选拔。要通过对关键领导管理岗位的分析，明确好岗位的职责以及未来的发展趋势，构建招贤引智平台，创新人才引进机制，建立人才引进绿色通道，选拔合适的领导人才，实现专业人做专业事。三是完善领导人才培养体系。企业在领导人才队伍建设过程中，要加强自有领导干部人才的培养，为他们更加深入的了解企业的发展需要，更加快速的提升能力和素质提高良好的条件。

---

① 参见严志农：《对国有企业领导人员科学的管理方式思》，载《组织人事报》2012 年第 7 期。

② 参见严志农：《对国有企业领导人员科学的管理方式思》，载《组织人事报》2012 年第 7 期。

### （六）新时代国有资产企业管理体制改革

按照习近平新时代国有企业重要论述要求，新时代国有资产企业管理体制改革，主要任务就是建立完善中国特色现代国有企业制度。十八大以来，在习近平新时代中国特色社会主义思想指引下，国企改革获得了重大进展，大部分国企已初步建立现代企业制度。但在现实中，仍需要进一步完善国有企业的现代企业制度，部分企业的法人治理结构需要加快和完善。①

认真落实党中央、国务院决策部署，我们要从国有企业实际情况出发，以建立健全产权清晰、权责明确、政企分开、管理科学的现代企业制度为方向，积极适应国有企业改革的新形势和新要求，坚持党的领导、加强党的建设，推动体制机制健全，权责依法规范，各司其职、各负其责、协调运转、有效制衡的国有企业法人治理结构进一步健全。② 要从理顺出资人职责、加强董事会建设、激发经理层活力、完善监督机制、坚持党的领导等方面规范各治理主体的权利和责任，完善以公司章程为核心的企业制度，遵守法律法规和公司章程，严格规范履行出资人机构、党组织、股东会（包括股东大会）、董事会、经理层、监事会和职工代表大会履行权利和责任，确保有效履行职责，按照市场经济规律和中国国情，完善国有企业法人治理结构。③

首先，牢牢守住党对国有企业的绝对领导这一生命线。要按照"两个一以贯之"的要求，将坚持党对国有企业的领导和建立现代国有企业制度同步部署、同步推进。要全面贯彻落实中央决策部署，党组织在国

---

① 参见《国务院办公厅关于进一步完善国有企业法人治理结构的指导意见》，载《中华人民共和国中央人民政府网站》，http://www. gov. cn/gongbao/content/2017/content_5194888. htm。

② 参见《国务院办公厅关于进一步完善国有企业法人治理结构的指导意见》，载《中华人民共和国中央人民政府网站》，http://www. gov. cn/gongbao/content/2017/content_5194888. htm。

③ 参见《国务院办公厅关于进一步完善国有企业法人治理结构的指导意见》，载《中华人民共和国中央人民政府网站》，http://www. gov. cn/gongbao/content/2017/content_5194888. htm。

有企业法人治理结构中的法定地位明确，党组织在企业决策、执行、监督各环节的权责和工作方式明确，从而使党组织成为企业法人治理结构的有机组成部分，使党组织作用组织化、制度化、具体化。并且，要加快形成有效制衡的公司法人治理结构、灵活高效的市场化经营机制，建立产权清晰、权责明确、政企分开、管理科学的现代企业制度。[①]

二是发展完善党委集体领导下的"三会一总"制。中国特色现代国有企业制度的法人治理结构，应实行党委集体领导下的"三会一总"[②]分工负责制。其中，党委是公司法定的核心领导机构，由党的上级组织任命，承担着"把方向、管大局、保落实"的全面责任。董事会是公司的法定股权代表人组织，由投资者或股东委派代表组成，负责企业生产经营的战略规划和决策。监事会是公司法定的专门监督机构，承担对董事会及其成员、经营管理人员和公司经营管理事务的监督责任。职工代表大会及其常设组织（工会）是公司合法的民主管理组织，由企业职工选举产生，承担代表群众参与和监督企业经营管理、维护职工合法权益的责任。总经理是公司业务执行的法定最高负责人，组织领导企业的日常经营管理，对实现企业经营目标负有责任。这种具有中国特色的现代国有企业法人治理结构，和西方公司制的最大区别在于，它具有党委集体领导制度和职工民主管理制度。以职工代表大会为基本形式的民主管理制度，也是党对企业领导的必然要求，因为群众路线是党领导的基本路线。[③]

三是要坚持以完善公司法人治理结构为中心，以董事会建设为重点，加快完善各司其职、各负其责、协调运转、有效制衡的公司治理机制。重点推进国有独资、全资公司建设，规范董事会，权责对等、运转协调、有效制衡的决策执行监督机制建立健全，党组织的政治核心作用和

---

① 参见《国务院办公厅关于进一步完善国有企业法人治理结构的指导意见》，载《中华人民共和国中央人民政府网站》，http://www. gov. cn/gongbao/content/2017/content_5194888. htm。

② 即董事会、监事会、职代会和总经理。

③ 参见宋方敏：《把中国特色现代国有企业制度的"根"和"魂"落到实处》，载《红旗文稿》2016年第11期。

董事会的决策作用、监事会的监督作用、经理层的经营管理作用充分发挥。加快推进董事会依法行使中长期发展战略规划、高级管理人员选拔任用、业绩考核、薪酬管理、职工收入分配、重大财务事项管理等职权的试点工作。完善董事会和董事评价办法,加强外部董事队伍建设,拓宽来源渠道。① 建议加快简政放权,进一步落实和维护董事会依法行使重大决策、选人用人、薪酬分配等权利,充分发挥董事会的决策作用,考虑扩大国有企业董事会授权的试点范围;加强董事会和董事队伍建设,建立以外部董事为主的规范化董事会,完善董事会内部结构,完善运行机制,确保权力能够得到良好的释放、接受和运作。建立规范的管理者授权管理制度,维护管理者的管理自主权,强化激励约束,有效激发管理者的活力。内部培训与外部介绍相结合,实施职业经理人制度,一方面要畅通现有经营管理者和职业经理人身份转换渠道,另一方面合理提高市场化选聘比例。加快多层次人力资源市场建设,建设企业家、专职董事、监事队伍。对企业领导实行差别化薪酬分配,建立健全基本适应企业人才市场、与企业经济效益和劳动生产率挂钩的工资确定和正常增长机制。

四是积极稳妥发展混合所有制经济,加快股权多元化改革。加快国有企业集团层面的公司制改革,通过分类经营、调整国有股比例等措施,逐步优化国有股权结构。积极稳妥发展混合所有制经济,开展国有混合所有制企业职工持股试点,允许部分国有资本转为优先股,探索在几个具体领域建立国家专项管理股份制。②

### (七) 新时代国有资产经营管理体制改革

授权经营体制改革是新时代国资改革的重点工作和中心环节,国

---

① 参见肖亚庆:《国务院关于国有资产管理与体制改革情况的报告——2016 年 6 月 30 日在第十二届全国人民代表大会常务委员会第二十一次会议上》,载中国人大网 2016 年 7 月 1 日,http://www.npc.gov.cn/zgrdw/npc/xinwen/2016-07/01/content_1992683.htm.

② 参见肖亚庆:《国务院关于国有资产管理与体制改革情况的报告——2016 年 6 月 30 日在第十二届全国人民代表大会常务委员会第二十一次会议上》,载中国人大网 2016 年 7 月 1 日,http://www.npc.gov.cn/zgrdw/npc/xinwen/2016-07/01/content_1992683.htm.

有资本授权经营体制改革,就是通过制度改革,将国有资本的经营权授权给市场化的管理主体,确保其国有资本的经营权,通过国有资本的专业化运作和国有企业或国有控股参股公司对国有资产的有偿占用和使用,实现国有资本的保值增值。[①] 一段时期以来,因为政策没有明确要授权给谁,一些学者和相关职能部门存在争论。主要有两种观点:一种观点认为,国有资本经营权应当授权给国有资产管理机构;第二种观点认为,国有资本经营权应授权给国有企业,尤其是大型国有集团。然而,具有"双重身份"的国有资产管理机构或习惯于盲目扩大规模的国有集团难以承担国有资本专业化和市场化运作的责任。多年来,通过不断探索和总结相关实践经验,我们逐渐明确了国资授权经营体制改革方向。中共十八届三中全会《决议》明确了将国有资本运营权授权给国有资本运营公司和国有资本投资公司,这说明,按照"完善国有资产管理体制,以管资本为主加强国有资产监管,改革国有资本授权经营体制,组建若干国有资本运营公司,支持有条件的国有企业改组为国有资本投资公司",国有资本运营公司和投资公司应成为国有资本运营的市场主体。至此,"谁有资格成为国有出资人代表授权的经营主体"的争论已经结束。在明确国有资本授权经营主体的基础上,深化国有资产管理体制改革的顶层设计还需要解决国有资本授权的程序、步骤和配套制度等一系列问题。

改革国有资本授权经营体制,首先是明确"两个授权",明确"所有权与经营权"的关系。党的十九大报告提出了授权管理制度。所有权和经营权必须与资产处置权区分开来。例如,重大项目的启动、大量货币资金的借贷、企业固定资产的抵押等。经营者有权提出建议,但不应被授予作出决定的权利。对外经营性资产运作和主营业务之外的资产运作,如大宗货币资本的外借、对外的大宗投资项目,对外资产担保等,不包括在授权范围。在被授权企业内,处置大型固定资产和无形资产

---

① 参见《以顶层设计引领国有资产管理体制改革——文宗瑜访谈卢淼》,载《团结》2015 年第 6 期。

(如企业品牌、商标和商誉)的权利不是业务权限。

其次,建好被授权主体国有资产投资运营公司。长期以来,国有企业改革一直受到国有资产改革的阻碍。政府和国资委是改革的主体,企业是改革的客体或实施主体。企业往往无法决定自己改革的命运。聚焦国有资产改革,聚焦授权管理体制改革,就是要找准改革的症结,抓住改革的"牛鼻子"。[①] 改组组建国有资本投资、运营公司是本轮国企改革中的重点,这意味着未来国有资产监督管理机构的指令将主要通过国有资本投资运营公司的平台,通过规范的公司治理结构,以"市场化"的方式传递,避免政府对市场的直接干预,真正实现政企分开。未来,国有资产监督管理机构将以监督为主,两类公司将以管理为主,企业自身将以管理为主,各自为政。这是改革的关键。[②]

第三,科学界定授权界限,防止国有资产流失。设定"经营权"授权权限的出发点是防止国有资产失职损失、经营损失和"混合"损失。所谓失职损失,主要是指因不负责任、滥用职权、重大决策失误、国有资产被截留等原因造成的资产损失。所谓经营损失,是指由于管理不善而导致严重损失的资产损失。"混合损失"是两者兼而有之。虽然这三种损失的主观动机存在差异,但在现实生活中,它们不仅是企业经营不善的客观结果,而且是授权界限不清的具体表现。如一些企业出现了在报表有利润的情况下,却将企业亏得一干二净等突出问题,这有直接关系的是授权经营权限界定的不科学。[③]

第四,明确授权经营的落脚点是经营者,让经营者独立经营、授权经营。具体而言,就是在监管机构和企业之间、然后在董事长和总经理之间,真正做到所有权和经营权的分离。授权监管是政府对国资委"出资人"身份的授权,而授权经营则是国资委对"经营管理者"的经营授权。通俗点说,前者是主人,后者是掌柜。在现实条件下,国资委和国

---

① 参见《以顶层设计引领国有资产管理体制改革——文宗瑜访谈卢森》,载《团结》2015 年第 6 期。
② 参见李锦:《建立授权经营体制》,载《现代国企研究》2018 年第 5 期。
③ 参见李锦:《建立授权经营体制》,载《现代国企研究》2018 年第 5 期。

企虽然是同质化的管理和经济组织,都是"公家",但承担的职能不同,尤其是随着职业经理人队伍的产生和扩大,市场化的经营者选择将趋向主流。由此,经营者与国有企业之间除了契约关系之外,所有的千丝万缕的联系都将进一步理清理顺。"掌柜"的身份将更加纯粹,委托代理关系中的契约性质更加突出,"东家"与"掌柜"市场化的双向选择将成为"掌柜"关系的核心所在。因此,我们必须在国有企业出资人和经营者双方中进一步强化"两个授权"的理念,建立"两权分离"和"两权分立"的坚实微观基础。①

　　第五,国资监管部门加强了对资产处置的监控。对于有限的授权,必须实施严密而具体的监控。无数事实表明,出资人监督管理不到位,是造成国有企业资产流失和经营亏损的外部重大原因。能否监测到位也是决定资产处置是否授权、授权大小的关键因素。必须进一步强化资产监测的有效手段,随时掌握企业经营状况。力求监管行为与企业经营行为同向发力、并驾齐驱。各级国资委要建立国有企业巡视制度,组织专职巡视人员深入企业了解经营情况,切实把好关,改变只重听汇报、只重批示的"会务型"领导方式。只有更多地深入企业,才能找准具体问题,总结经验教训,将纠错职能前移,从而提升国资委出资人地位的权威性、监管职责的严肃性以及推动国有资产保值增值的真实性和有效性。改革授权经营体制是一项具有探索性和创新性的工作,涉及企业内部的目标和任务,如重组组建国有资本投资运营公司、国有资本监管体制、资本运营机制、市场改革等。按照试点先行、总结经验、逐步推开的步骤,采取新设和改组方式,组建国有资本投资运营公司。通过试点,有助于发现和发现问题,探索可复制、可推广的经验,将加快相关法律法规的完善,推动政府职能转变,相关配套政策的落实,使授权经营体制改革取得实实在在的成效。②

---

① 参见李锦:《建立授权经营体制》,载《现代国企研究》2018 年第 5 期。
② 参见李锦:《建立授权经营体制》,载《现代国企研究》2018 年第 5 期。

### （八）新时代国有资产监督管理体制改革

党中央高度重视国有企业监督管理工作，习近平总书记强调指出，"要着力完善国有企业监管制度，加强党对国有企业的领导，加强对国企领导班子的监督，搞好对国企的巡视，加大审计监督力度。国有资产资源来之不易，是全国人民的共同财富。要完善国有资产资源监管制度，强化对权力集中、资金密集、资源富集的部门和岗位的监管"。学习贯彻习近平总书记重要讲话精神和治国理政新理念新思想新战略，必须系统总结党的十八大以来国有企业监督实践，对外派监事会作为出资人监督的专门力量等进行探索，对其他各类监督力量整合，形成监督的合力，构建具有中国特色的国有企业监督制度，监督的严肃性、权威性、实效性要充分体现，推动国有企业持续健康发展。①

一是要建立和完善健全高效协同的监督体系。健全企业内部监督体系，监事会、审计、纪检监察、巡视与法律、财务等部门的监督职责进一步明确。监事会发挥专门监督功能，加强和改进监事会监督，监督工作体制机制要完善，监督重点要突出，监事会监督有效性要提升。整合力量，完善高效协调的外部监督机制，出资人监督要强化，国有资本审计监督体系和制度要完善，落实信息公开，加强社会监督。出资人监管、外派监事会监督和审计、纪检监察、巡视等监督力量要整合，建立监督工作会商机制，加强统筹，重复检查减少，提高监督实效。对监督工作机制和方式方法进行创新，查核问题要利用信息化手段，共享监督信息。企业内部监督机制要完善。企业集团要建立涵盖各治理主体和审计、纪检监察、巡视、法律、财务等部门的监督工作体系，对子企业的纵向监督和各业务板块的专业监督需要强化。强化企业内部监督工作的联动配合，信息化水平要提升，加强流程管控的刚性约束，保障内部监督及时有效。②

二是实现对外派监事会的监督和对国有资产的监督两个层面的深

---

① 参见杜渊泉：《构建具有中国特色国有企业监督制度》，载《先锋队》2017 年第 5 期。

② 参见杜渊泉：《构建具有中国特色国有企业监督制度》，载《先锋队》2017 年第 5 期。

度融合。由国资委监管平台对内外监管力量进行统一协调，共同部署和实施监管，建立各类监管信息汇总机制，牵头制定整改落实方案，协调国资委职能部门和企业相关人员共同参与，做到监管协同。准确把握国资监管机构出资人职责定位。科学界定监管边界，研究制定出资人监管权责清单等。科学管理，不该管的决不缺位，不该管的依法下放，决不越位。[①]

三是发展完善监事会监督。我国《公司法》明确，国有企业监事会是国企的必设机构，代表国家行使出资人的监督权力，以出资者所有权为基础，全面监督企业的财务和经营管理，在企业内部形成有效的监督机制，防范因企业所有权和经营权分离而产生的内部人控制风险和问题。创新和加强对国有企业和国有资产的监管，正确处理增强活力与加强监管的关系，尊重和维护企业经营自主权，增强监管的针对性和有效性。加强和完善监事会制度，进一步明确职责定位。加强和完善监事会制度，进一步明确职责定位。监事会应当重点检查企业财务状况、经营过程中涉及国有资产流失的重大决策、重大事项和关键环节、董事会和经理层依法履职情况以及企业内部控制制度和有效性，努力加强对企业的过程监督；确保监事会主席依法行使职权、履行职责，落实监事会特别是外籍监事会提出纠正、罢免或调整建议的权利。坚持和完善职工监事制度，注重对职工的民主监督，监事会成员应当有公司职工代表依法有序参与公司治理。[②]

四是创新和完善监督管理方式。以管理国有资本布局、规范资本运作、提高资本回报率、维护资本安全为重点，完善监管模式，优化监管流程，加强公司章程管理，充分发挥股东代表和董事会的作用，按照事前规范制度、事中强化监督、事后强化问责的思路，推进分级监督，提高监督效率。

五是整合各类监督力量。促进外派监事会作用充分发挥，加强对

① 参见杜渊泉：《构建具有中国特色国有企业监督制度》，载《先锋队》2017 年第 5 期。

② 参见杜渊泉：《构建具有中国特色国有企业监督制度》，载《先锋队》2017 年第 5 期。

重点业务、重点领域、重要环节和境外资产的监管。整合各类监督力量，建立工作协商机制，形成监督合力，提高监督效率。促进国有资产和国有企业重大信息披露，自觉接受社会监督。①

---

① 　参见杜渊泉：《构建具有中国特色国有企业监督制度》，载《先锋队》2017 年第 5 期。

# 第四章　国有企业监督体制改革完善研究

党中央高度重视国有企业监督工作。习近平总书记明确要求:"强化国有企业内部监督、出资人监督和审计、纪检巡视监督以及社会监督,加快形成全面覆盖、分工明确、协同配合、制约有力的国有资产监督体系。要全面覆盖、突出重点,加强对国有企业权力集中、资金密集、资源富集、资产聚集等重点部门、重点岗位和重点决策环节的监督。"①建立包括"内部监督、出资监督、审计监督、纪检监督、社会监督"在内的"多位一体国资大监督"体系,是落实党中央决策部署,推进国有企业健康发展的重要工作。

## 第一节　习近平总书记关于国有企业监督的重要论述

对于国有企业这一委托代理组织结构,科学有效监督是保障这一体系持续健康发展的必要制度安排。为更好把握新时代党和国家对国有企业监督的政策方针与部署要求,服务国有企业监督实践,本研究对十八大以来习近平总书记关于国有企业监督的重要论述与任务部署进行了系统研究。

---

① 习近平:《树立改革全局观积极探索实践　发挥改革试点示范突破带动作用》,载《人民日报》2015 年 6 月 6 日,第 1 版。

## 一、提出了国有企业监督的"体系论",明确了监督格局

习近平总书记在中共中央政治局会议、十九届中央纪委三次全会、四次全会等多次指出要"坚持和完善党和国家监督体系","加快形成全面覆盖、分工明确、协同配合、制约有力的国有资产监督体系"①。在十八届中央纪委全会、中央全面深化改革领导小组会议、中央审计委员会第一次会议等重要会议上多次强调:"强化国有企业内部监督、出资人监督和审计、纪检巡视监督以及社会监督"②,明确了内部监督、出资监督、审计监督、纪检监督、社会监督等监督体系的重要组成部分,要求"努力构建集中统一、全面覆盖、权威高效的审计监督体系,更好发挥审计在党和国家监督体系中的重要作用"③。

## 二、提出了国有企业监督的"主体论",明确了主体责任

习近平总书记有关讲话论述,明确了国企内部治理主体、出资人及其代表、审计部门、纪委监委、人民群众等各类国有企业监督主体。

一是提出了国企内部监督主体及其责任。习近平总书记在第十八届中央纪委三次全会、中央全面深化改革领导小组第十三次会议、庆祝中国人民政治协商会议成立六十五周年大会等会议上指出,要"加强领导班子内部监督","强化国有企业内部监督","更加有效地落实职工群众的知情权、参与权、表达权、监督权"④。二是出资人及其代表的出资监管责任、审

---

① 习近平:《树立改革全局观积极探索实践　发挥改革试点示范突破带动作用》,载《人民日报》2015 年 6 月 6 日,第 1 版。

② 习近平:《树立改革全局观积极探索实践　发挥改革试点示范突破带动作用》,载《人民日报》2015 年 6 月 6 日,第 1 版。

③ 习近平:《加强党对审计工作的领导　更好发挥审计在党和国家监督体系中的重要作用》,载《人民日报》2018 年 5 月 24 日,第 1 版。

④ 习近平:《在庆祝"五一"国际劳动节暨表彰全国劳动模范和先进工作者大会上的讲话》,载《人民日报》2015 年 4 月 29 日,第 2 版。

计部门的审计监督责任。在中央全面深化改革领导小组第十三次会议中，习近平总书记强调要强化"出资人监督和审计"；强调"审计是党和国家监督体系的重要组成部分"①。三是强调了纪委监委的纪检监察监督责任。习近平总书记在第十八届中央纪委第六次全体会议讲话指出："各级纪委是党内监督专责机关，履行监督执纪问责职责。"②四是明确了社会监督主体及其责任。习近平总书记在党的群众路线教育实践活动总结大会、第十八届中央纪委三次全会讲话指出，要注重"发挥人民监督作用"，"织密群众监督之网"，"让广大干部群众在公开中监督"③。

## 三、提出了国有企业监督的"客体论"，明确了监督对象

习近平总书记通过一系列相关重要讲话，明确了国有企业监督的一般对象和重点对象。一是明确了国有企业工作人员均纳入监督范围。习近平总书记在中央政治局第二十六次集体学习时的讲话指出："任何人行使权力都必须为人民服务、对人民负责并自觉接受人民监督"④。二是明确了监督的重点对象。习近平总书记多次强调："要加强对干部特别是党员领导干部的监督管理"⑤；在关于《中国共产党党内监督条例》的说明中指出，要"强化上级党组织对下级党组织和领导干部的监督"，"加强对国企领导班子的监督"⑥；在第十八届中央纪律检查委员会第三次全体会议上的讲话中指出："要强化监督，着力改进

① 习近平：《紧紧围绕党和国家工作大局　全面履行职责坚持依法审计完善体制机制》，载《人民日报》2020 年 1 月 3 日，第 1 版。
② 习近平：《在党的十八届六中全会第二次全体会议上的讲话（节选）》，载《求是》2017 年第 1 期，第 8 页。
③ 《习近平总书记在十八届中央纪委第二次、三次、五次全会上重要讲话选编》，载《中国纪检监察报》2016 年 1 月 11 日。
④ 《十八大以来重要文献选编》（上），中央文献出版社 2014 年版，第 136 页。
⑤ 《习近平谈政治生态》，载人民网—中国共产党新闻网，http://jhsjk. people. cn/article/29160199。
⑥ 习近平：《关于〈关于新形势下党内政治生活的若干准则〉和〈中国共产党党内监督条例〉的说明》，载《人民日报》2016 年 11 月 3 日，第 2 版。

对领导干部特别是一把手行使权力的监督"。①

## 四、提出了国有企业监督的"合力论",明确了监督协同

习近平总书记多次明确指出要"整合监督力量,形成监督合力"②。在党的十九大报告中指出,要"构建党统一指挥、全面覆盖、权威高效的监督体系,把党内监督同国家机关监督、民主监督、司法监督、群众监督、舆论监督贯通起来,增强监督合力"③;在党的十八届六中全会第二次全体会议上的讲话中指出,"要把党内监督同国家监察、群众监督结合起来,同法律监督、民主监督、审计监督、司法监督、舆论监督等协调起来,形成监督合力"④;在中央全面深化改革领导小组第十三次会议指出:"加快形成全面覆盖、分工明确、协同配合、制约有力的国有资产监督体系","要权责分明、协同联合,清晰界定各类监督主体的监督职责,增强监督工作合力"⑤。

## 五、提出了国有企业监督的"法治论",明确了依法监督

习近平总书记在党的十九大报告指出,要"健全依法决策机制,构建决策科学、执行坚决、监督有力的权力运行机制"⑥;在《加快建设社会主义法治国家》中指出,必须加快形成"严密的法治监督体

---

① 《习近平总书记在十八届中央纪委第二次、三次、五次全会上重要讲话选编》,载《中国纪检监察报》2016 年 1 月 11 日。
② 习近平:《坚持党对国有企业的领导不动摇》,载《人民日报》2016 年 10 月 12 日,第 1 版。
③ 《习近平在中国共产党第十九次全国代表大会上的报告》,载人民网—人民日报,http://jhsjk. people. cn/article/29613660。
④ 习近平:《在第十八届中央纪律检查委员会第六次全体会议上的讲话》,载《人民日报》2016 年 5 月 3 日,第 2 版。
⑤ 习近平:《树立改革全局观积极探索实践　发挥改革试点示范突破带动作用》,载《人民日报》2015 年 6 月 6 日,第 1 版。
⑥ 《习近平在中国共产党第十九次全国代表大会上的报告》,载人民网—人民日报,http://jhsjk. people. cn/article/29613660。

系"①；在《全力推进法治中国建设》指出："必须加快形成完备的法律规范体系、高效的法治实施体系、严密的法治监督体系、有力的法治保障体系"②；在《中共中央关于全面推进依法治国若干重大问题的决定》的说明指出："保障依法独立行使审计监督权"③；在十八届中央政治局第二十四次集体学习时的讲话指出，要"通过严肃追究主体责任、监督责任、领导责任，让法规制度的力量在反腐倡廉建设中得到充分释放"④。

综上，党的十八大以来，习近平总书记根据国有企业监督工作实际，提出了一系列新观点、新论断，回答了新时代如何推进国有企业监督与相关重大问题，形成了习近平国有企业监督重要论述，进一步深化了对国有企业监督管理工作规律的认识，对新时代国资国企监督体系建设具有重大的指导和推进作用。

## 第二节　新时代国有企业监督的建设依据与问题短板

### 一、国有企业监督体系建设依据

#### （一）国有企业监督体系建设理论依据

国资监督体系的设计必须基于国资国企的性质特点。国有企业是政治组织、经济组织、社会组织的结合，具有政治性、经济性和社会性三重属性，既担负着一定的政治功能，又担负着一定的经济功能和社会责任，是中国特色社会主义的重要物质基础和政治基础，国资国企具有广

① 习近平：《加快建设社会主义法治国家》，载《求是》，http://jhsjk. people. cn/article/26310136。
② 习近平：《加快建设社会主义法治国家》，载《求是》，http://jhsjk. people. cn/article/26310136。
③ 《习近平关于〈中共中央关于全面推进依法治国若干重大问题的决定〉的说明》，载《人民日报》2014 年 10 月 29 日，第 2 版。
④ 习近平：《加强反腐倡廉法规制度建设　让法规制度的力量充分释放》，载《人民日报》2015 年 6 月 28 日，第 1 版。

泛的社会性。国资国企政治性、经济性和社会性,为"内部监督、出资监督、审计监督、纪检监督、社会监督"的国有企业监督体系奠定了坚实理论基础。

### （二）国有企业监督体系建设政策依据

国资国企改革一直是我国经济体制改革的核心环节。改革开放尤其是党的十八大以来,党和国家关于国有企业监督出台了一系列政策。《中共中央关于全面深化改革若干重大问题的决定》《中共中央、国务院关于深化国有企业改革的指导意见》《关于进一步推动构建国资监管大格局有关工作的通知（国资发法规〔2019〕117 号）》《国务院国资委关于以管资本为主加快国有资产监管职能转变的实施意见（国资发法规〔2019〕114 号）》《中央企业违规经营投资责任追究实施办法（试行）（国资委令第 37 号）》《关于加强中央企业内部控制体系建设与监督工作的实施意见（国资发监督规〔2019〕101 号）》等一系列政策文件,为国有企业监督体系建设奠定了坚实的政策依据。

### （三）国有企业监督体系建设法规依据

在依法执政、依法行政、依法治企总体要求下,国有企业监督体系的建设运行,严格建立在我国《宪法》《企业国有资产法》《公司法》《审计法》《中国共产党党章》《中国共产党纪律处分条例》《党员领导干部廉洁从政若干准则》《巡视工作条例》《企业国有资产交易监督管理办法》《国有企业监事会暂行条例》《地方国有资产监管工作指导监督办法》等法律法规基础之上。上述相关法律与党内法规为"国有企业监督体系"建设奠定坚实的法律渊源和法律依据基础。

## 二、国有企业监督体系建设存在的问题与短板

### （一）指导理论有待进一步健全

国有企业监督是一项政治性、综合性、复杂性较高的工作,尤其是

党的十八大以来，习近平总书记关于国有企业监督作出了一系列重要论断、论述、部署和要求。但是，对于国有企业监督体系建设的指导思想，目前研究、总结提炼还几乎是一个空白，亟待加强完善。

### （二）建设依据有待进一步加强

国资国企的建设涉及中央有关政策规定、国家有关法律法规和为政策和立法提供指导的理论支撑。调研发现，对于国有企业监督尤其是国有企业监督体系建设的理论依据、政策依据、法律依据三大支撑依据的系统性、完备性、协调性等建设有待进一步加强和提升。

### （三）主体责任有待进一步压实

国资国企是一个委托代理链条很多很长的体系，对于监督管理体系建设而言，各相关主体尤其是国有企业公司治理各主体的主体责任额明确和压实，还存在不足。国有企业各治理及其领导人员、工作人员也是国资监督的受托主体和主人翁，其主体责任压实、落实还有很大空间。

### （四）模式机制有待进一步完善

国有企业监督具有不同于其他监督的工作基础条件、工作特点与工作要求。能够保障和实现多条线、多部门各监督功能优势互补、各监督主体统筹协调、监督工作专业高效的国有企业监督体系的模式机制、功能定位、权责边界需进一步明确。

### （五）实施机制有待进一步完善

国资国企多位一体大监督，涉及上级党组织、纪检组织、审计部门、国资监管机构、社会监督各主体。国有企业监督体系建设推进实施相关监督相关联席会议制度、重大事项协调协同机制等配套制度、机构机制、信息系统建设有待进一步建立健全、发展完善。

# 第三节 新时代国有企业多位一体大监督体系的构建

## 一、"国有企业监督体系"的总体设计

党中央高度重视国有企业监督工作。习近平总书记明确要求"加快形成全面覆盖、分工明确、协同配合、制约有力的国有资产监督体系"①。近年来，全国国资系统深入贯彻落实中央决策部署，国有企业监督工作取得一系列积极成效。在此基础上，率先设计、建立包括"内部监督、出资监督、审计监督、纪检监督、社会监督"在内的"多位一体国资大监督"体系，既是对于党中央国资国企国资决策部署的贯彻落实，也是国资国企改革发展的工作需要。

### （一）进一步加强完善国有企业内部监督

内部监督是国资大监督体系建设的基础内容。国有企业党委、董事会、监事会、管理层、职工代表大会、工会等治理主体，以及纪检监察、财务、法务、内审等内设主体，根据相关法律规定和企业章程，各自承担着相应的内部监督职责。内部监督是国有企业治理主体、内设部门对国有企业相关主体及其工作人员依法履职、执行法纪等情况的自我监督。在国资大监督体系建设中，根据《企业国有资产法》《公司法》等有关法律法规，应进一步压实国有企业相关主体的内部监督主体责任，进一步加强和完善内部监督的职责、制度与效能建设。

### （二）进一步加强完善国有企业出资监督

出资监督是国资大监督体系建设的基本内容。出资监督是"出资

① 习近平：《树立改革全局观积极探索实践 发挥改革试点示范突破带动作用》，载《人民日报》2015年6月6日，第1版。

人监督"的简称,是监督权力来源于国有资产出资人代表身份的国资监管机构、国有企业出资人等对国有企业的监督。根据《企业国有资产法》《公司法》等法律法规,结合国有企业实际,围绕出资人"管理者选聘、重大决策、资产收益"等三大权利,进一步加强和完善国有企业出资监督体制机制。

### （三）进一步加强完善国有企业审计监督

审计监督是国资大监督体系建设的技术支撑。审计监督是国家审计部门根据《审计法》等法律法规,对国有企业及其领导人员、工作人员进行的监督。应进一步完善国有企业审计监督体制机制,实现企业国有资产审计监督全覆盖,建立国有企业经常性审计制度。进一步加强完善企业领导人的经济责任审计、经营绩效审计、专项审计、跟踪审计,推进和保障国资国企依法经营、切实履职、绩效提高。

### （四）进一步加强完善国有企业纪检监督

国有企业是中国特色社会主义的重要物质基础和政治基础。纪检监督是国资国企大监督体系建设的核心内容。纪检监督主要是指国有企业上级纪委对国有企业贯彻落实党的路线方针政策、重要决策部署、执行党的纪律要求等情况通过常规监督、专项监督、巡视监督等形式进行的监督。依据《中国共产党党内监督条例》等规定,结合国有企业实际,重点审查国有企业执行党的政治纪律、政治规矩、组织纪律、廉洁纪律情况,推进国有企业纪检监督的制度化、具体化、常态化。

### （五）进一步加强完善国有企业社会监督

社会监督是国资大监督体系建设的支持内容。社会监督是指社会公众依据宪法和法律赋予的权利,对国有企业及其领导人员进行的监督。马克思、恩格斯指出:一切公职人员必须"在公众监督之下进行工作"。国有企业社会监督建设应畅通社会公众的监督渠道,保障人民群众来信、来访和举报、检举、控告的权利;积极稳妥推进包括社会公众监督、舆论监督等在内的各项监督制度机制措施的完善、落地落实与积极作用发挥。

## 二、国有企业监督体系的主要内容

### （一）加强国有企业监督体系的内部监督

党的十八大以来，党中央提出了涉及国有企业内部监督的一系列新思想、新观点、新论断，系统深刻地回答了新时代为什么要进一步推进国有企业内部监督、推进什么样的国有企业内部监督、怎样进一步推进国有企业内部监督等重大问题，对新时代国有企业内部监督规律的认识进一步深化，为做好新形势下国有企业内部监督工作提供了根本遵循。

1. 聚焦五个方面的问题

**一是明确内部监督主体。** 明确国有企业党委、董事会、监事会、管理层、职工代表大会、工会等治理主体，以及纪检监察、财务、法务、内审等内设部门，分别承担着重要的内部监督职责。指出党委监督是"全方位的"和"第一位的"；"健全监督制度，把全面从严治党要求落实到企业各层级各领域"[①]；要建立健全国有资产管理和监督体制，完善公司法人治理结构，"更加有效地落实职工群众的知情权、参与权、表达权、监督权"[②]，等等。

**二是明确指出内部监督客体。** 明确内部监督是国有企业相关主体及其工作人员依法履职、执行法纪等情况的自我监督。指出党组织要"加强对干部的监督"[③]；党员、干部是"人民公仆"，"牢记自己的第一

---

① 《中共中央政治局召开会议　分析研究当前经济形势和经济工作　习近平主持会议》，载《人民日报》2019 年 7 月 31 日，第 1 版。

② 习近平：《在庆祝"五一"国际劳动节暨表彰全国劳动模范和先进工作者大会上的讲话》，载《人民日报》2015 年 4 月 29 日，第 2 版。

③ 习近平：《放弃监督干部就是极大的不负责》，载人民网—中国共产党新闻网，http://jhsjk. people. cn/article/26421849。

职责是为党工作"①,要强化"自我监督","上级对下级、同级之间以及下级对上级的监督"②;落实职工的"知情权、参与权、表达权、监督权","企业在重大决策上要听取职工意见,涉及职工切身利益的重大问题必须经过职代会审议"③。

**三是明确对客体合法合规行为监督。**习近平总书记指出"必须严格要求自己"④,"要一身正气、两袖清风,自觉遵守廉洁自律准则,自觉遵守中央八项规定精神,自觉接受监督"⑤,"要坚持教人先正己,坚持严字当头"⑥。加强互相监督,"领导班子成员要本着爱护班子、爱护同事的真诚心愿,加强相互监督"⑦,"要习惯于在同志间相互提醒和督促中修正错误、共同进步"⑧。加强日常监督,"坚持抓早抓小、防微杜渐,发现苗头性、倾向性问题及时批评教育,经常敲响思想警钟,使咬耳扯袖、红脸出汗成为常态⑨"。

**四是明确对客体违法违纪行为监督。**习近平总书记指出有的党组织和领导干部不能"只顾抓权力,不去抓监督,任命干部时当仁不让,平时对干部却放任自流,出了事就撂挑子给纪委"⑩,要"拒腐蚀、永不

---

① 习近平:《坚持党对国有企业的领导不动摇》,载《人民日报》2016 年 10 月 12 日,第 1 版。
② 习近平:《在第十八届中央纪律检查委员会第六次全体会议上的讲话》,载《人民日报》2016 年 5 月 3 日,第 2 版。
③ 习近平:《坚持党对国有企业的领导不动摇》,载《人民日报》2016 年 10 月 12 日,第 1 版。
④ 《习近平谈政治生活和党内监督》,载人民网—人民日报海外版,http://jhsjk. people. cn/article/28803418。
⑤ 《习近平在党的十九届一中全会上的讲话》,载《求是》2018 年 1 月 1 日,http://jhsjk. people. cn/article/29738466。
⑥ 《习近平谈政治生活和党内监督》,载人民网—人民日报海外版,http://jhsjk. people. cn/article/28803418。
⑦ 《习近平谈政治生活和党内监督》,载人民网—人民日报海外版,http://jhsjk. people. cn/article/28803418。
⑧ 习近平:《在党的十八届六中全会第二次全体会议上的讲话(节选)》,载《求是》2017 年 1 月 3 日。
⑨ 《习近平组织工作金句:要教育引导干部走好从政第一步》,载人民网—中国共产党新闻网,http://jhsjk. people. cn/article/30302912。
⑩ 习近平:《在第十八届中央纪律检查委员会第六次全体会议上的讲话》,载《人民日报》2016 年 5 月 3 日,第 2 版。

沾,决不搞特权,决不以权谋私,做一个堂堂正正的共产党人"①;"根据干部管理权限,把对每个干部管理的主体责任、直接责任、配合责任划分清楚,该谁负责就由谁负责,该谁负主要责任就由谁负主要责任,哪个环节出问题就追究哪个环节管理主体的责任"②。

**五是明确加强内部监督体制建设。** 指出要坚持中国特色现代国有企业制度,"把党的领导融入公司治理各环节,把企业党组织内嵌到公司治理结构之中,明确和落实党组织在公司法人治理结构中的法定地位"③;"全面从严治党要在国有企业落实落地,必须从基本组织、基本队伍、基本制度严起"④;"企业党组织'三会一课'要突出党性锻炼"⑤;"健全以职工代表大会为基本形式的民主管理制度"⑥;"坚持和完善职工董事制度、职工监事制度,鼓励职工代表有序参与公司治理"⑦。

2. 把握四个方面的重点

习近平总书记有关推进国资国企内部监督的重要论述,具有鲜明的中国特色、时代特征,具有高度的战略性、针对性和指导性,为新时代国有企业改革和国资国企内部监督建设提供了科学指引。

当前,抓紧、研究和贯彻这一重要论述,对于更好地引领和推动我国国有企业监督事业发展具有重要的指导意义。

**第一,充分认识内部监督重要性,坚持党的领导是国有企业的独特优势。**

党中央高度重视国资国企内部监督建设。习近平总书记强调指出,要"加强国有企业党的领导和党的建设,推动国有企业完善现代企

---

① 习近平:《在党的十九届一中全会上的讲话》,载《求是》2018年第1期。
② 习近平:《要让年轻干部"大事难事看担当,逆境顺境看襟度"》,载人民网—中国共产党新闻网,http://jhsjk. people. cn/article/29027256。
③ 习近平:《坚持党对国有企业的领导不动摇》,载《人民日报》2016年10月12日,第1版。
④ 习近平:《坚持党对国有企业的领导不动摇》,载《人民日报》2016年10月12日,第1版。
⑤ 习近平:《坚持党对国有企业的领导不动摇》,载《人民日报》2016年10月12日,第1版。
⑥ 习近平:《坚持党对国有企业的领导不动摇》,载《人民日报》2016年10月12日,第1版。
⑦ 习近平:《坚持党对国有企业的领导不动摇》,载《人民日报》2016年10月12日,第1版。

业制度,健全公司法人治理结构"①,把加强党的领导和完善公司治理统一起来。要充分认识国资国企内部监督的重要性,系统总结党的十八大以来国资国企内部监督实践,坚定不移地坚持党对国有企业的领导,坚持建设和加强国有企业基层党组织,为做强做优做大国有企业提供坚强组织保证。

**第二,准确把握国资国企内部监督责任,重视加强国有企业领导人员监督。**

应根据《企业国有资产法》《公司法》等有关法律法规,进一步压实国有企业相关主体的内部监督主体责任,进一步加强和完善内部监督的职责、制度与效能建设。对党员干部要加强全方位管理,加强对制度执行情况的监督检查,加强日常监督工作,增加监督实效。国有企业领导人员要切实加强党性修养,正确对待和行使权力,切实增强执行制度的自觉性,认真执行民主集中制和"三重一大"决策监督机制等制度,带头自觉接受党组织、党员和职工的监督。

**第三,明确加强国有企业职工监督职能,维护职工合法权益激发创新活力。**

习近平总书记指出,伟大出自平凡,英雄来自人民。坚定不移把国有企业做强做优做大,要处理好企业改革发展稳定关系,依法维护职工合法权益,坚持和完善以职工代表大会为基本形式的民主管理制度和职工董事、职工监事等制度,在重大决策上要听取职工意见;完善国有企业工资分配监管体制,充分调动职工的积极性、主动性、创造性,激发各类要素活力,培育具有较强创新精神和创新能力的企业人才队伍。

**第四,积极推动全面从严治党落实落地,不断提升国资国企内部监督水平。**

国有企业党组织要发挥把方向、管大局、保落实的领导作用,坚持

---

① 《中央经济工作会议在北京举行　习近平李克强作重要讲话》,载《人民日报》2017年12月21日,第1版。

党管干部原则,坚持从严教育、从严管理、从严监督,把从严管理干部贯彻落实到干部队伍建设全过程;加强制度建设,扎牢制度笼子,强化权力运行监督与制约;加强企业纪检监察等机构政治建设、作风建设和能力建设,坚持从严执纪执法;加强党性教育,深入开展"不忘初心、牢记使命"主题教育,教育党员干部牢记宗旨使命,不断增强政治免疫力。

### (二) 加强国有企业监督体系的出资监督

党的十八大以来,党中央提出了涉及国有企业出资监督的一系列新思想、新观点、新论断,系统深刻地回答了新时代为什么要推进国有企业出资监督、推进什么样的国有企业出资监督、怎样进一步推进国有企业出资监督等重大问题,为做好新形势下国有企业出资监督工作提供了根本遵循。

1. 聚焦六个方面的问题

**一是明确国资国企出资监督主体。** 明确人大是监督主体,关于国有资产,习近平总书记指出是"全体人民的共同财富","建立国务院向全国人大常委会报告国有资产管理情况的制度""支持和保证人大依法行使监督权"[①];"我们必须坚持人民通过人民代表大会行使国家权力"[②]。明确政府、国资监管机构、上级国资国企等是监督主体,指出"各地区各有关部门和广大国有企业……要加强国有资产监管"[③];政府要"强化事中事后监管,给市场发育创造条件"[④]。

**二是明确国资国企出资监督客体。** 明确将国有企业及其所有行使公权力的工作人员均纳入出资监督对象。指出要"要按照党中央关

---

① 习近平:《全面贯彻党的十九大精神　坚定不移将改革推向深入》,载《人民日报》2017年11月21日,第1版。

② 习近平:《在庆祝全国人民代表大会成立六十周年大会上的讲话》,载《求是》2019年9月15日,http://jhsjk. people. cn/article/31353660。

③ 《习近平谈市场经济:不能忘了"社会主义"这个定语》,载人民网—中国共产党新闻网,http://jhsjk. people. cn/article/30592929。

④ 习近平:《推动形成优势互补高质量发展的区域经济布局》,载《求是》2019年12月15日,http://jhsjk. people. cn/article/31506710。

于推进国有企业改革发展的决策部署"①"加强对国有资产的监管"②
"坚定不移把国有企业做强做优做大"③。要求加强对国企领导人监督
和管理。指出"国有企业党委（党组）要履行主体责任"④"突出监督重
点，强化对关键岗位、重要人员特别是一把手的监督管理"⑤"要加强对
各级'一把手'的监督检查"⑥"完善'三重一大'决策监督机制，严格日
常管理，整合监督力量，形成监督合力"⑦。

**三是明确对客体合法合规行为监督。** 指出"建立现代企业制度是
国有企业改革的方向"⑧"大幅减少政府对资源的直接配置，强化事中
事后监管"⑨；"对财政资金分配使用、国有资产监管……等权力集中的
部门和岗位实行分事行权、分岗设权、分级授权，定期轮岗，强化内部流
程控制，防止权力滥用"⑩；"要坚决贯彻中央八项规定精神，保持定力、
寸步不让，防止老问题复燃、新问题萌发、小问题坐大"⑪"要加强国有
企业党风廉政建设和反腐败工作，把纪律和规矩挺在前面"⑫，"强化对

---

① 《习近平谈市场经济：不能忘了"社会主义"这个定语》，载人民网—中国共产党新闻网，
　　http://jhsjk.people.cn/article/30592929。
② 习近平：《在民营企业座谈会上的讲话》，载《人民日报》2018年11月2日，第2版。
③ 《习近平谈市场经济：不能忘了"社会主义"这个定语》，载人民网—中国共产党新闻网，
　　http://jhsjk.people.cn/article/30592929。
④ 习近平：《全面贯彻党的十八届六中全会精神　抓好改革重点落实改革任务》，载《人民日
　　报》2016年11月2日，第1版。
⑤ 习近平：《坚持党对国有企业的领导不动摇》，载《人民日报》2016年10月12日，第1版。
⑥ 《习近平在十九届中央纪委四次全会上发表重要讲话强调　一以贯之全面从严治党强化
　　对权力运行的制约和监督　为决胜全面建成小康社会决战脱贫攻坚提供坚强保障》，载
　　《人民日报》2020年1月14日，第1版。
⑦ 习近平：《坚持党对国有企业的领导不动摇》，载《人民日报》2016年10月12日，第1版。
⑧ 习近平：《坚持党对国有企业的领导不动摇》，载《人民日报》2016年10月12日，第1版。
⑨ 《中央经济工作会议在北京举行　习近平李克强作重要讲话》，载《人民日报》2017年12
　　月21日，第1版。
⑩ 《习近平关于〈中共中央关于全面推进依法治国若干重大问题的决定〉的说明》，载《人民
　　日报》2014年10月29日，第2版。
⑪ 《习近平在十九届中央纪委四次全会上发表重要讲话强调　一以贯之全面从严治党强化
　　对权力运行的制约和监督　为决胜全面建成小康社会决战脱贫攻坚提供坚强保障》，载
　　《人民日报》2020年1月14日，第1版。
⑫ 习近平：《坚持党对国有企业的领导不动摇》，载《人民日报》2016年10月12日，第1版。

权力集中、资金密集、资源富集的部门和岗位的监管"①。

**四是明确对客体违法违纪行为监督。** 指出加强国有资产管理，"强化监督防止国有资产流失"②，"不能在一片改革声浪中把国有资产变成谋取暴利的机会"③；"严格防止违规举债、严格防范国有资产流失"④；"要对改制全流程加强监管，严格履行决策审批程序，严防国有资产流失"⑤；"全面落实国有资产保值增值责任，防止国有资产流失和重大风险事件发生"⑥；"决不能让大量国有资产闲置了、流失了、浪费了。我们推进国有企业改革发展、加强对国有资产的监管、惩治国有资产领域发生的腐败现象，都是为了这个目的"⑦。

**五是明确加强以管资本为主的监督职能。** 指出"围绕管资本为主加快转变国有资产监管机构职能"⑧；"明确出资人与受托人职责"⑨，加强"国有资本管理与监督"⑩；"要坚持政企分开、政资分开、所有权与经营权分离……提高国有资本配置和监管效率"⑪；"理清产权和责任关系"⑫；"要

① 习近平：《深化改革巩固成果积极拓展　不断把反腐败斗争引向深入》，载人民网，http://jhsjk. people. cn/article/26378609。
② 《以习近平同志为总书记的党中央深改关键之年工作述评》，载《人民日报》2016 年 1 月 19 日，第 1 版。
③ 习近平：《不能在一片改革声浪中把国有资产变成谋取暴利的机会》，载人民网，http://jhsjk. people. cn/article/24583612。
④ 习近平：《在民营企业座谈会上的讲话》，载《人民日报》2018 年 11 月 2 日，第 2 版。
⑤ 习近平：《抓好各项改革协同发挥改革整体效应　朝着全面深化改革总目标聚焦发力》，载《人民日报》2017 年 6 月 27 日，第 1 版。
⑥ 《总书记两会声音》，载《人民日报》2017 年 3 月 15 日，第 9 版。
⑦ 习近平：《在民营企业座谈会上的讲话》，载《人民日报》2018 年 11 月 2 日，第 2 版。
⑧ 《中央经济工作会议在北京举行　习近平李克强作重要讲话》，载《人民日报》2017 年 12 月 21 日，第 1 版。
⑨ 习近平：《加强改革系统集成协同高效　推动各方面制度更加成熟更加定型》，载《人民日报》2019 年 9 月 10 日，第 1 版。
⑩ 习近平：《加强改革系统集成协同高效　推动各方面制度更加成熟更加定型》，载《人民日报》2019 年 9 月 10 日，第 1 版。
⑪ 《习近平主持召开中央全面深化改革委员会第二次会议》，载《人民日报》2018 年 5 月 12 日，第 1 版。
⑫ 《习近平主持召开中央全面深化改革委员会第二次会议》，载《人民日报》2018 年 5 月 12 日，第 1 版。

改进监管方式手段,更多采用市场化、法治化、信息化监管方式"①;"按照以管资本为主加强国有资产监管的要求……把强化出资人监管同落实管党治党责任结合起来,把精简监管事项同完善企业法人治理结构结合起来"②。

**六是明确加强出资监督体制建设。** 指出"建立现代企业制度是国有企业改革的方向,也必须一以贯之"③;建立"中国特色现代国有企业制度""做到组织落实、干部到位、职责明确、监督严格"④;"要建立健全以管资本为主的国有资产管理体制,优化国有资本布局"⑤;"激发市场活力和社会创造力,完善各类国有资产管理体制"⑥;"通过建立和完善国有企业资产负债约束机制,强化监督管理"⑦;"完善各类国有资产管理体制,改革国有资本授权经营体制"⑧。明确指出"要完善境外国有资产监管制度"⑨。

2. 把握四个方面的重点

习近平总书记有关推进国资国企出资监督的重要论述,具有突出的中国特色、国际视野和时代特征,具有高度的战略性、针对性和指导性,是习近平新时代国有企业重要论述的重要组成部分,它为新时代我国国有企业改革和国资国企出资监督建设提供了科学指引。

---

① 《习近平主持召开中央全面深化改革领导小组第三十次会议》,载《人民日报》2016 年 12 月 6 日,第 1 版。
② 《习近平主持召开中央全面深化改革领导小组第三十次会议》,载《人民日报》2016 年 12 月 6 日,第 1 版。
③ 习近平:《坚持党对国有企业的领导不动摇》,载《人民日报》2016 年 10 月 12 日,第 1 版。
④ 习近平:《坚持党对国有企业的领导不动摇》,载《人民日报》2016 年 10 月 12 日,第 1 版。
⑤ 习近平:《强化基础注重集成完善机制严格督察 按照时间表路线图推进改革》,载《人民日报》2016 年 8 月 31 日,第 1 版。
⑥ 《中共十八届五中全会在京举行》,载人民网,http://jhsjk. people. cn/article/27756155。
⑦ 《习近平主持召开中央全面深化改革委员会第二次会议》,载《人民日报》2018 年 5 月 12 日,第 1 版。
⑧ 《习近平在中国共产党第十九次全国代表大会上的报告》,载人民网—人民日报,http://jhsjk. people. cn/article/29613660。
⑨ 《习近平在十九届中央纪委四次全会上发表重要讲话强调 一以贯之全面从严治党强化对权力运行的制约和监督 为决胜全面建成小康社会决战脱贫攻坚提供坚强保障》,载《人民日报》2020 年 1 月 14 日,第 1 版。

第一，充分认识国资国企出资监督建设的重要性，坚持中国特色现代国有企业制度。

党中央高度重视国资国企出资监督建设。习近平总书记强调指出，"要着力完善国有企业监管制度"①，"加强对国有资产的监管"②。要充分认识国资国企出资监督的重要性，必须系统总结党的十八大以来国资国企出资监督实践，旗帜鲜明地坚持党对国有企业的领导，落实好两个"一以贯之""四个坚持"，为做强做优做大国有企业提供坚强组织保证。

第二，准确把握国资国企出资监督责任，加强对国企领导人监督和管理。

国有企业是中国特色社会主义经济的"顶梁柱"，习近平总书记强调，"党和人民把国有资产交给企业领导人员经营管理，是莫大的信任"③。强调地方党委"把国有企业党的建设纳入整体工作部署和党的建设总体规划④"，国有企业党委（党组）"要履行主体责任"，强化对关键岗位、重要人员特别是一把手的监督管理；国有企业领导人员要坚定信念、任事担当，牢固树立"四个意识"，带头"自觉接受监督"，把爱党、忧党、兴党、护党落实到经营管理各项工作中。

第三，明确加强以管资本为主的监督职能定位，构建国资国企出资监督体系。

按照党的十九大部署推动国有企业深化改革要求，加强国有资产监督，要按照以管资本为主加强国有资产监管的要求，依法依规建立和完善出资人监管权力和责任清单，"把强化出资人监管同落实管党治党责任结合起来，把精简监管事项同完善企业法人治理结构结合起

---

① 习近平：《深化改革巩固成果积极拓展　不断把反腐败斗争引向深入》，载人民网，http://jhsjk.people.cn/article/26378609。
② 习近平：《在民营企业座谈会上的讲话》，载《人民日报》2018年11月2日，第2版。
③ 习近平：《坚持党对国有企业的领导不动摇》，载《人民日报》2016年10月12日，第1版。
④ 习近平：《坚持党对国有企业的领导不动摇》，载《人民日报》2016年10月12日，第1版。

来"①；要进一步整合监督力量，充分发挥出资监督与其他监督的协同作用，着力构建完善国有资产监督体制。

**第四，积极推动全面从严治党在国企落实落地，不断提升出资监督管理保障水平。**

全面从严治党永远在路上。根据党中央关于加强国有企业监督的精神，进一步推进国资国企出资监督发挥积极作用，国有企业要完善"三重一大"决策监督机制，加强党风廉政建设和反腐败工作，把纪律和规矩挺在前面，做到"组织落实、干部到位、职责明确、监督严格"，有效防止国有资产流失和重大风险事件发生，实现国有企业健康发展和国有资产保值增值。

### （三）加强国有企业监督体系的审计监督

审计监督是国资大监督体系建设的技术支撑。党的十八大以来，党中央提出了涉及国有企业审计监督的一系列新思想、新观点、新论断，系统深刻地回答了新时代为什么要进一步推进国有企业审计监督、推进什么样的国有企业审计监督、如何进一步推进国有企业审计监督等重大问题。

1. 聚焦六个方面的问题

**一是明确国资国企审计监督主体。** 明确国家审计机关是审计监督的主体，党的十八届六中全会强调，"审计机关依法进行审计监督"；党的十九大报告指出，健全党和国家监督体系包括"改革审计管理体制，完善统计体制"。习近平总书记强调"审计是党和国家监督体系的重要组成部分"②，审计机关"要全面履行职责，坚持依法审计"，要保障审计机关"依法独立行使审计监督权"；"强化上级审计机关对下级审计机关的领导"。

---

① 《习近平主持召开中央全面深化改革领导小组第三十次会议》，载《人民日报》2016 年 12 月 6 日，第 1 版。
② 习近平：《紧紧围绕党和国家工作大局　全面履行职责坚持依法审计完善体制机制》，载《人民日报》2020 年 1 月 3 日，第 1 版。

**二是明确国资国企审计监督客体。** 明确将国有企业及其所有行使公权力的工作人员均纳入审计监督对象。指出"要按照党中央关于推进国有企业改革发展的决策部署"①，"各地区各部门特别是各级领导干部要积极主动支持配合审计工作，依法自觉接受审计监督"②；"各地区各部门特别是各级领导干部要积极主动支持配合审计工作，依法自觉接受审计监督"③；"完善政府内部层级监督和专门监督"，"保障依法独立行使审计监督权"④。

**三是明确对客体合法合规行为监督。** 指出要加强"审计监督"，"要落实党中央对审计工作的部署要求"⑤，"做到应审尽审、凡审必严、严肃问责"⑥；"加大对党中央重大政策措施贯彻落实情况跟踪审计力度，加大对经济社会运行中各类风险隐患揭示力度，加大对重点民生资金和项目审计力度"⑦；"强化对权力集中、资金密集、资源富集的部门和岗位的监管"。

**四是明确对客体违法违纪行为监督。** 指出"审计机关要严格遵守纪律，对违反纪律规定的要严肃查处"⑧；"要拓展审计监督广度和深度，消除监督盲区"⑨；"要严肃财经纪律，加强经费管理，加大纪检、巡

---

① 《习近平谈市场经济：不能忘了"社会主义"这个定语》，载人民网—中国共产党新闻网，http://jhsjk.people.cn/article/30592929。
② 习近平：《加强党对审计工作的领导　更好发挥审计在党和国家监督体系中的重要作用》，载《人民日报》2018年5月24日，第1版。
③ 习近平：《加强党对审计工作的领导　更好发挥审计在党和国家监督体系中的重要作用》，载《人民日报》2018年5月24日，第1版。
④ 习近平：《关于〈中共中央关于全面深化改革若干重大问题的决定〉的说明》，载《人民日报》2013年11月16日，第1版。
⑤ 习近平：《加强党对审计工作的领导　更好发挥审计在党和国家监督体系中的重要作用》，载《人民日报》2018年5月24日，第1版。
⑥ 习近平：《加强党对审计工作的领导　更好发挥审计在党和国家监督体系中的重要作用》，载《人民日报》2018年5月24日，第1版。
⑦ 习近平：《加强党对审计工作的领导　更好发挥审计在党和国家监督体系中的重要作用》，载《人民日报》2018年5月24日，第1版。
⑧ 习近平：《加强党对审计工作的领导　更好发挥审计在党和国家监督体系中的重要作用》，载《人民日报》2018年5月24日，第1版。
⑨ 习近平：《加强党对审计工作的领导　更好发挥审计在党和国家监督体系中的重要作用》，载《人民日报》2018年5月24日，第1版。

视、审计监督力度"①；"不得制定限制向审计机关提供资料和电子数据的规定，已经制定的要坚决废止"，"造成恶劣影响的，要严肃追责问责"；要"认真整改审计查出的问题，深入研究和采纳审计提出的建议，完善各领域政策措施和制度规则"②。

**五是明确加强审计监督协同。** 指出要"加大纪检、巡视、审计监督力度"③；"加强对内部审计工作的指导和监督，调动内部审计和社会审计的力量，增强审计监督合力"④；"把党内监督同国家机关监督、民主监督、司法监督、群众监督、舆论监督贯通起来，增强监督合力"⑤；"要以党内监督为主导，推动人大监督、民主监督、行政监督、司法监督、审计监督、财会监督、统计监督、群众监督、舆论监督有机贯通、相互协调"⑥；"加大监督力度，加强党内监督、人大监督、民主监督、行政监督、司法监督、审计监督、社会监督、舆论监督"⑦。

**六是明确加强审计监督制度建设。** 指出"关键是要抓住制度建设这个重点，以完善公务接待、财务预算和审计、考核问责、监督保障等制度为抓手，努力建立健全立体式、全方位的制度体系"⑧；"改革审计管理体制，完善统计体制"⑨；"要遵循统计工作规律，完善统计法律法规，

---

① 习近平：《打好我军建设发展"十三五"规划落实攻坚战　确保如期完成国防和军队建设目标任务》，载《人民日报》2019年3月13日，第1版。

② 习近平：《加强党对审计工作的领导　更好发挥审计在党和国家监督体系中的重要作用》，载《人民日报》2018年5月24日，第1版。

③ 习近平：《打好我军建设发展"十三五"规划落实攻坚战　确保如期完成国防和军队建设目标任务》，载《人民日报》2019年3月13日，第1版。

④ 习近平：《加强党对审计工作的领导　更好发挥审计在党和国家监督体系中的重要作用》，载《人民日报》2018年5月24日，第1版。

⑤ 《习近平在中国共产党第十九次全国代表大会上的报告》，载人民网—人民日报，http://jhsjk. people. cn/article/29613660。

⑥ 《习近平在十九届中央纪委四次全会上发表重要讲话强调　一以贯之全面从严治党强化对权力运行的制约和监督　为决胜全面建成小康社会决战脱贫攻坚提供坚强保障》，载《人民日报》2020年1月14日，第1版。

⑦ 《全力推进法治中国建设——关于全面依法治国》，载《人民日报》2016年4月27日，第9版。

⑧ 习近平：《坚定不移走中国特色社会主义政治发展道路，不断推进社会主义政治制度自我完善和发展》，载人民网—中国共产党新闻网，http://jhsjk. people. cn/article/25413247。

⑨ 习近平：《坚定不移全面从严治党，不断提高党的执政能力和领导水平》，载新华社，http://jhsjk. people. cn/article/29635045。

健全政绩考核机制,健全统一领导、分级负责的统计管理体制"①;"努力构建集中统一、全面覆盖、权威高效的审计监督体系,更好发挥审计在党和国家监督体系中的重要作用"②。

2. 把握四个方面的重点

习近平总书记有关推进国资国企审计监督的重要论述,为新时代我国国有企业改革和国资国企审计监督建设提供了科学指引。

当前,高度重视这一重要思想的确立,研究、宣传和贯彻这一重要思想,对于更好地引领和促进我国国有资产和国企事业的繁荣发展与再上台阶,具有重大的理论发展意义、现实指导意义和深远的战略意义。

**第一,充分认识审计监督建设的重要性,发挥其在党和国家监督体系中的重要作用。**

审计监督"是党和国家监督体系的重要组成部分"。党的十八大以来,党中央高度重视国资国企审计监督建设。进入新时代,审计监督在国资国企发展中的重要作用越发凸显。审计监督为推动贯彻落实党中央令行禁止、推动国有企业改革全面深化、促进企业依法管理、推进国有企业廉政建设等作出了重要贡献。③ 要充分认识国资国企审计监督的重要性,必须"强化顶层设计和统筹协调",系统总结党的十八大以来国资国企审计监督实践,坚决维护党中央的权威和集中统一领导,落实党中央关于审计监督的部署要求。

**第二,准确把握审计监督制度改革切入点,加强对国企领导人监督和管理。**

"改革审计管理体制,组建中央审计委员会,是加强党对审计工作领导的重大举措"④,习近平总书记多次强调加强审计监督、改革管理

---

① 习近平:《以自我革命精神推进改革》,载《人民日报》2016 年 10 月 12 日,第 1 版;
② 习近平:《加强党对审计工作的领导　更好发挥审计在党和国家监督体系中的重要作用》,载《人民日报》2018 年 5 月 24 日,第 1 版。
③ 参见孙宝厚:《关于新时代中国特色社会主义国家审计若干问题的思考》,载《审计研究》2018 年第 7 期。
④ 习近平:《加强党对审计工作的领导　更好发挥审计在党和国家监督体系中的重要作用》,载《人民日报》2018 年 5 月 24 日,第 1 版。

体制,不断赋予审计监督工作新的内涵①。审计机关在原主要工作发现问题、移交线索、提出整改建议等基础上,解放思想、与时俱进,创新理念,加快健全责任制和问责制,明确主体责任、监督责任和相关责任,完善问责机制,充分发挥监督作用。进一步加强完善企业领导人的经济责任审计、经营绩效审计、专项审计、跟踪审计,推进和保障国资国企依法经营、切实履职、绩效提高。

**第三,准确把握审计监督工作发力点,构建国资国企审计监督体系。**

确保国资在阳光下运行,离不开有效监督。审计监督工作要适应新时代新要求,全面贯彻党的十九大精神,紧紧围绕党和国家工作大局,拓展监督广度和深度,消除监督盲区,完善体制机制,重点推进国有经济高质量发展,全面深化改革,推进权力规范运作,推进反腐倡廉为工作重点,"努力构建集中统一、全面覆盖、权威高效的审计监督体系"②,有效监督对潜在风险的及时预警,防止非法和非法使用国有资产资金。

**第四,准确把握审计监督自身建设关键点,提升审计监督管理保障水平。**

打铁还需自身硬。国有企业党组织要加强对审计监督工作的领导,认真履行管党治党政治责任,落实全面从严治党要求,对违反纪律规定的要严肃查处。审计部门要加强自身建设,做到"立身、立业、立信",强化风险意识、强化底线思维,密切关注全局性重大风险,警惕防范自身工作突出风险,努力建设"信念坚定、业务精通、作风务实、清正廉洁"的高素质专业化审计监督干部队伍③。国企领导干部要依法接受审计监督,推动增强国有企业高质量发展的思想自觉和行动自觉。

---

① 参见孙宝厚:《关于新时代中国特色社会主义国家审计若干问题的思考》,载《审计研究》2018 年第 7 期。

② 习近平:《加强党对审计工作的领导　更好发挥审计在党和国家监督体系中的重要作用》,载《人民日报》2018 年 5 月 24 日,第 1 版。

③ 孙宝厚:《关于新时代中国特色社会主义国家审计若干问题的思考》,载《审计研究》2018 年第 7 期。

### （四）加强国有企业监督体系的纪检监督

党的十八大以来，党中央提出了涉及国有企业纪检监督的一系列新思想、新观点、新论断，深化了对新时代国有企业纪检监督规律的认识，为做好新形势下国有企业纪检监督工作提供了重要遵循。

#### 1. 聚焦六个方面的问题

**一是明确国资国企纪检监督主体。** 指出"纪委是党内监督的专门机关"①，"监督执纪问责是党章赋予纪律检查机关的根本职责"②；提出"纪委负监督责任"③，"各级纪委要担负起监督责任"④，要坚决落实"纪委的监督责任"，"要履行好监督责任"；"纪检机关必须坚守职责定位，强化监督"⑤。

**二是明确国资国企纪检监督客体。** 明确对国有企业及其所有行使公权力的工作人员均纳入纪检监督对象。指出要"要强化上级纪委对下级党委和纪委的监督"⑥，"突出监督重点，强化对关键岗位、重要人员特别是一把手的监督管理"⑦，"加强对国企领导班子的监督"⑧，"要加强对干部特别是党员领导干部的监督管理"⑨。

**三是明确对合法合规行为的监督。** 指出"加强对国企领导班子的

---

① 习近平：《在第十八届中央纪律检查委员会第六次全体会议上的讲话》，载《人民日报》2016 年 5 月 3 日，第 2 版。
② 《习近平论党内监督：权力越大，越容易出现"灯下黑"》，载人民网，http://jhsjk. people. cn/article/28753867。
③ 《习近平论党内监督：权力越大，越容易出现"灯下黑"》，载人民网，http://jhsjk. people. cn/article/28753867。
④ 习近平：《在第十八届中央纪律检查委员会第六次全体会议上的讲话》，载《人民日报》2016 年 5 月 3 日，第 2 版。
⑤ 习近平：《全面贯彻落实党的十九大精神　以永远在路上的执着把从严治党引向深入》，载《人民日报》2018 年 1 月 12 日，第 1 版。
⑥ 《习近平论党内监督：权力越大，越容易出现"灯下黑"》，载人民网，http://jhsjk. people. cn/article/28753867。
⑦ 习近平：《坚持党对国有企业的领导不动摇》，载《人民日报》2016 年 10 月 12 日，第 1 版。
⑧ 习近平：《在十八届中央纪委五次全会上发表重要讲话》，载《人民日报》2015 年 1 月 14 日，第 1 版。
⑨ 《习近平谈政治生态》，载人民网—人民日报海外版，http://jhsjk. people. cn/article/29160199。

监督,搞好对国企的巡视"①;"纪委要履行好监督责任,既协助党委加强党风建设和组织协调反腐败工作,又督促检查相关部门落实惩治和预防腐败工作任务,经常进行检查监督,严肃查处腐败问题"②,"落实党风廉政建设责任制"③。

**四是明确对客体违法违纪行为监督。** 指出"纪检机关必须坚守职责定位,强化监督、铁面执纪、严肃问责"④;"加强对国有企业领导人员的党性教育、宗旨教育、警示教育,严明政治纪律和政治规矩"⑤,"要加强国有企业党风廉政建设和反腐败工作,把纪律和规矩挺在前面"⑥,"要通过改革和制度创新切断利益输送链条"⑦。

**五是明确加强完善国有资产监督。** 指出要强化国有企业纪检巡视监督,"加大国有企业反腐力度,加强国家资源、国有资产管理"⑧,"加强对国有资产的监管、惩治国有资产领域发生的腐败现象"⑨,"要完善国有资产资源监管制度,强化对权力集中、资金密集、资源富集的部门和岗位的监管"⑩;"完善'三重一大'决策监督机制"⑪。

**六是明确完善纪检监督制度体系。** 指出"要完善权力运行制约和

① 习近平:《在十八届中央纪委五次全会上发表重要讲话》,载《人民日报》2015 年 1 月 14 日,第 1 版。
② 《习近平论党内监督:权力越大,越容易出现"灯下黑"》,载人民网,http://jhsjk. people. cn/article/28753867。
③ 《习近平论党内监督:权力越大,越容易出现"灯下黑"》,载人民网,http://jhsjk. people. cn/article/28753867。
④ 习近平:《全面贯彻落实党的十九大精神　以永远在路上的执着把从严治党引向深入》,载《人民日报》2018 年 1 月 12 日,第 1 版。
⑤ 习近平:《坚持党对国有企业的领导不动摇》,载《人民日报》2016 年 10 月 12 日,第 1 版。
⑥ 习近平:《坚持党对国有企业的领导不动摇》,载《人民日报》2016 年 10 月 12 日,第 1 版。
⑦ 习近平:《全面贯彻落实党的十九大精神　以永远在路上的执着把从严治党引向深入》,载《人民日报》2018 年 1 月 12 日,第 1 版。
⑧ 《习近平在十九届中央纪委四次全会上发表重要讲话强调　一以贯之全面从严治党强化对权力运行的制约和监督　为决胜全面建成小康社会决战脱贫攻坚提供坚强保障》,载《人民日报》2020 年 1 月 14 日,第 1 版。
⑨ 习近平:《在民营企业座谈会上的讲话》,载《人民日报》2018 年 11 月 2 日,第 2 版。
⑩ 习近平:《深化改革巩固成果积极拓展　不断把反腐败斗争引向深入》,载新华网,http://jhsjk. people. cn/article/26378609。
⑪ 习近平:《坚持党对国有企业的领导不动摇》,载《人民日报》2016 年 10 月 12 日,第 1 版。

监督机制,形成有权必有责、用权必担责、滥权必追责的制度安排"①;"要完善全覆盖的制度执行监督机制,强化日常督察和专项检查"②;"要着力完善国有企业监管制度,加强党对国有企业的领导,加强对国企领导班子的监督,搞好对国企的巡视"③;"要完善制度、严肃问责,依法依规开展监督工作,完善责任追究制度"④。

2. 把握四个方面的重点

习近平总书记有关推进国资国企纪检监督的重要论述,为新时代我国国有企业改革和国资国企纪检监督建设提供了科学指引。

**第一,充分认识国资国企纪检监督建设的重要性,坚持中国特色现代国有企业制度。**

国有企业是中国特色社会主义的重要物质基础和政治基础。要充分认识国资国企纪检监督的重要性,必须系统总结党的十八大以来国资国企纪检监督实践,旗帜鲜明地坚持党对国有企业的领导,落实好国有企业上级纪委对国有企业贯彻落实党的路线方针政策、重要决策部署、执行党的纪律要求等工作的监督,保证"纪委监督权的相对独立性和权威性"⑤,推进国有企业纪检监督的制度化、具体化、常态化,保障国有企业持续健康发展。

**第二,准确把握国资国企纪检监督重点职责,加强对国企及其领导人员监督和管理。**

纪检监督属于党内监督,纪律检查机关根本职责是"监督执纪问责",依据党章及其他党内法规等履职,主要是监督党员领导干部。最重要的就是坚持党管干部原则,强化对关键岗位、重要人员特别是"一

---

① 《中共十八届六中全会在京举行》,载《人民日报》2016 年 10 月 28 日,第 1 版。

② 《习近平在十九届中央纪委四次全会上发表重要讲话》,载《人民日报》2020 年 1 月 14 日,第 1 版。

③ 习近平:《深化改革巩固成果积极拓展　不断把反腐败斗争引向深入》,载新华网,http://jhsjk. people. cn/article/26378609。

④ 习近平:《树立改革全局观积极探索实践　发挥改革试点示范突破带动作用》,载《人民日报》2015 年 6 月 6 日,第 1 版。

⑤ 《习近平论党内监督:权力越大,越容易出现"灯下黑"》,载人民网,http://jhsjk. people. cn/article/28753867。

把手”的监督管理；加强领导干部日常监督管理，既监督生产经营决策行为，也监督思想品德、生活作风，执好纪、问好责、把好关，做到防病于未然；国有企业领导人员要正确对待监督，带头自觉接受监督，积极主动支持、配合纪检监督工作。

**第三，明确国资国企纪检监督部门职能定位，构建完善国资国企纪检监督体系。**

我国公有制经济是长期以来在国家发展历程中形成的，积累了大量财富，这是全体人民的共同财富。国有企业监督制度建设要围绕防止国有资产流失、加强对国有资产的监管、惩治国有资产领域发生的腐败现象来展开。要全面覆盖、突出重点，加强对重点部门、重点岗位和重点决策环节的监督；要明晰权责边界，处理好与其他治理主体的关系；要进一步增强监督工作合力，充分发挥纪检监督与其他监督的协同作用，着力构建完善国资国企纪检监督体系。

**第四，积极推动全面从严治党在国企落地落实，不断增强纪律约束力制度执行力。**

党的十八大以来，推动新时代全面从严治党取得了历史性、开创性成就，产生了全方位、深层次影响，习近平总书记在十九届中央纪委四次全会上强调"加大国有企业反腐力度，完善境外国有资产监管"。要进一步推进国资国企纪检监督发挥积极作用，加强党风廉政建设和反腐败工作，"切实执行组织纪律，不能搞特殊、有例外，各级党组织要敢抓敢管，使纪律真正成为带电的高压线"①，增强纪律约束力和制度执行力，强化对权力运行的制约和监督。

## （五）加强国有企业监督体系的社会监督

党的十八大以来，党中央提出了涉及国有企业社会监督的一系列新思想、新观点、新论断，为做好新形势下国有企业社会监督工作提供

---

① 习近平：《使纪律真正成为带电的高压线》，载新华网，http://jhsjk. people. cn/article/24118677。

了重要遵循。

1. 聚焦五个方面的问题

**一是明确指出社会监督的主体。** 明确社会公众依据宪法和法律赋予的权利,对国有企业及其领导人员进行监督。党的十九大报告指出,要"增强党自我净化能力,根本靠强化党的自我监督和群众监督"①。习近平总书记指出要"保证人民依法实行民主决策、民主管理、民主监督"②;"接受人民监督";"发挥人民监督作用","织密群众监督之网";"畅通人民群众举报和监督渠道,发挥舆论监督包括互联网监督作用"③,"加强舆论监督","坚持正面宣传和舆论监督"。

**二是明确指出社会监督的客体。** 明确社会监督的客体是国有企业及其领导人员。指出"一切国家机关和国家工作人员必须依靠人民的支持,经常保持同人民的密切联系,倾听人民的意见和建议,接受人民的监督"④;"各级党组织和党员、干部的表现都要交给群众评判"⑤;"要广泛听取群众意见和建议,自觉接受群众评议和社会监督"⑥;"要珍惜人民给予的权力,用好人民给予的权力,自觉让人民监督权力"⑦;"领导干部要自觉接受组织和群众监督"⑧。

**三是明确对客体合法合规行为监督。** 指出"各地区各部门各单位

---

① 习近平:《坚定不移全面从严治党,不断提高党的执政能力和领导水平》,载新华社,http://jhsjk. people. cn/article/29635045。

② 习近平:《在庆祝全国人民代表大会成立六十周年大会上的讲话》,载《人民日报》2014 年9 月6 日,第2 版。

③ 习近平:《不能自觉接受监督,就不具备当领导干部的起码素质》,载人民网—中国共产党新闻网,http://jhsjk. people. cn/article/29042805。

④ 习近平:《在庆祝中国人民政治协商会议成立 65 周年大会上的讲话》,载《人民日报》2014 年9 月22 日,第2 版。

⑤ 习近平:《历史使命越光荣奋斗目标越宏伟 越要增强忧患意识越要从严治党》,载《人民日报》2014 年10 月9 日,第1 版。

⑥ 《习近平论党内监督:权力越大,越容易出现"灯下黑"》,载人民网,http://jhsjk. people. cn/article/28753867。

⑦ 习近平:《在纪念毛泽东同志诞辰 120 周年座谈会上的讲话》,载《人民日报》2013 年12 月27 日,第2 版。

⑧ 习近平:《从严治党,关键是要抓住领导干部这个"关键少数"》,载人民网—中国共产党新闻网,http://jhsjk. people. cn/article/28621443。

坚持敞开大门,请群众参与、监督、评判"①;"各级干部要多沉下身子、走近群众,就从严治党问题多向群众请教"②,"我们要坚持党的群众路线,始终保持党同人民群众的血肉联系,始终接受人民群众批评和监督"③;"要多听听人民群众意见,自觉接受人民群众监督"④。"教育引导党员、干部深入实际、深入基层、深入群众,坚持民主集中制,虚心向群众学习,真心对群众负责,热心为群众服务,诚心接受群众监督"⑤。

**四是明确对客体违法违纪行为监督。** 指出"要教育监督各级国家机关和公职人员牢记手中的权力是党和人民赋予的,是上下左右有界受控的,切不可随心所欲、为所欲为"⑥;"要坚持开门搞活动,一开始就扎下去听取群众意见和建议,每个环节都组织群众有序参与,让群众监督和评议,切忌'自说自话、自弹自唱',不搞闭门修炼、体内循环"⑦;"要健全权力运行制约和监督体系,有权必有责,用权受监督,失职要问责,违法要追究,保证人民赋予的权力始终用来为人民谋利益"⑧。

**五是明确加强与其他监督合力建设。** 指出"构建党统一指挥、全面覆盖、权威高效的监督体系,把党内监督同国家机关监督、民主监督、司法监督、群众监督、舆论监督贯通起来,增强监督合力"⑨;"要以党内

---

① 《习近平在"不忘初心、牢记使命"主题教育总结大会上的讲话》,载《人民日报》2020 年 1 月 9 日,第 2 版。

② 习近平:《在党的群众路线教育实践活动总结大会上的讲话》,载《人民日报》2014 年 10 月 9 日,第 2 版。

③ 习近平:《在纪念红军长征胜利 80 周年大会上的讲话》,载《人民日报》2016 年 10 月 22 日,第 2 版。

④ 习近平:《全党必须始终不忘初心牢记使命　在新时代把党的自我革命推向深入》,载《人民日报》2019 年 6 月 26 日,第 1 版。

⑤ 《习近平总书记关于反对形式主义官僚主义重要论述摘录》,载人民网—中国共产党新闻网,http://jhsjk.people.cn/article/30016814。

⑥ 习近平:《持续深化国家监察体制改革　推进反腐败工作法治化规范化》,载《人民日报》2018 年 12 月 15 日,第 1 版。

⑦ 习近平:《始终与人民心连心、同呼吸、共命运》,载人民网—中国共产党新闻网,http://jhsjk.people.cn/article/27454725。

⑧ 习近平:《坚定不移走中国特色社会主义政治发展道路,不断推进社会主义政治制度自我完善和发展》,载人民网—中国共产党新闻网,http://jhsjk.people.cn/article/25413247。

⑨ 习近平:《坚定不移全面从严治党,不断提高党的执政能力和领导水平》,载新华社,http://jhsjk.people.cn/article/29635045。

监督为主导,推动人大监督、民主监督、行政监督、司法监督、审计监督、财会监督、统计监督、群众监督、舆论监督有机贯通、相互协调"①;"要把党内监督同国家监察、群众监督结合起来,同法律监督、民主监督、审计监督、司法监督、舆论监督等协调起来,形成监督合力"②。

2. 把握四个方面的重点

习近平总书记有关推进国资国企社会监督的重要论述,为新时代国有企业改革和国资国企社会监督建设提供了科学指引。

**第一,充分认识社会监督重要性,坚持不断完善中国特色社会主义监督体系。**

社会监督是党外监督的重要形式,是完善中国特色社会主义监督体系的必要环节。《中国共产党党内监督条例》指出,"各级党组织和党的领导干部应当认真对待、自觉接受社会监督",要坚持党性和人民性相统一,坚持正确导向,把实现好、维护好、发展好广大人民根本利益作为出发点和落脚点,不断推动党内监督及其他监督和社会监督有机结合协调发展,让人民监督权力,让权力在阳光下运行,为做强做优做大国有企业提供有力的制度保障。

**第二,准确把握国资国企社会监督责任,重视加强国有企业及领导人员监督。**

"只要公权力存在,就必须有制约和监督",把国有资产交给企业领导人员经营管理,是党和人民莫大的信任。国有企业及其领导人员应当认真对待、自觉接受社会各方面监督,不回避监督、抵触监督,让群众监督,让群众评判,正确对待、虚心接受群众的批评和建议。对群众举报或新闻媒体监督的事项,落实信息核查责任,及时反馈查处情况。要畅通人民群众举报和监督渠道,认真做好信访监督工作,及时检查处理问题。

---

① 《习近平在十九届中央纪委四次全会上发表重要讲话强调 一以贯之全面从严治党强化对权力运行的制约和监督 为决胜全面建成小康社会决战脱贫攻坚提供坚强保障》,载《人民日报》2020年1月14日,第1版。

② 习近平:《在第十八届中央纪律检查委员会第六次全体会议上的讲话》,载《人民日报》2016年5月3日,第2版。

第三，明确加强国资国企社会监督建设，充分发挥社会公众监督、舆论监督积极作用。

加强国有企业社会监督建设，健全国有企业与社会公众、新闻媒体的沟通机制，创造良好的监督环境；要充分尊重社会公众的监督权，积极引导社会公众参与监督，方便社会公众了解情况。积极推进信息公开，认真梳理对外公开发布事项，及时公开发布有关信息，规范信息发布内容；要善待媒体，善用媒体，积极接受社会公众、新闻舆论监督，主动接受新闻媒体采访，通报情况，分析形势，阐释政策，加强正面舆论引导，增强监督效果。

第四，积极推动全面从严治党落实落地，不断提升国资国企社会监督水平。

"群众的眼睛是雪亮的"，全面从严治党需要社会监督的深度参与。要充分运用社会监督的有利特性，让广大社会公众成为全面从严治党的监督者，构建巨大的、广泛的社会监督网络，将社会监督打造成为全面从严治党的一柄"利剑"。国资国企党组织、纪检监察系统要坚持问题导向，倾听人民呼声，密切关注网络舆情，对涉及加强对党的路线方针政策落实情况、党规党纪执行情况、违纪违法行为或者侵害群众利益行为的问题，要敢担当、敢作为、主动出击，实现真管真严、敢管敢严、长管长严。

## 三、国有企业监督体系的构建实施

国资大监督体系设计目的在于实施。在前述研究基础上，本部分主要对大监督体系实施的体制机制举措进行研究。建议建立"1＋5＋3"的国资大监督体系实施机制与办法。

### （一）"1"是制定1个《关于国资大监督体系建设的指导意见》

建议由国务院国资委牵头草拟，国务院办公厅发布，作为推进新时代国资大监督格局与体系建设的指导性文件。

**（二）"5"是制定内部监督、出资监督、审计监督、纪检监督和社会监督5个专门监督办法**

建议专门研究制定《关于进一步加强国有企业内部监督的办法》《关于进一步加强国有企业出资监督的办法》《关于进一步加强国有企业审计监督的办法》《关于进一步加强国有企业纪检监督的办法》《关于进一步完善国有企业社会监督的办法》五个专门文件，作为"国有企业多位一体大监督体系"建设的规范性文件依据与操作实施指引。

**（三）"3"是建立1个机构1个机制1个系统**

1个机构是"国资大监督体系建设"领导小组，办公室设在国务院国资委。1个机制是"国资大监督联席会议机制"，推进保障国资大监督体系建设的总体推进与过程中重大、重要问题协调解决。1个系统是建立一个"国资大监督信息系统"，为国资大监督体系开展工作提供信息技术支撑与保障。

# 第五章　国有资产监督管理模式改革研究
## ——国有企业出资人监管模式研究

## 第一节　国有企业出资人监管模式的提出

### 一、国有企业出资人监管模式的背景意义

#### （一）出资人监管模式的提出背景

我国国有资产主要包括四类：一是经营性国有资产，二是公用国有资产，分为公务用国有资产和公共用国有资产，三是资源性国有资产，分为土地、矿藏等自然资源和无线电和无电频谱、航线等公共资源，四是国有财政。[1] 以 2008 年 11 月 28 日十一届全国人大常委会表决通过、2009 年 5 月 1 日正式施行的《中华人民共和国企业国有资产法》（以下简称《国资法》）为正式起点和标志，我国国有资产管理实现了从行政管理到专业法律管理的转变，国有资产管理立法实现了突破，符合依法治国的总体方略。《国资法》为进一步完善和推进国有资产管理法治化，建立有法可依的国有资产管理体系，司法介入国有资产管理奠定了基础和条件，对规范国资管理，具有长远和现实重大意义。《国资法》对全部国有资产中资产规模最为庞大，管理难度最大的经营性国有资

---

[1]　参见翁岳生编：《行政法》（上册）中国法制出版社 2009 年版，第 462—463 页。

产的管理提出了全新的模式,明确规定了经营性国有资产的所有者、出资者及出资人代表,明确了各级政府作为经营性国有资产的出资人,而国资委明确了作为出资人代表履行出资人的职责,并对其承担的职责和义务作出了相应规定,使经营性国有资产的监管进入了一个新阶段。相对于传统国有资产监管体制,《国资法》一个突出的特点,是提出了"出资人监管"①思路,明确了各级政府作为经营性国有资产的出资人,而国资委明确作为出资人代表履行出资人职责。继党的"十八大""十九大"报告提出"完善各类国有资产管理体制"的决策部署后,习近平总书记明确提出:"加强和改进出资人监管"。为此,国有资产"出资人监管体制"研究,已成为新时代国有资产管理体制改革的一个重要方向与任务。为此,如何建立和完善国资委以出资人身份进行国资监管制度及其创新问题研究,具有十分重要的理论意义和实践价值。

《国资法》明确界定了经营性国有资产出资人的职责,将各级政府确定为国有企业出资人——即国有资本出资人制度。国家出资企业②中的出资人,是指代表国家对国家出资企业履行出资人职能的机关或组织,而履行出资人职责的机构是指根据出资人的授权,代表出资人对国家出资企业履行出资人职责的机构或组织③。出资人享有包括资产收益、按照法定程序参与企业的重大决策和聘请经营者等权利。当国有资产投入企业时,代表全体人民的国家就成为企业的出资人但国家不能直接行使国有资产所有权,必须将其委托给政府代理,政府又是由各个部门组成的,因而必须由专门的国有资产出资机构代表国家行使国有资产出资人的权利。之前实践是将各级国资委作为履行出资人职责的代表机构,但并未对具体管理模式做出规定,特别是国资委在

---

① 本研究中的"出资人监管"是指国有资产监督管理机构等履行出资人职责的机构,依法对所出资企业的监督管理。出资人监管作为一种新型的监管模式,有别于相关政府组成部门市场监管、证监监管等行使的社会公共管理职能或行业监管职能的行政监管。

② 《企业国有资产法》第5条:本法所称国家出资企业,是指国家出资的国有独资企业、国有独资公司,以及国有资本控股公司、国有资本参股公司。

③ 参见王克稳:《〈企业国有资产法〉的进步与不足》,载《苏州大学学报(哲学社会科学版)》2009年第7期。

原有管理模式下具有社会公共管理职能,行使着行政管理的职能。《国资法》第六条明确规定国务院和地方人民政府应当按照政企分开、社会公共管理职能与国有资产出资人职能分开、不干预企业依法自主经营的原则,依法履行出资人职责。国资委原有的监管体制属于行政监管体制,各级国资委承担了行政监管的职责,为此如何根据《国资法》规定使国资委以出资人身份出现,使国资委适应新的出资人的角色定位,以符合出资人职责的新的监管制度就尤为重要。[①] 出资人监管作为整个国资监管的重要组成部分,实际上直接关系到国资经营,直接体现现代企业制度的实行,同时《国资法》的出资人监管规定还需要有配套大量的法律规章,以保证国资法出资人职责有效履行。所以应该看到,在《国资法》出资人监管框架下,如何建立完善出资人监管法律体系,确保出资人职责的落实,确保经营性国有资产的保值和增值,还有许多值得探索研究的空间。

### (二) 国有企业监管模式的观点争论

综合有关文献,当前关于国资监管方式的探讨主要可以归集为以下两种观点:

第一种是认为国资监管机构具有行政监管者职责。该观点认为,国资监管机构是代表政府行使监管职责的机构,应当具备行政监管职能(以下简称为"行政监管者说")。[②] 主要原因是《国资法》一方面确定国资委是经营性国有资产的出资人代表机构,同时该法又规定作为履行出资人职责的国资委,其法律地位为国有资产监督管理机构,作为国有资产的监督管理机构,在法律地位上应有行政特性。我国现有的国资监管体制是三级监管体制,在中央,是国务院国资委和国务院授权的机构或部门;在地方上,分为省、市与区县层次。省级和市级是本级人民政府设立的国资委及其授权机构或部门;县、区一级是本级人民政府

---

① 参见蔡奕:《新国资法的四大看点》,深交所综合研究所,2009 年第 2 期。
② 参见顾功耘:《国资监管机构的法律定位》,《上海国资》,2008 年第 6 期。

设立的国资委及其授权的机构或部门。它们可以统称为"国有资产监督管理机构"。按照国资委目前的监管方式,这些国资监管机构代表政府同时行使监管者和出资人的职责。"监管者说"认为:国有资产监督管理机构继续行使它的监管职责,这是合情合理的。一方面,不会造成认识上的混乱,将政府管理职责与企业经营职责严格分离。另一方面,国资监管机构过去的行为继续有效,比如,以国资委的名义制定的各项规章继续适用于国有资产投资的所有领域。相反,将带来很多问题:作为中央企业的出资人,国务院国资委所制定的各项管理规章,除了中央企业要执行外,其他中央企业、各地方政府作为出资人的企业要否执行? 如果执行,由于经营性国有企业的出资人并非国资委一家,存在管理涉及力的问题,如果是各出资人自行制定监管办法,这势必需要很大的立法成本。还有学者认为,国资监管机构履行某些行政监管者职责是改革成本最低的选择,可以防止多个部门摆脱政治和管理混乱,防止多头管理造成各种法规规章之间的矛盾、冲突、形成法制不统一的局面[1]。

第二种主张将国资监管机构定位为出资人股东监管(以下简称为"股东出资人说")。[2] 其主要理由是,国资监管机构不能既行使行政管理的职权,又行使着出资者的权利。主张将这两者权能分开,其理由大致是:国资监管机构行使出资人的职责,有利于国有资产的正常运行,有利于防止国有资产的流失,有利于国有资产的增值和保值。公共管理的职责,可以由人民代表大会、政府监察机构、审计机构和社会组织履行。国资监管机构作为出资人,主要是在出资人的范围内行使权利,不追求以前的行政职能,国有资产出资人的权利是《公司法》规定的权利,股东对公司进行监督,是公司法规定的民事权利,不具有行政性。这一主张还认为,根据《公司法》行使国有企业出资人权利的机构只能称为国资经营机构,它作为市场活动的主体,享有经营权,承担经营义

---

① 参见王克稳:《企业国有资产法的进步与不足》,《苏州大学学报》,2009 年第 7 期。
② 参见李曙光:《论〈国有资产法〉中的"五人"定位》,《政治与法律》,2009 年第 4 期。

务。国资监管机构不应直接介入经营，而整体上的国资监管的责任应由出资人、经营人、行政管理人、司法人这几方面主体来进行综合监管。

本研究认为，鉴于国资法已经对出资人的概念进行了明确界定，并逐步展现出了进一步立法的轮廓，我们应牢牢抓住目前已经明确的出资人监管这个目标开展研究和讨论，对国有资产管理机构系出资人的角色，应从出资人监管这个法律层面给主体予以科学定位。研究此命题必须从其所参与的各种社会关系中多方位、多视角去把握。笔者认为，关于国有企业出资人，在经济法律关系中的定位上，我们应该更加关注其所处的不同社会关系。出资人在多重法律关系中扮演的不同角色，主体角色不同，它们的身份、地位、行为目标和目的都会有所不同；所享有的权利或权利也各不相同。作为所有人，国家一旦将自己的财产投入企业，就会从所有者身份转变为出资人身份。因此，出资人不再有权直接使用和处置这些财产，而是作为股东行使股东权利。根据有关规定，这种权利一般包括财产权和管理参与权，其中财产权是股东出资的核心和目的；管理参与权则是一种手段，是保证股东实现其财产权的必要途径。基于以上分析，由于国有资产管理机构处于出资人的地位，并享有股东的相应权利、义务，所以它们都是民事主体，与公司（企业）之间的关系是平等主体之间的关系，它们不具有行政隶属关系。我们应立足出资人监管系民事法律关系这个原则，将其所产生的社会关系纳入到民事法律调整范围，形成特定部门的法律关系。我们应以此为原则，构建和规范出资人监管的法律构架。[①] 但同时我们又要注意到《国资法》明确国务院和地方政府作为经营性国有资产的出资人，国资委作为出资人代表，这里主要将是指国资委作为出资人代表在主体上应当作为平等民事法律关系的一员。

---

[①]　参见岳燕锦：《国有资产管理机构的法律地位研究》，《重庆交通大学学报》，2008 年第 8 期。

## 第二节  国有企业出资人监管模式的分析

### 一、国有企业出资人监管的概念与比较

#### (一)  国有企业出资人监管的界定

本研究所指的出资人监管,是指国有资产管理机构根据《企业国有资产法》等法律规定,履行出资人职责,对其所属的国家出资企业进行监督管理的行为和过程。

国有企业"出资人"是指国有资产最终所有人或委托人的实际权利行使人①。本研究认为既然明确出资人的定位即就要明确国有资产管理机构作为出资人即股东的身份,它不是政府行政机关的身份,而是与所出资企业平等的主体。企业国有资本的管理方式不再是行政审批的管理,而是按照《公司法》赋予股东权利来进行管理,以更好地行使股东的权利,确保所有者到位。

《国资法》第十二条规定,履行出资人职责的机构代表本级人民政府对国家出资企业依法享有资产收益、参与重大决策和选择管理者等出资人权利。"国有企业出资人"是指国有资产最终所有人或委托人的实际权利行使人②。本研究认为既然明确出资人的定位即就要明确国有资产管理机构作为投资方即股东的身份,而不是政府行政机关的身份,它与所出资企业是平等主体。本研究所指的出资人监管是指国资监管机构根据有关法律规定的职责,针对经营性国有资产,对其所属的国家出资企业履行监督管理行为的过程。它对企业国有资本的管理方式,不再是行政审批管理而是按照《公司法》赋予股东权利来进行管理。股东根据公司法规定享有股东权利,股东权主要包括以下方面:资产收

---

① 参见李曙光:《论〈国有资产法〉中的"五人"定位》,《政治与法律》,2009 年第 4 期。
② 参见李曙光:《论〈国有资产法〉中的"五人"定位》,《政治与法律》,2009 年第 4 期。

益权,即获得投资收益权、股息红利权;重大决策权,即决定企业重大事项的权利;选择管理权、即依法选举董事和监事的权利。依照《公司法》的规定,股东会行使以下职权:决定公司的经营方针和投资计划;选举和更换董事,决定有关董事的报酬事项;审议批准董事会的报告;审议批准监事会报告;审议批准公司年度财务预算方案、决算方案;审议批准公司的利润分配方案和弥补亏损方案;对公司增加或者减少注册资本作出决定;修改公司章程。[1]

国有企业出资人监管的内涵,目前在国资监管的内容上《国资法》将国资监管分为国有资本经营预算管理、国有资产的基础管理、关系国有资产出资人权益的重大事项的监管三大方面。《国资法》侧重于将关系国有资产出资人权益的重大事项进行监管,监管范围包括对国家出资企业基本经济活动[2]的监管、对国家出资企业改制的监管、与关联方交易的监管和国有资产转让的监管,履行监管职能的主体主要来自出资人和履行出资人职责的机构,监管的手段主要是对涉及监管对象的经营行为的决定和审批、批准、备案、核准、同意等。[3]

国有企业出资人监管的外延,宏观上国家对出资人监管的内容是党的"十六大"提出的要"管人、管事、管资产相结合",其实也就是出资人的资产收益、选择管理者、重大事项决策三大权利。出资人监管关键是既要行使权利也要强化责任。目前国有资产出资人权利如下:一是企业负责人管理,即管人。国资机构依法任免或建议任免所出资企业的负责人,并对企业负责人进行考核奖惩,以建立健全适应现代企业制度要求的企业负责人的选用机制和激励约束机制。[4] 国有企业出资人,有向国资运营主体或企业委派董事、监事、财务总监的权利。在非国有独资和全资企业,可采取国际通行的推荐或委派董事的办法。二

---

① 参见岳燕锦:《国有资产管理机构的法律地位研究》,《重庆交通大学学报》,2008 第 8 期。

② 包括合并、分立、减少注册资本、发行债券分配以及解散、申请破产等事项。

③ 参见王克稳:《〈企业国有资产法〉的进步与不足》,《苏州大学学报(哲学社会科学版)》,2009 年第 4 期。

④ 参见陈丽:《关于创建国有资产管理新体制若干问题的思考(下)》,载《中国经贸导刊》2003 年第 8 期。

是企业重大事项的管理，即管事。出资人依法决定或参与被投资企业的合并、分立、解散、破产、增资或减资、发行公司债券、重大投融资方案、发展战略和规划的决策。在管理方面，要逐步实现从直接管理向间接管理的转变，从注重微观管理向注重中观管理和宏观管理的转变。重点从立法、政策、授权、委托、培育和发展产权交易市场等方面促进资产流动和国有经济结构调整，切实做好国有资产的中观和宏观管理。国资委可以向国有资产经营单位或企业派出产权代表，通过董事会间接管理国有资产经营单位或企业，并根据其持股比例对重大经营决策和重大事项行使表决权。公司监事或财务总监仅对董事会决策的合法性进行监督，对国有资产经营单位或企业的财务制度进行指导和监督。现行投资者管理模式的建立，使以往一切都要经过国资委审批的管理模式成为历史，实现了从事前审批管理向事后监督管理的转变。三是管预算。国有资产机构承担企业国有资产的基本管理、产权交易的监督、收入管理和重大资产的处置。在资产方面，应明确中央和地方国有资产管理机构分别负责管理中央和地方企业的经营性国有资产，国有资产管理机构代表国家履行国有资产投资者的职能。对于非国有独资企业或全资企业，国家只对所投资的国有资产承担有限责任，不再直接干预国有资产经营单位或企业的具体经营管理，监督其是否按照法律法规和公司章程（或经营协议）的规定进行经营，从实物管理向价值管理转变，实现国有资产所有权和经营权的分离，只是其基本要求。[①]

国有资产经营机构必须依法行使出资人权利，履行出资人的义务。重点要注意的是两个方面：一是依法划分股东权和企业法人财产权的界限，对股东权范围内的事项行使职权，对企业董事会和经理层未经股东（会）决定的事项作出决定，尊重企业法人的产权，促进企业自主经营。二是严格按照法律规定的方法和程序行使投资者的权利，防止不当干预企业和损害其他股东的利益。根据被投资企业的不同形式，对所出资企业中的国有独资公司、国有企业独资企业、国有控股公司、国

---

① 参见岳燕锦：《国有资产管理机构的法律地位研究》，《重庆交通大学学报》，2008 第 8 期。

有参股公司的事务、人员和资产的管理权,应当按照法律规定的方式和程序行使。[①]

出资人监管是非行政性的。根据国资委的法律定位,国资委是受国务院等各级人民政府委托,充分行使国有资产投资者职能的直属特设机构。《国资法》第六条规定国务院和地方人民政府应当按照政企分开、社会公共管理职能与国有资产出资人职能分开、不干预企业依法自主经营的原则,依法履行出资人职责。为此法条明确国资委需保持足够的独立性和非行政性,不能再用行政方式进行监管。

### (二) 出资人监管特点及与其他监管模式的比较

1. 出资人监管的特点

出资人监管是非行政性的。根据国资委的法律定位,国资委是受国务院委托,专职行使国有资产出资人职能的直属特设机构。《企业国有资产法》第六条规定国务院和地方人民政府应当按照政企分开、社会公共管理职能与国有资产出资人职能分开、不干预企业依法自主经营的原则,依法履行出资人职责。为此法条明确国资委需保持足够的独立性和非政府性,不能再用行政方式进行监管。

就法律层面而言,出资人代表的定位,就要明确国有资产监督管理机构作为股东的法律地位与身份,而不是政府行政机关的身份,它与所出资企业是民事法律关系上的平等主体。即出资人监管是非行政性的。其对企业国有资产的管理不再是行政审批管理,而是应当按照《公司法》赋予股东(出资人)的权利进行管理,履行股东的权利和责任。

作为所有人,国家一旦将自己的财产投入企业,就会从所有者身份转变为出资人身份。因此,出资人不再有权直接使用和处置这些财产,而是作为股东行使股东权利。根据有关规定,这种权利一般包括财产权和管理参与权,其中财产权是股东出资的核心和目的;管理参与权则

---

① 参见岳燕锦:《国有资产管理机构的法律地位研究》,《重庆交通大学学报》,2008 第 8 期。

是一种手段,是保证股东实现其财产权的必要途径。基于以上分析,由于国有资产管理机构处于出资人的地位,并享有股东的相应权利、义务,所以他们都是民事主体,与公司(企业)之间的关系是平等主体之间的关系,他们不具有行政隶属关系。

2. 出资人监管与其他监管的比较

国有资产监管按照国资监管的形式的不同主要分为:出资人监管、政府行政监管、国资所处的行业监管及国家司法监管四种类型。

出资人监管,是指履行国家出资企业出资人职责的机构,通过履行出资人职能对所出资企业的监督,是在股东职责范围内的监督,主要方法是通过内部监管手段对出资人的权益进行监督,是一种内部监管①。

行政监管,它是指政府对市场经济秩序的维护和干预,是政府通过制裁手段对个人或组织自由决策的一种强制性限制,是政府部门行使社会公共管理职能的行政监督。《企业国有资产法》第七章专门规定了国有资产监督包括政府及政府审计机关的监督。带有行政强制性,行政监管具有行政处罚、处分的权利。

行业监管是指企业所在的行业监管,如证监会、银监会对金融国有资产的监管,属于社会公共管理职能,可以针对金融机构发布公告、通告及采取一定的处罚措施,以及一定的行政审批权,此外其他的国家出资企业和资产在不同的领域内还要遵守各自领域内的行业监管。

司法监管是指国有资产纠纷最后的司法救济。《企业国有资产法》的出台则使法律途径解决变成可能。国资委作为股东、出资人角色,不作国有资产纠纷终极裁判者的角色,国有资产按照市场化原则投资与经营,《企业国有资产法》的确立为司法介入国资经营纠纷及违法案件提供了法理依据,为司法救济提供了支撑。②

---

① 参见李曙光:《论〈国有资产法〉中的"五人"定位》,《政治与法律》,2009 年第 4 期。
② 参见李曙光:《论〈国有资产法〉中的"五人"定位》,《政治与法律》,2009 年第 4 期。

## 第三节 国有企业出资人制度存在的问题

### 一、国资委出资人地位尚未得到充分落实

国资委能否按照出资人定位履行职责,是国资委国有资产管理体制改革成败的关键。所有者缺位情况如果不能改变,国有资产管理体制改革将难以成功。十六大以后的国有资产管理体制改革,中央和地方国资委的逐步建立,这在一定程度上缓和了传统国有资产监管模式、制度本身缺陷所带来的负面影响,基本改变了原有的国有资产所有权被分割在不同的行政管理部门、国有资产产权责任主体缺位、国有资产缺少有效且强有力的监督主体的弊端。然而,由于与所有权代表人相对应的责任和利益机制,特别是法律支持尚未健全完善,特别是在有限出资人地位的情况之下,地方国资委难以在体制框架下承担所有者角色,甚至在某种程度上,仅扮演着"国有资产统计局"的角色。在实践的探索中,个别地方国资委还存在定位不准或错误的情况,比如对企业越管越多,越管越细。这样在本该履行的职责上,包括推进国有企业改革、调整国有经济布局与结构等方面就有可能出现缺位。[1] 而从制度经济学的角度来说,由于缺乏明晰的产权主体,国有企业乃至国有资产整体很难成为有效的资源配置主体。从管理学的"三角定理"来讲,国有企业的责权利很难促成有效率的管理机制。

### 二、出资人监管权利与行政管理关系不明确

由于国资法立法前多年来国资委承担大量的公共管理职能,虽然

---

[1] 参见魏敏:《转型期地方国有资产管理体制创新对策思考》,载《宁波经济(三江论坛)》2014年第6期。

《企业国有资产法》没有明确取消国资委的行政监管职能,但第七章明确规定,国有资产监管由全国人民代表大会常务委员会、政府和政府审计机关以及公众监督机构组成,这实际上是朝着剥离国资委现有的行政监督职能和立法职能迈出的明确一步。国资委的监督职能只是内部监督,即对其作为股东的资产进行监督,这与政府行政机关的监督有很大不同①。此次《国资法》虽然作出了国资委成为国有企业出资人代表的规定,但未对国资委原承担的行政监管职能作出明确的规定,这样国资委原有行政职能由谁来接手,原有规定是否有效,今后的问题由谁负责都未作出详细的规定。即使是其他相关部门接手管理,在无法律明文规定的情况下,都会给监管工作带来不便,以致影响监管工作的有效性。

## 三、国有投资运营公司的职能尚未规范

设立国有控股公司的目的是在国有资产出资人和实体企业之间构造一座桥梁,实现国有资产所有权和经营权的分开,国有控股公司必须按照现代资本规律运作,符合价值形态管理,以国有资本经营取代国有企业管理,用国有资本管理从实物形态进入到价值形态,通过这座桥梁,可以真正实现从实物形态到价值形态、从一般产权形态到股权形态的管理。国有控股公司的设立,在缓冲政府干预、有效协调决策、提供战略指导、改善财务纪律、集中稀缺管理人才、提高企业管理水平等方面发挥了积极作用。然而,目前国有投资运营公司还存在很多问题。具体表现为:

### (一)国有投资运营公司业务范围不明确

按照制度设计,国有投资运营公司的职能是受经营性国有资产出

---

① 参见封延会:《国资法实施观察:国资管理的体制框架与运营机制分析》,载《研究生法学》2012 年第 8 期。

资人委托对国有企业行使投资等权利,而不是从事经营。但在实践中,很多国有投资运营公司并不满足于"资产运营"而进行"业务运营"。这样国有投资运营公司就会演变成一般的国有企业,同时国有控股公司的业务会和其他控股公司的企业出现重叠,出现利用其权利限制企业的业务并抢夺企业的业务,造成代理分层结构破坏。

### (二)国有控股公司的工作方式仍带有行政色彩

国有投资运营公司承担了一些本应由政府承担的职能。如国有投资运营公司推动企业改制和重组,必然涉及职工裁员、提前退休和社会保障问题[1],这些本应由政府解决的问题推给了控股公司,投资运营公司就很难按经济规律和经济手段办事。

### (三)国有投资运营公司的管理控制与基层公司治理规则发生冲突

国有投资运营公司是企业的大股东甚至是唯一股东,它在对子公司进行管理控制时就会与公司治理产生冲突,因为公司治理要求被控股的企业保持相对独立性和对大小股东的公平对待,而管理控制可能会损害独立性和公平性[2]。尽管管理控制可以减少企业内部人控制所带来的问题,但由于控股公司并非出资人,其管理控制的角度和范围的不明确都有可能使企业内部人控制演变为投资运营公司的内部人控制。

## 四、内外部监督缺乏广度和深度

目前,国有企业中普遍采用"党政一肩挑"、党政成员交叉任职的领

---

[1] 参见李玮、张恩众:《从国资改革的实践看国资管理体制的建设》,载《山东经济》2003 年第 11 期。

[2] 参见于基勇、赵莹:《论国有资产管理体制的建设》,载《山东行政学院山东省经济管理干部学院学报》2003 年第 10 期。

导体制,国有企业经营者既是决策者和执行者,又是管理者和监督者,监督的主体客体模糊不清[1];有的虽然建立了董事会,但大多不是真正的决策控制机构,只是形式上存在。有的企业的监事会由于国有企业产权的单一性和封闭性,导致监事会成员由被监督者所任免,自然监督力就大大减弱;相当多的国有企业改制为公司后,《公司法》规定的法人治理结构基本不是按所设计的模式发挥作用,企业内部没有建立起规范的投资制度和决策制度,主要经营者享有决定性的权利,同时又缺乏重大投资和决策的责任追究制度,导致国有企业经营者的投资和决策行为失去制衡。

合理完善的外部监督机制是防范国有企业经营者违规行为和国有资产流失的有效手段,它能使经营者业绩得到公正的评价,并把对经营者行为的监督纳入到正常的制度化轨道。在目前对国有企业经营者的监督,有各级党政组织部门、纪检部门和国家执法监督机构监督,以及国家各级审计机关及会计师事务所的监督。然而,这两个方面的监督并没有充分发挥作用。首先各部门的监督工作通常只注重违法乱纪、贪污挪用等职务犯罪,轻决策失误、经营管理能力低等问题,在这方面很难作出明确的界定,没有明确的规定。而主要承担社会监督的国家各级审计机关及会计师事务所,在实践中由于审计机关与其审计结果的质量并无严格的责任关系,致使作为政府部门的国家审计机关缺乏获取信息依法公正审计的积极性。而会计师事务所缺乏必要的行业监督,各事务所为争取客户,不惜与企业串通,为企业出具虚假、不真实的报表。为此在内外监督约束机制缺失的情况下,经营性国有企业的监督力度是缺乏深度和广度的。

鉴于目前《国资法》对以上问题并未作出突破性的规定,对各类国有资产实施统一管理的条件也不够成熟,《国资法》第 11 条规定:"国务院国有资产监督管理机构和地方人民政府按照国务院的规定设立的国

---

① 参见董俊、陈瑞华:《完善国有企业经营者监督与激励机制的思考》,载《企业经济》2003年第 1 期。

有资产监督管理机构,根据本级人民政府的授权,代表本级人民政府对国家出资企业履行出资人职责。国务院和地方人民政府根据需要,可以授权其他部门、机构代表本级人民政府对国家出资企业履行出资人职责。"本研究认为当前我们研究国资管理的重点不是实现各类国有资产统一管理的问题,而是应该立足完善当前已经明确的出资人监管上来,这样不论是哪个部门或多个部门作为出资人都应首先立足出资人监管,如何建立完善的出资人制度是《国资法》的中心问题。以有效开展相对应的监管活动,以符合当前立法精神,为最终建立一个"产权清晰、权责明确、机制理顺、公开透明,监督有力"的科学、高效的国资分类监管体系而奠定坚实基础。

# 第四节　国有企业出资人监管的职权分析

## 一、国有企业出资人的职权范围分析

关于国有企业出资人的职权范围,《公司法》《企业国有资产法》《物权法》《企业财务通则》等都有一定表述。

### (一)《公司法》相关规定

1. 总体表述:"公司股东作为出资者按投入公司的资本额享有所有者的资产受益、重大决策和选择管理者等权利。"

2. 关于控股和参股企业规定

"有限责任公司股东会(股份有限公司)由全体股东组成,股东会是公司的权力机构,依照本法行使职权。股东会行使下列职权:(1)决定公司的经营方针和投资计划;(2)选举和更换董事,决定有关董事的报酬事项;(3)选举和更换由股东代表出任的监事,决定有关监事的报酬事项;(4)审议批准董事会的报告;(5)审议批准监事会或者监事的报告;(6)审议批准公司的年度财务预算方案、决算方案;(7)审议批准公司的利润分配方案和弥补亏损方案;(8)对公司增加或者减少注册资本做出决议;(9)对发行公司债券做出决议;(10)对股东向股东以外的人转让出资做出决议;(11)对公司合并、分立、变更公司形式、解散和清算等事项做出决议;(12)修改公司章程。

"股东会会议由股东按照出资比例行使表决权。"

"股东会的议事方式和表决程序,除本法有规定的以外,由公司章程规定。股东会对公司增加或者减少注册资本、分立、合并、解散或者变更公司形式做出决议,必须经代表三分之二以上表决权的股东通过。公司可以修改章程。修改公司章程的决议,必须经代表三分之二以上表决权的股东通过。"

3. 关于国有独资公司规定

"国有独资公司是指国家授权投资的机构或者国家授权的部门单独投资设立的有限责任公司。"

"国有独资公司的公司章程由国家授权投资的机构或者国家授权的部门依照本法制定,或者由董事会制定,报国家授权投资的机构或者国家授权的部门批准。"

"国有独资公司不设股东会,由国家授权投资的机构或者国家授权的部门,授权公司董事会行使股东会的部分职权,决定公司的重大事项,但公司的合并、分立、解散、增减资本和发行公司债券,必须由国家授权投资的机构或者国家授权的部门决定。"

"国有独资公司的董事长、副董事长、董事、经理,未经国家授权投资的机构或者国家授权的部门同意,不得兼任其他有限责任公司、股份有限公司或者其他经营组织的负责人。"

"国有独资公司的资产转让,依照法律、行政法规的规定,由国家授权投资的机构或者国家授权的部门办理审批和财产权转移手续。"

### (二)《企业国有资产法》相关规定

1. 总体规定:"履行出资人职责的机构代表本级人民政府对国家出资企业依法享有资产收益、参与重大决策和选择管理者等出资人权利。"

2．一般规定

"履行出资人职责的机构依照法律、行政法规的规定，制定或者参与制定国家出资企业的章程。"

"履行出资人职责的机构委派的股东代表参加国有资本控股公司、国有资本参股公司召开的股东会会议、股东大会会议，应当按照委派机构的指示提出提案、发表意见、行使表决权，并将其履行职责的情况和结果及时报告委派机构。"

"履行出资人职责的机构应当依照法律、行政法规以及企业章程履行出资人职责，保障出资人权益，防止国有资产损失。"

"履行出资人职责的机构应当维护企业作为市场主体依法享有的权利，除依法履行出资人职责外，不得干预企业经营活动。""履行出资人职责的机构对法律、行政法规和本级人民政府规定须经本级人民政府批准的履行出资人职责的重大事项，应当报请本级人民政府批准。"

"履行出资人职责的机构对本级人民政府负责，向本级人民政府报告履行出资人职责的情况，接受本级人民政府的监督和考核，对国有资产的保值增值负责。""履行出资人职责的机构应当按照国家有关规定，定期向本级人民政府报告有关国有资产总量、结构、变动、收益等汇总分析的情况。"

3．关系国有资产出资人权益重大事项规定

"国家出资企业合并、分立、改制、上市，增加或者减少注册资本，发行债券，进行重大投资，为他人提供大额担保，转让重大财产，进行大额捐赠，分配利润，以及解散、申请破产等重大事项，应当遵守法律、行政法规以及企业章程的规定，不得损害出资人和债权人的权益。"

"国有独资企业、国有独资公司合并、分立，增加或者减少注册资本，发行债券，分配利润，以及解散、申请破产，由履行出资人职责的机构决定。"

"国有独资企业、国有独资公司有本法第三十条所列事项（合并、分立、改制等重大事项），除依照本法第三十一条和有关法律、行政法规以及企业章程的规定，由履行出资人职责的机构决定的以外，国有独资企业由企业负责人集体讨论决定,国有独资公司由董事会决定。"

"国有资本控股公司、国有资本参股公司有本法第三十条所列事项的,依照法律、行政法规以及公司章程的规定,由公司股东会、股东大会或者董事会决定。由股东会、股东大会决定的,履行出资人职责的机构委派的股东代表应当依照本法第十三条的规定行使权利。"

"重要的国有独资企业、国有独资公司、国有资本控股公司的合并、分立、解散、申请破产以及法律、行政法规和本级人民政府规定应当由履行出资人职责的机构报经本级人民政府批准的重大事项,履行出资人职责的机构在做出决定或者向其委派参加国有资本控股公司股东会会议、股东大会会议的股东代表作出指示前,应当报请本级人民政府批准。"

"国家出资企业发行债券、投资等事项,有关法律、行政法规规定应当报经人民政府或者人民政府有关部门、机构批准、核准或者备案的,依照其规定。"

"国有独资企业、国有独资公司、国有资本控股公司对其所出资企业的重大事项参照本章规定履行出资人职责。具体办法由国务院规定。"

"未经履行出资人职责的机构同意,国有独资企业、国有独资公司不得有下列行为:(1)与关联方订立财产转让、借款的协议;(2)为关联方提供担保;(3)与关联方共同出资设立企业,或者向董事、监事、高级管理人员或者其近亲属所有或者实际控制的企业投资"。

"国有资本控股公司、国有资本参股公司与关联方的交易,依照《中华人民共和国公司法》和有关行政法规以及公司章程的规定,由公司股东会、股东大会或者董事会决定。由公司股东会、股东大会决定的,履行出资人职责的机构委派的股东代表,应当依照本法第十三条的规定行使权利。"

"国有资产转让由履行出资人职责的机构决定。履行出资人职责的机构决定转让全部国有资产的,或者转让部分国有资产致使国家对该企业不再具有控股地位的,应当报请本级人民政府批准。"

### （三）《民法典》相关规定

1. 明确了国有财产的归属："法律规定属于国家所有的财产,属于国家所有即全民所有。"规定"国家出资的企业,由国务院、地方人民政府依照法律、行政法规规定分别代表国家履行出资人职责,享有出资人权益"。

国家"可以依法出资设立有限责任公司、股份有限公司或者其他企业""对其不动产和动产依照法律或者章程享有占有、使用、收益和处分的权利。"

2. 《民法典》强调"国家所有的财产受法律保护,禁止任何单位和个人侵占、哄抢、私分、截留、破坏"。针对国有企业财产流失的问题,民法典规定:"违反国有财产管理规定,在企业改制、合并分立、关联交易等过程中,低价转让、合谋私分、擅自担保或者以其他方式造成国有财产损失的,应当依法承担法律责任。"

3. 对监管不力造成国有财产流失的机构和工作人员设置了"高压线"。针对国有财产监管中存在的问题,《民法典》规定:履行国有财产管理、监督职责的机构及其工作人员,应当依法加强对国有财产的管理、监督,促进国有财产保值增值,防止国有财产损失;滥用职权,玩忽职守,造成国有财产损失的,应当依法承担法律责任。

### （四）《企业财务通则》相关规定

**《企业财务通则》从财务管理角度关于出资人（投资者）规定职权范围包括：**

1. 审议批准企业内部财务管理制度、企业财务战略、财务规划和财务预算。

2. 决定企业的筹资、投资、担保、捐赠、重组、经营者报酬、利润分配等重大财务事项。

3. 决定企业聘请或者解聘会计师事务所、资产评估机构等中介机构事项。

4. 对经营者实施财务监督和财务考核。

5. 按照规定向全资或者控股企业委派或者推荐财务总监。

投资者应当通过股东（大）会、董事会或者其他形式的内部机构履行财务管理职责，可以通过企业章程、内部制度、合同约定等方式将部分财务管理职责授予经营者。

## 二、相关法律规定的比较分析

### （一）职权范围综述性描述基本一致

《公司法》《国资法》对国有企业出资人职权范围的综述性描述都大体一致，即"公司股东作为出资者按投入公司的资本额享有所有者的资产受益、重大决策和选择管理者等权利"。

具体而言，包括：

1. 享有资产收益。法律对资产收益的司法解释基本一致，就是指出资人有权通过企业盈余分配从中获得红利。获得红利是出资人投资的主要目的之一，只要出资人按照章程或者其他约定，如期、足额地履行了出资义务，就有权审议批准公司的利润分配方案和弥补亏损方案。一般而言，出资人应当按照其实缴出资比例或者股东协议、章程等约定分取红利。

2. 选择经营管理者。法律对选择经营管理者的司法解释基本一致，即出资人有权选举或者更换公司的董事、监事，决定董事、监事的薪酬，通过董事会来聘任或者解聘经理等企业高级管理人员。

3. 参与重大决策。《公司法》《国有资产法》重大决策都包括了：①对公司增加或者减少注册资本做出决议；②对发行公司债券做出决议；③对股东向股东以外的人转让出资做出决议；④对公司合并、分立、改制、变更公司形式、解散、清算、申请破产等事项做出决议；⑤审议批准公司的利润分配方案和弥补亏损方案。

### （二）施行职权的方式总体表述一致

国有控股企业、国有参股企业出资人施行职权的方式：由委派的股东代表参加国有资本控股公司、国有资本参股公司召开的股东会会议、股东大会会议，按照委派机构的指示提出提案、发表意见、行使表决权，并将其履行职责的情况和结果及时报告委派机构；对重大事项发表意见、行使表决权，并将其履行职责的情况和结果及时报告委派机构。

**国有独资公司出资人施行职权的方式：**（1）合并、分立、解散、增减资本和发行公司债券，必须由国家授权投资的机构或者国家授权的部门决定。（2）资产转让须由国家授权投资办理资产转让审批和财产权转移手续。（3）国家授权投资的机构制定或批准公司章程。

### （三）重大决策具体列举内容略有不同

《公司法》里列举了重大决策除共同的五项事项外还包括：①决定公司的经营方针和投资计划；②审议批准董事会的报告；③审议批准监事会或者监事的报告；④审议批准公司的年度财务预算方案、决算方案。

另外《公司法》规定"国家授权部门可以授权公司董事会行使股东会的部分职权。"

《国有资产法》里列举了重大决策除共同的五项事项外还包括：①重大投资，为他人提供大额担保，转让重大财产，进行大额捐赠等。②关联方交易。

《企业财务通则》赋予投资人的财务管理事项更加宽泛，除共同的内容，还包括：①审议批准企业内部财务管理制度、企业财务战略、财务规划和财务预算。②决定企业的筹资、投资、担保、捐赠、重组等重大财务事项。③决定企业聘请或者解聘会计师事务所、资产评估机构等中介机构事项。④对经营者实施财务监督和财务考核。⑤按照规定向全资或者控股企业委派或者推荐财务总监。

### （四）参与部分重大决策的方式略有不同

1. 制定公司章程的区别。《公司法》规定国有控股、国有参股企业都通过股东大会制定公司章程。《国有资产法》规定"履行出资人职责的机构依照法律、行政法规的规定,制定或者参与制定国家出资企业的章程"。

2. 关联方交易的规定。《公司法》等法律没有关于关联方的明确规定。但《国有资产法》明确规定"未经履行出资人职责的机构同意,国有独资企业、国有独资公司不得有下列行为:①与关联方订立财产转让、借款的协议;②为关联方提供担保;③与关联方共同出资设立企业,或者向董事、监事、高级管理人员或者其近亲属所有或者实际控制的企业投资"。

## 三、国有企业出资人职权范围比较分析

出资人职权基本上就是股东的职能。中央人民政府(国务院)和地方人民政府通过各自设立履行出资人职责的机构,代表国家享有股东的职能。

综合法律规定,**履行出资人职责的机构的职权狭义范围包括:**1. 享有资产收益。2. 选择经营管理者。经营管理者指企业董事、监事。3. 重大决策权益。重大决策至少包括:①对公司增加或者减少注册资本做出决议;②对发行公司债券做出决议;③对股东向股东以外的人转让出资做出决议;④对公司合并、分立、改制、变更公司形式、解散、清算、申请破产等事项做出决议;⑤审议批准公司的利润分配方案和弥补亏损方案。

**履行出资人职责的机构的职权广义范围包括:**除狭义范围外,还包括参与其他可由行政法规以及企业章程规定,法律没有明确列举、列举不一致或履行职权方式不一致的重大决策权益内容,主要包括:(1)公司的经营方针、投资计划和战略计划;(2)董监事报告,预决算方案和报告;(3)重大融资、投资行为。除发行债券、上市外的其他企业的重大融资行为;为他人提供大额担保,转让重大财产,进行大额捐赠对外投资,购置或者转让主要资产,变更主要业务等重大投资行为;(4)重大交易行为,如与关联方交易,大额资金交易等;(5)重要的内部制度,如章

程、内部财务管理制度等；(6)人力资源管理，如委派或推荐财务总监等重要岗位人才。

以上只是出资人享有的主要权利，除此之外，出资人还享有其他基本权利，如查阅公司章程、股东大会会议记录和财务会计报告，对公司的经营提出建议或者质询；董事、高级管理人员违反法律、行政法规或者章程的规定，损害股东利益的，出资人即股东可以向人民法院提起诉讼。

除履行出资人职责的机构和企业的职能基本划分外，《国有资产法》介于国有资产的特殊性，还界定了人民政府和履行出资人职责的机构的权责划分。《国有资产法》明确履行出资人职责的机构国资委要做国有企业出资人，人民政府享有国有资产保值增值的监管权。人民政府及人大通过以下形式对国有资产保值增值行使监督："各级人民代表大会常务委员会通过听取和审议本级人民政府履行出资人职责的情况和国有资产监督管理情况的专项工作报告，组织对本法实施情况的执法检查等，依法行使监督职权。""履行出资人职责的机构对本级人民政府负责，向本级人民政府报告履行出资人职责的情况，接受本级人民政府的监督和考核，对国有资产的保值增值负责。""履行出资人职责的机构应当按照国家有关规定，定期向本级人民政府报告有关国有资产总量、结构、变动、收益等汇总分析的情况。"

# 第五节　国有企业出资人监管的改革完善

## 一、国有资产出资人监管发展的基本原则

鉴于《企业国有资产法》已经对出资人的概念进行了明确界定，并逐步展现出了进一步立法的轮廓，本研究认为，我们应牢牢抓住目前已经明确的出资人监管这个目标开展研究和讨论，对国有资产管理机构系出资人的角色，应从出资人监管这个法律层面给主体予以科学定位。

由于国有资产管理机构处于出资人的地位,并享有股东的相应权利、义务,所以它们都是民事主体,与公司(企业)之间的关系是平等主体之间的关系,它们不具有行政隶属关系。出资人不能仰仗行政权力来干预企业的具体经营活动,而是依法行使自己的民事权利。

我们应立足出资人监管系民事法律关系这个原则,将其所产生的社会关系纳入民事法律调整范围,形成特定部门的法律关系①。从一定意义上说,民事主体确立的前提是民事法律关系的确认,这里所讲的主要是广义上的民事法律关系即民事法律规范调整平等主体之间的财产关系和社会关系,也就是规定出现某种法律事实即发生某种法律后果,该法律后果即是在当事人之间产生民事法律关系。民事主体具有两个鲜明的特点:一是主体资格的广泛性,二是主体资格的平等性;民事法律关系的本质是人身关系和财产关系中的平等人格关系,在民事法律关系中,主体资格平等也称权势能力平等,也就是说国有企业出资人在法律地位中与其他出资人处于同等地位②,我们应以此为原则,构建和规范出资人监管的法律构架。③

## 二、国有资产出资人监管法律体系的构建

《企业国有资产法》有许多重要的制度创新,但最重要的制度创新在于它建构了一个所有人、出资人(代表)、经营人、监督人、司法人"五人"的区别法律定位与关系的雏形。所有人、出资人(代表)、经营人、监督人、司法人"五人"各有定位、相对独立、职责明确、相互协调,构成了国有资产法律保护的基础性法律关系,是《企业国有资产法》的法理基石④。其中,出资人监管,是整个法律关系的核心。当前,我国国资监

---

① 参见马俊驹、宋刚:《民事主体功能论——兼论国家作为民事主体》,载《法学家》2003 年第 12 期。
② 参见郭明瑞:《民法学》.北京大学出版社,2001 年第 1 版。
③ 参见岳燕锦:《国有资产管理机构的法律地位研究》.重庆交通大学学报,2008 年第 8 期。
④ 参见李曙光:《企业国有资产法五人定位》,载《政治与法律》2009 年第 4 期。

管法规体系已初步形成,仍需进一步完善。方向是:积极推进《国有资产法》的修改和完善,推动《国有资产法》更加符合中国特色国有资产监管体制的改革方向,更有利于加强对国有资产的统一有效监管[①]。

### (一) 构建指导原则

根据《企业国有资产法》有关立法精神,本研究认为国有资产出资人的监管立法工作需抓牢以下原则,以符合《企业国有资产法》关于出资人的立法定位:一是立足国有企业出资人在属性定位上系股东地位,属于民事法律主体,适用民事法律关系;二是明确出资人的监管的非行政性,系非政府行政机关原则;三是鉴于《企业国有资产法》可多方设定出资人的规定,即国有企业出资人的多元性,不追求统一管理的原则;四是为了有效贯彻《企业国有资产法》的立法精神,尽快健全相关的法律配套体系,完善下位法的立法,达到法律统一的原则。我们应以此为原则,在《企业国有资产法》下构建和规范出资人监管的法律构架,建立完善、配套的出资人监管法律体系,为新时代我国国有资产的监督管理建立有法可依的制度基础。

### (二) 出资人监管法律体系的健全完善

尽管我国已经出台了《企业国有资产监督管理暂行条例》,国有资产监管机构也已制定了大量与国有资产监管相关的规范性文件,但这些制度有的立法层次较低,有的具有起步性、过渡性的特点。所以,要尽快出台《企业国有资产法》的配套法规、规章和规范性文件,明确国有资产管理机构和经营机构的法律地位、职责和权限,规范国有资产管理制度、国有资本经营预算制度,国有资产处置制度与国有资产监管制度。

一是明确调整对象。企业国有资产法对其调整对象明确规定为企业国有资产,即企业各种形式的出资所形成的国家权益。从企业组织

---

[①] 参见郭国荣:《中国特色国有资产监管体制发展完善的初步思考》,载《国有资产管理》2008 年第 7 期。

形式看,既包括国有独资企业、国有独资公司,也包括各类国家出资企业,如国有资本控股公司、国有资本参股公司等。二是明确企业国有资产监督管理体制,国有资产监督管理机构依法对国家出资企业享有资产收益、参与重大决策和选择经营管理者等出资人权利,有权依照法律、行政法规制定或参与制定国家出资企业章程,有权委派股东代表参加国有资本控股公司、股东(大)会会议等。三是明确国家出资企业的财产权利和对出资人的有关职责。《企业国有资产法》规定,国家出资企业对其动产、不动产和其他财产依照法律、行政法规以及企业章程享有占有、使用、收益和处分的权利,国家出资企业依法享有的经营自主权和其他合法权益受法律保护。国家出资企业对其出资企业依法享有出资人的权利,如资产收益、参与重大决策和选择管理人等。四是明确国家出资企业管理者选聘和考核的相关规则,进一步立法明确了履行出资人职责的机构依法任免或者建议任免的企业管理者的范围,从德能勤绩等方面对国家出资企业管理者的任职条件和程序、履行职责的要求等作出规定。五是明确涉及国有资产出资人权益的重大事项,立足于维护国有资产出资人权益的立场,要求国家出资企业发生合并、分立、改制、上市,增加或者减少注册资本,发行债券,进行重大投资,为他人提供大额担保,转让重大财产,进行大额捐赠,分配利润,以及解散、申请破产等重大事项时,应当遵守法律、行政法规以及企业章程的规定,不得损害出资人以及债权人的权益。六是明确国有资本经营预算制度的相关原则,立法要求国家建立健全国有资本经营预算制度,对取得的国有资本收入及其支出实行预算管理。应进一步立法完善编列预算的收支项目和预算编制办法,授权国务院规定国有资本经营预算管理的具体办法和实施步骤,并报全国人民代表大会常务委员会备案。

## 三、国有资产出资人监管模式与机制建设

### (一)健全完善出资人监管模式

出资人监管这一新型国资监管模式的建立健全,重点是把握好以

下四方面问题。一是与社会主义初级阶段的具体实际紧密结合起来，使监管国有资产的法律和制度始终同建设发展中国特色社会主义相适应；二是坚持党的十八大和十九大确定的国资管理体制改革方向，科学界定国有资产监管机构的职责定位，积极探索国资监管运作的有效实现形式，着力规范统一监管、有效引导国有资产的运行机制，不断推动国资监管法规体系完善；三是要适应国有资产监管体制改革和国有企业改革发展趋势，根据《公司法》《证券法》等法律以及有关行政规章的要求，进一步加强相互衔接和协调，建立健全一系列有关国有资产监管的配套规章制度；四是要围绕更好地履行出资人职责，切实做到权责义务相统一，加强相关制度建设，以管资本为核心，提供有效的制度保障。[①] 积极探索完善履行出资人职责的途径，国资委要重视国家出资企业章程的制定或参与制定工作，确保章程充分体现出资人意志。要加快完善企业法人治理结构，重视组建规范的董事会，提高国家出资企业科学决策和风险防范能力，使出资人权益得到有效维护。积极探索国资委直接持股方式，依法加强上市公司国有股权监管，规范国资委委派股东代表管理，在支持社会资本参与国有企业改革的同时，依法通过股东代表参加企业股东会（大）反映出资人意愿。应进一步明确国有独资公司董事会对股东大会部分职权行使的授权条件，并对其行权行为依法进行监督。[②]

### （二）健全完善出资人监管机制

我国的国有资产监督机制应着重于两个方面，包括国有资产监督管理机构和相关主体对所出资企业的监督。这主要通过企业治理机制和内控机制的健全与立法完善来实施。通过国有资产法明确各有关监

---

[①] 参见郭国荣：《中国特色国有资产监管体制发展完善的初步思考》，载《国有资产管理》2008 年第 7 期。

[②] 参见《关于印发〈关于进一步加强地方国有资产监管工作的若干意见〉的通知》，载《国务院国有资产监督管理委员会网站》，http://www.sasac.gov.cn/n2588035/n2588320/n2588335/c4259465/content.html。

督主体的职责权限,通过监督机制的有效运作,更好实现国有资产监管的法治化,维护国有资产权益,实现国有资产的保值增值。进一步完善国资监管范围和经营制度。按照国资管理体制改革的探索实践和国有经济布局结构调整优化的思路,适时对国资监管范围和运作方式进行调整。①

国资监管机构作为出资人代表,应该在实践检验的基础上,逐步通过授权经营方式,探索各类经营性国有资产监管体制和有效经营方式,提高国有资源配置效率,切实防止多头监管和低效运营。② 由于国资委的出资人地位已经明确,本研究认为国资系统尤其是省级及以下国资系统,国资委可探索作为投资平台、改制平台和融资平台,而此时的国资投资公司可以作为经营企业参与市场投资,而不是作为一级国资监管机构,可以通过"出资人—国有企业"这种模式完善国资监管运营系统。

对于企业法人治理结构健全、经营规模庞大和客观条件需要的特大型中央企业集团,可以通过左侧模式,授权企业履行运营和部分出资人监管等职责;对于地方经营企业,可以通过右侧模式进行资本运营和履行出资人监管等职责③。

## 四、健全完善出资人监管的重点工作

发展完善国有资产监管制度。国有资产出资人依法履行职责,要求我们要进一步加强相关制度建设。

目前重点工作包括:一是坚持完善国家基本经济制度,与社会主义初级阶段的具体实际紧密结合,使监管国有资产的法律和制度始终同

---

① 参见郭国荣:《中国特色国有资产监管体制发展完善的初步思考》,载《国有资产管理》2008 年第 7 期。
② 参见郭国荣:《中国特色国有资产监管体制发展完善的初步思考》,载《国有资产管理》2008 年第 7 期。
③ 参见吴庆宝:《国有资产出资人权益的法律调整》,《法学论坛》,2009 年第 6 期。

建设发展中国特色社会主义相适应；二是坚持党的十八大和十九大确定的国资管理体制改革方向，科学界定国有资产监管机构的职责定位，积极探索国资监管运作的有效实现形式，着力规范统一监管、有效引导国有资产的运行机制，不断推动完善国资监管法规体系；三是要适应国有资产监管体制改革和国有企业改革发展趋势，根据《国资法》《公司法》《证券法》等法律以及有关行政规章的要求，进一步加强相互衔接和协调，建立健全一系列有关国有资产监管的配套规章制度；四是要围绕更好地履行出资人职责，切实做到权、责、义务相统一，管资产与管人管事相结合，强化相关制度建设，提供制度的有效保障。[①]

## 五、国有资产出资人监管的内部监督建设

国有资产监督体系的基础是出资人的监管体制，它的完善应考虑两个方面，一是从体制内部监督制度系统，二是从体制外部监督系统。在内部监督方面，主要包括董事会的监督、财务总监制度、监事会制度、职业外部董事制度等。我们主要就内部监督进行分析。

### （一）立足当前体系，加强内部监督

国资监管机构模式是中国特色国资监管体制的组织体现。它与履行国有资产出资人职责和国有资产发展的规模、形态、功能是基本一致的[②]。随着我国国有资产出资人制度的确立，国有企业公司制股份制改革的逐步到位，国资监管机构紧密结合履行出资人职责，围绕国有资产的监督管理和股权管理建立有效运行机制，通过产权、财务、外派监事会监督，健全完善更加有效的监督体系"内部监督"。

---

[①]　参见郭国荣：《中国特色国有资产监管体制发展完善的初步思考》，载《国有资产管理》2008 年第 7 期。

[②]　参见郭国荣：《中国特色国有资产监管体制发展完善的初步思考》，载《国有资产管理》2008 年第 7 期。

## （二）完善财务总监制度，强化财务监督

财务总监制度，是指国家向国家出资企业直接派出财务总监的一种管理制度。国有资产管理部门，对辖区内国有企业的财务实施监管，是通过对财务负责人的授权来执行的。财务总监对国有资产的监督是通过适当参与制定、实施和实现企业的财务战略。一是加强对财务制度控制，国资委开展财务活动的行为准则，是建立以财务权责为核心的内部财务制度，建立统一的财务汇集制度，也是实施企业财务科学化管理的先决条件。二是加强对财务预决算的控制，国资委根据当前的经济政策、产业政策和市场预期，结合本地区实际情况，提出财务预算编制方针，对所属企业编制的预算，采取自下而上的方式，经国资委审查、调整、平衡后方可实施，并以此作为内部财务制度，供所属企业检查考核时参考①。

## （三）重构企业监事会制度

目前尽管现有内部监事会仍然有一定的缺陷，但是其良好的制度架构和法律支持却是其他监督制度所不拥有的。我们可以对其进行改造，使之符合目前国有经济多种实现形式下的国有资产监督需要，一是建立监事会的信息共享制度，充分发挥监事会的职责，首先保证监事会的充分信息权，确保公司监事会和监事对公司的经营信息能够准确、及时地了解；二是建立和完善监事会内部管理制度。要发挥监事会的功能作用，首先必须实行专职监事制度，保证监事能够把足够的精力投入到对企业的监督中去；其次，要进一步建立和健全监事会内部管理制度，主要包括：监事会议事制度、紧急事项磋商制度、重要事项通报制度、日常业务处理制度、其他内部管理制度。三是解决监督代表的活动经费和报酬来源等方面的问题。监督代表进入公司内部监事会成为内部监事，具有双重身份和双重职责，其活动经费无法单独由企业监事会的国资监管机构解决。代表在监事会的正常活动，公司按照《公司法》

---

① 参见韩鹏：《现行法律框架下国资委财务职能定位研究》，载《财会通讯》2009 年第 4 期。

和《公司章程》的规定,提供相应的经费。对于监督代表的报酬,一部分由公司提供其作为内部监事的应得报酬,另一部分可由财政按其履行情况给予补贴。[①]

## 六、国有资产出资人监管发展完善的重点

国有资产监管制度的发展完善,需要进一步加强相关制度建设。围绕进一步加强国有资产出资人能够依法履行职责,当前重点内容包括:

### (一) 完善国有资本经营预算制度

国有资本经营预算是指反映政府出资人以所有者身份的收入和用于资本性支出的预算,反映国有资本所有者与国有资本经营者之间的收益分配关系。其主要一是收支预算部分,主要有国资委编制包括一般收支项目,并分为一般经营性收入、国有资产出售与转让收入、公共预算转入资金以及债务收入项目,[②]二是财务会计报表部分。包括主表、附表、国有资产经营预算报告。要在目前试点的基础上,围绕如何更好地"收、管、用",抓紧研究制定一批规章和规范文件,健全完善相应的机制,确保依法有序推进国有资本经营预算工作。这一制度建设要与国资监管体制改革相适应,与国有企业改革发展相适应,与国有经济布局结构调整相适应。[③]

### (二) 完善国有产权监管制度

加强国有控股上市公司监管制度建设,进一步推动国有股份转让

---

① 参见王国清、周克清:《国有资产管理及监督模式的创新》,载《财经科学》2003 年第 7 期。
② 参见牛晓燕、刘玉平:《公共财政框架下的国有资本经营预算制度研究》,载《财会研究》2011 年第 10 期。
③ 参见郭国荣:《中国特色国有资产监管体制发展完善的初步思考》,载《国有资产管理》2008 年第 7 期。

有序进行和上市公司重大资产重组行为规范运作；推进国有产权交易系统建设，加强对国有资产交易行为的监管；加大境外国有产权管理力度，有效防范国有资产流失。建立和完善公共事业企业国有资产出资人制度。对已纳入地方国资委监管范围的公用事业企业，坚持政企分开、政资分开的原则，依法规范出资关系，保证出资人职责落到实处。要加快推进公用事业企业公司制股份制改革，确保国有资本在公用事业领域的主体地位，发挥公用事业企业在保障供应、服务民生、提高服务效率和质量等方面的重要作用。①

### （三）加强国有资产保值增值考核和重大资产损失责任追究

健全考核指标体系，创新考核方式方法，逐步实现精准考核，经济增加值考核有序推进，经营业绩考核体系不断完善。抓紧建立健全重大资产损失责任追究制度，持续规避经营风险，做到国资监管责任一级抓一级，层层抓落实。② 进一步落实《公司法》《企业国有资产法》赋予出资人的三项主要权利。要把党管干部原则与董事会依法选择经营管理者以及经营管理者依法行使用人权结合起来，建立适应现代企业制度要求的选人用人机制，在建立健全经营管理者考核奖惩和薪酬制度的同时，继续推进公开招聘、竞争上岗等市场化选聘经营管理者改革。加强对国家出资企业依法重大事项的管理，严格规范决策权限和程序，建立健全企业重大事项"谁决策、谁承担责任"的决策机制。按照国有资本经营预算制度的原则和出资人制度的要求，在建立健全企业国有资本经营预算制度的过程中，依法保障和落实出资人的资产收益权。③

---

① 参见郭国荣：《中国特色国有资产监管体制发展完善的初步思考》，载《国有资产管理》2008 年第 7 期。

② 参见郭国荣：《中国特色国有资产监管体制发展完善的初步思考》，载《国有资产管理》2008 年第 7 期。

③ 参见《关于印发〈关于进一步加强地方国有资产监管工作的若干意见〉的通知》，载《国务院国有资产监督管理委员会网站》，http://www.sasac.gov.cn/n2588035/n2588320/n2588335/c4259465/content.html。

### （四）坚持和完善国有企业外派监事会制度

外派监事会制度应和国有资产监管体制改革相协调，与《国有资产法》相适应，与《企业国有资产监督管理暂行条例》等相适应，与社会主义基本经济制度相衔接，与理顺国有资产监督体制机制相配套，与创新监事会工作方式方法相配套，外派监事会制度的权威性、有效性不断提高。[①] 按照《企业国有资产法》《暂行条例》的规定，尽快明确国家出资企业重要子企业的范围，加强对其合并分立、增减资本、改制、解散、清算或者申请破产等重大事项的监管，指导国家出资企业加强对其所出资企业的监管，加快探索完善国家出资企业对上市公司国有股权和境外企业国有资产的监管方式，层层落实出资人职权责任。[②]

### （五）进一步发展完善国有企业治理机制

国有企业是经营性国有资产的主要载体，也是中国特色国有资产监督的重要领域。应继续坚持所有者职能和经营者职能分离，企业作为市场主体依法享有的各项权利要切实维护，不干预企业的经营活动[③]，进一步细化有关管理、治理职能的分工和衔接，要落实出资人职责，又要依法尊重其他部门履行社会公共管理职能。注意将地方国资委的出资人监管与有关部门的行业监管、市场监管等社会公共监管区分开来，进一步明确与有关部门在经济责任审计、财务监督、企业负责人薪酬以及工资总额管理、国有资本经营预算编制与执行等方面的具

---

① 参见《关于印发〈关于进一步加强地方国有资产监管工作的若干意见〉的通知》，载《国务院国有资产监督管理委员会网站》，http://www.sasac.gov.cn/n2588035/n2588320/n2588335/c4259465/content.html。

② 参见《关于印发〈关于进一步加强地方国有资产监管工作的若干意见〉的通知》，载《国务院国有资产监督管理委员会网站》，http://www.sasac.gov.cn/n2588035/n2588320/n2588335/c4259465/content.html。

③ 参见郭国荣：《中国特色国有资产监管体制发展完善的初步思考》，载《国有资产管理》2008年第7期。

体职能分工,落实地方国资委相应职责[1],为企业经营创造更为宽松的环境。优化配置适应公司治理结构的人才资源;成立职代会,健全职工董事、职工监事制度,努力探索现代企业制度下职工民主管理的有效途径[2]。

---

[1] 参见《关于印发〈关于进一步加强地方国有资产监管工作的若干意见〉的通知》,载《国务院国有资产监督管理委员会网站》,http://www.sasac.gov.cn/n2588035/n2588320/n2588335/c4259465/content.html。

[2] 参见郭国荣:《中国特色国有资产监管体制发展完善的初步思考》,载《国有资产管理》2008 年第 7 期。

# 第六章　新时代国资国企综合改革研究

　　国有企业是中国特色社会主义的重要物质基础和政治基础。本研究围绕党中央、国务院关于新时代国资国企改革再出发的决策部署，从战略高度认识把握新时代深化国有企业改革的中心地位，以习近平新时代国有企业重要论述为指导，立足国资国企改革发展演进与当代实践，全面、准确把握国资国企改革面临的新形势、新要求，深入研究当前"国资改革、国企改革、监管改革"等重大改革问题，提出"以资本化为主线推进国资改革""以市场化为主线推进国企改革""以法治化为主线推进监管改革"等三位一体的系统推进国资国企综合改革深化的对策举措建议，进一步增强国资国企综合改革的系统性、整体性、协同性，形成国资改革、国企改革和监管改革相互联动、相互促进的综合改革格局和系统，推动国资国企成为落实我国国家战略的重要力量，成为推动经济社会持续健康发展的重要支撑。

## 第一节　国资国企改革现状与问题分析

### 一、改革现状与面临问题

　　党的十八大以来，全国国资系统贯彻落实党的十八大、十九大、十八届历次全会、十九届历次全会精神，国资国企改革不断向纵深推进，取得积极成效。从"1＋N"系列文件的出台再到国企改革三年行动，一批体制机制障碍被有力破解，一批长期未解决的问题得到有效解决，许多重要领域和关键环节实现了系统化、整体化工作推进。具体而言，一是中国特色现代企业制度和国资监管体制更趋定型成熟，公司制改制使政府与企业的职责边界在制度上和法律上都获得进一步厘清，国资监管体制推动管资本与管党建相结合、履行出资人职责与履行国资监管职责相结合、党内监督与出资人监督相结合取得重大进展①；二是国有经济布局优化和结构调整被有力推动，战略安全、产业引领、国计民生、公共服务等重点领域的营业收入占比突出②，多家国企央企实现战略性重组和专业化整合；三是逐步激活国有企业活力效率，经理层成员任期制和契约化管理、市场化用工制度、按业绩贡献决定薪酬的分配机制全面推行。

同时，根据党中央国务院关于国资国企改革的决策部署，结合我国国资国企改革的实践情况，当前，我国国资国企综合改革的进一步推进，还面临以下重要问题：

**一是国资国企综合改革的指导思想引领有待进一步加强。** 党的十八大以来，习近平总书记创造性地提出了一系列关于国有企业改革的新思想、新观点、新论断，形成了习近平新时代国有企业重要论述。新时代国资国企综合改革应进一步切实加强这一重要指导思想的引领和落实。

**二是加强党对国有企业领导的治理改革有待进一步推进。** 落实两个"一以贯之"的"中国特色现代国有企业制度"建设是新时代国资国企改革的重点工作。在这一重点工作中，国有企业党的领导的功能建设、组织建设、机制建设、权责建设、纪律建设和制度建设有待进一步推进、加强。

---

① 参见郝鹏：《深入学习贯彻习近平总书记重要论述新时代国资央企取得历史性成就》，载《学习时报》2022 年第 5 期。

② 参见郝鹏：《深入学习贯彻习近平总书记重要论述新时代国资央企取得历史性成就》，载《学习时报》2022 年第 5 期。

　　**三是加强完善以管资本为主的国资改革有待进一步推进。** 落实"管资本为主"的国有资产监管体制改革,是以国资改革带动国企改革的重点工作。在这一重点工作中,出资人监管、授权经营落实、统一监管与监管协调、分类监管发展完善、国资布局结构优化、混合所有制改革等有待进一步推进、加强。

　　**四是加强遵循市场经济规律的国企改革有待进一步推进。** 遵循市场经济规律、有利于"国有资本保值增值、提高国有经济竞争力、放大国有资本功能"是国企改革的重要方向。在这一重点工作中,国有企业要素流动、产权交易、经营管理、人力资源、考核评价、激励约束等六方面市场化等有待进一步推进、加强。

　　**五是加强完善全面依法治企的监管改革有待进一步推进。** 实现依法治企,是推动国有企业监督管理改革完善的重要保障。在这一重点工作中,国有企业监管政策法治化、党内规定法治化、监管权责法治化、分类监管法治化、监督协同法治化和风险管理法治化等六方面法治化有待进一步推进、加强。

# 第二节　以资市化为主线推进国资改革

　　贯彻和落实十八届三中全会《决定》有关要求,以提高国有资本的集中度和配置效率为核心,进一步推进以"管资本为主"的国有资本管理体制改革,是一项亟待发展完善的重要工作。

　　本研究认为,以资本化为主线推进国资改革,重点要推动实施以下改革举措。

## 一、推进国有资本出资人监管完善

　　以"管资本"为核心,推进完成国资"行政化监管"向"出资人监管"转型。以《公司法》《国资法》《证券法》三法统一为基础,以产权为纽带,围绕出资人"经营者选择、重大决策、资产收益"三大职责,健全完善包括模式、架构、路径、举措等在内的出资人监管体系与机制。

### (一) 完善出资人三大权利行使

以"管资本"为核心,推进"出资人监管"转型。围绕出资人"经营者选聘、重大决策、资产收益"三大权利与职责,健全完善以"出资人权利清单"为核心的国有企业出资人监管体系。

1. 健全完善经营者选择管理

经营者选择方面,把党管干部和按照公司章程履行公司法程序有机协调结合,建立健全国有企业管理人员的干部管理与股东会、董事会选聘程序的衔接机制。国有资产出资人对国家出资企业行使董事、监事等产权代表派出权,按规定程序对董事、监事进行选拔、任免和考核。

2. 加强健全完善重大事项管理

重大决策方面,制定、修订《国有企业"三重一大"决策制度的指导意见》等文件,加强委派产权代表表决权和监督权的行使,通过参与公司战略规划等重大事项决策,监督公司运行。建立健全国有企业出资人权利清单,完善重大事项管理。对国有企业重大事项管理实行审议制和报告制,明确重大事项范围、出资人权限与权利行使方式,完善出资人重大决策权利行使方式。

3. 健全完善资产收益管理

资产收益方面,尊重企业法人财产权和自主经营权,不干预企业的具体经营,通过深化和完善国有资本经营预算管理,切实促进国有资本保值增值。切实促进国有企业出资人资产收益收缴制度完善。会同财政部门制定实施国有资本经营预算与收益收缴办法。

### (二) 制定实施出资人权利行使制度

1. 关于经营者管理制度

健全完善《国有企业领导人员管理制度》《业绩考核与薪酬管理制度》《董监事会报告制度》等制度。国有企业出资人对委派到国有企业的领导人员进行选聘和日常管理,加强企业经营者进行业绩考核和薪酬管理,行使出资人选择和管理经营者的权利。

2. 关于重大决策管理制度

制定国家出资企业《战略规划管理制度》《重大事项管理制度》《法律风险管理制度》《国有资产损失责任追究制度》《稽查制度》等重大决策管理制度,行使出资人战略管理、重大事项管理、风险管理、责任追究等重大决策管理权利。

3. 关于资产收益管理制度

建立国家出资企业《国有资本经营收益管理制度》《综合绩效评价管理制度》,行使出资人资产收益权利。

## 二、推进国有资本的授权经营落实

国资委等出资人代表机构作为授权主体,应当依法科学界定职责,根据股权关系将权力下放给国家出资企业,促进授权放权。健全、完善"国资委—国有资本投资经营平台—国有企业"三层架构的国资管理模式与机制。推进国资监管机构、国有资本投资运营公司、国有企业监管协调。

### (一) 推进授权放权发展完善

1. 关于资本投资运营公司

出资人代表机构结合企业发展阶段、行业特点、治理能力、管理基础等,对符合条件的国有资本投资运营公司,一企一策有重点、分先后开展授权和放权。授权和下放的内容主要包括战略规划和主业管理、选人用人和股权激励、薪酬总额和重大财务事项管理等,其他方面的授权和下放内容也可以根据企业实际情况适当增加。①

———————

① 参见《国务院国资委有关负责人就〈改革国有资本授权经营体制方案〉答记者问》,载《支部建设》2019 年第 6 期。

2. 关于市场类功能类国有企业

全面实行市场自主经营和功能性国有企业自主经营,出资人代表机构应根据股权关系主要监督集团公司或参与公司治理,不得对集团公司以下各级企业具体生产经营事项进行干预。对已完成公司制改制、规范董事会建设,依法履行董事会职权,维护董事会企业重大决策权、选人用人权、薪酬分配权的企业,董事会应当独立决定公司内部管理机构的设置、基本管理制度的制定、风险内控和法律合规管理体系的建设以及对被投资企业履行股东责任的情况等。

### (三)推进授权行权发展完善

1. 加强授权行权能力建设

推动国有企业加强党的领导与完善公司治理相统一,国有企业授权行权能力进一步提高。加快形成有效的相互制衡的法人治理结构、灵活高效的市场化运作机制,组建规范高效的董事会,深化企业内部三项制度改革,强化国有资产管理,优化集团管控,提升资本运营能力。

2. 加强授权行权指导监管

确保"管得好"。搭建出资人代表机构与企业互联互通的网络平台,推进监管信息系统的全覆盖和网上实时监管。统筹各方面监管力量,增强监管合力,形成监管闭环。健全并严格执行国有企业违规操作和投资责任追究制度,建立健全分级负责、有效衔接、自上而下的责任追究制度。

## 三、推进国资统一监管与监管协调

进一步完善经营性国资监管全覆盖体系。推进经营性国资统一监管与"直接监管、委托监管与指导监管"监管体系的协调。

### (一)完成经营性国资集中统一监管

推进经营性国有资产集中统一监管的完成。通过企业重组和资源整合,促进资产集中、资本聚集、资金集成、资源集约,提高国有资本运营效率,构建集中统一、分类监管、授权明确、权责一致的国有资产监管体系①。

### 1. 脱钩划转

对与行使公共职能或发展公共事业无关的企业,彻底脱钩、转移。党政机关直接设立的企业,除另有规定外,将其资产、人员、债权债务等全部转让给国有资本投资、经营公司或者有关国有企业。

### 2. 部分保留

对与本部门、本单位公用事业协调发展的企业,予以部分保留。与本部门、本单位承担的公用事业发展职能密切相关,属于本部门、本单位职能扩展和延伸的企业,要对其进行部分转移。划转国有资本由国有资本投资经营公司持有,履行出资人职责,实施集中监管。此外,原发起人通过持有部分股权保持一定的影响力,从而实现公用事业与企业业务相互促进和共同发展。

### 3. 关闭退出

对机关事业单位"僵尸企业"、空壳企业等,通过市场化、法治化方式处置。在党政机关、事业单位经营的企业中,与行使公共职能、发展公共事业无关,但难以脱钩转让的"僵尸企业"、空壳企业等,要通过注销、破产、拍卖、出售等市场化、法治化手段进行处置。

## (二) 完善国资统一监管分类协调

### 1. 加强完善直接监管

探索制定《关于完善国有资本监管的若干意见》,进一步加强完善对实体、金融等领域国有企业的直接监管。由国务院国资委或国有企业所在省、直辖市国资委直接对此类国资国企实施监管,加快推进政企

---

① 参见《国务院关于印发改革国有资本授权经营体制方案的通知》,载中华人民共和国中央人民政府网站,http://www.gov.cn/zhengce/content/2019-04/28/content_5387112.htm。

分开、事企分开、经营类事业单位改制转企专项工作。

2. 加强完善委托监管

探索制定《关于加强国有资本委托监管的若干意见》，进一步加强完善宣传文化、科教文卫、司法公安等领域国有企业的委托监管。与委托监管单位签订协议书，日常监管实现"制度规则统一执行、运营绩效统一评价、改革重组统一谋划"。

3. 加强完善指导监管

探索完善《关于加强国有资本监管指导的若干意见》，进一步加强完善对国有企业的指导监管。注重加强中央企业和省区市国资国企资源联动、机制共振，构建"监管统一规则、经营统一评价、资源功能优势互补"的新格局。

## 四、推进国资分类监管的发展完善

对市场竞争类、金融服务类、功能保障类等三类企业进行分类定责、分类授权、分类考核、分类评价、分类治理、分类激励、分类改革、分类发展。

### （一）推动各类企业改革发展

通过分类定责、分类授权、分类考核，引导市场竞争类、金融服务类、功能保障类等三类国有企业更好服务国家发展战略；使各类国有企业更加明确自己的职责。企业应明确发展方向，根据定位合理配置资源。通过分类监管、因企施策，推动企业在导向和目标明确的前提下，激发更强的改革动力和发展活力，加快"管资本"能够实现根本性转变。

### （二）完善各类企业监督管理

针对市场竞争类、金融服务类、功能保障类等三类国有企业各类情况、不同特点，制定、完善相关监督管理规定，进一步加强对各类企业经营者选聘、业绩考核薪酬管理；完善各类企业重大决策、重大资金、重大投资、重大项目等的监督管理；完善各类企业风险防范控制、损失责任追究等事项的监督管理。

## 五、推进国资定位与布局结构优化

国有经济是实现共同富裕目标的经济基础。相应地，国有企业承担着重要的经济责任，是社会公共产品的主要提供者，保障重大基础性产业的运行，提供宏观调控的物质基础。同时，国有企业还承担着政治、社会责任，这对确保国民经济、民生和国家稳定至关重要，发挥重要作用。按照我国国资国企的功能定位，新时代应重点推进国资国企的布局结构优化。

### （一）服务国家战略

作为企业组织中的"国家队"，国有企业在国家战略的实现过程中发挥着"顶梁柱"和"压舱石"的作用。一是有力促进中国经济高质量发展。打造一批先进制造业集群，承担化解过剩产能的任务，助力实现节能减排目标。二是坚决维护国家基础服务安全，建设运营规模大、技术领先、覆盖全国的网络基础设施，积极承担投资大、收益低的基础设施建设，有力支撑制造强国、网络强国、交通强国、数字中国建设的战略实现。三是积极推动中国经济开放，共建"一带一路"，持续提升全球资源配置能力，成功落地一批标志性工程，有力带动产业链上下游企业共同"走出去"。

### （二）服务地方发展

国资国企在落实国家重大区域发展战略方面，围绕服务京津冀协同发展、长三角一体化发展、粤港澳大湾区建设、长江经济带发展、黄河流域生态保护和优质发展等区域重大战略，深入开展央地协同、企地合作，为重点产业、重点区域、重点企业提供资源资本支持，着力发挥服务城市建设、服务民生保障的重要作用。

## 六、积极稳妥推进混合所有制改革

### （一）积极推进国资国企上市

1. 推进国有企业境内上市

积极推动国有企业采取首次公开发行股票、借壳上市、整合管理体制等方式，加快企业集团整体上市或核心资产上市，实现公众持股和混合所有制改革。推动国企境内上市，形成产权多元化的产权主体或投资多元化的投资主体。健全现代国有上市企业制度，建立多元化的国有上市公司治理结构，增强企业集团之间与企业集团内部的控制关系，提高企业的资源利用效率，为国有企业做强做优做大助力。

2. 规范国有企业境外上市

支持管理规范、具备条件的国有企业多地境外上市、收购境外上市公司，海外投资当地上市，探索国有资本海外混合所有制改革。境外更为成熟的证券市场体系和对企业在信息披露、投资者保护等方面的更高要求对国有企业的公司治理产生积极影响，但同时，也应注意、预防和规避国企境外上市可能带来的国有资产损失、流失的风险。

3. 推进国有上市公司收购

推进国有企业按照功能定位和服务大局需要，采取增发、收购、合并等方式加快进一步发挥证券市场资本配置、效率优化的功能，探索上市公司混合所有制改革。支持国有控股上市公司所属企业深化混合所有制改革。调整国有经济布局、改组国有企业、调整国有经济结构，重视国有资产的重组与合理流动。

### （二）稳妥推进实体国企混合改革

淡化资本的区域、层级和所有制属性，实施横向联合、纵向整合以及专业化重组[①]。

1. 推进国有资本跨所有制混合改革

探索非上市混合所有制企业与民营资本、外资资本等跨所有制的优势互补与混合改革发展。国资国企应充分利用自身的资源优势、人才优势、技术优势,积极引入民营资本、集体资本、外资,同时也可主动入股民营企业、外资企业等,扩大国有资本的影响力。

2. 推进国有资本跨区域混合改革

探索国有企业与其他省市、其他国家资本等跨区域的优势互补与混合改革发展。地方国有企业往往具有较为鲜明的地方特色,在新一轮的国企混合改革中,应尝试打破国资国企的属地原则,使各区域的地方优势产业充分联动,打造新型产业链。

3. 推进国有资本跨层级混合改革

推进地方国企与央企、其他省市国企的股权层面的兼并收购与重组整合。创新央地合作模式,形成上下联动的改革机制,探索构建国资监管与国企改革的全国一盘棋大格局,逐步打破央企与地方国企不必要的边界,实现央企与地方企业的良性竞争与共同发展。

## 第三节　以市场化为主线推进国企改革

按照党中央有关部署要求,应正确处理好政府和市场的关系,坚持市场化改革方向,以激发企业活力和提升竞争力为着力点,进一步推进国有企业要素流动、国有企业产权交易、国有企业经营管理、人力资源、考核评价、激励约束等六个市场化,进一步推进以"市场化"为主线的国有企业改革,是一项重点和难点任务。

本研究认为,以市场化为主线推进国企改革,重点应推动实施以下

---

① 参见《上海市人民政府关于印发〈上海市开展区域性国资国企综合改革试验的实施方案〉的通知》,载《上海市人民政府公报》2019 年第 19 期。

改革举措。

# 一、推进国有企业要素流动市场化

## （一）推进国有企业要素流出的市场化

进一步推进国有企业土地、资本、技术、劳动力、资源、数据等各类要素的转出等的市场化。在决策上，必须由国有企业或其出资人自主决策，并按照市场原则进行审计评估作价，由转入方主体按照市场价格和市场方式支付对价。

## （二）推进国有企业要素流入的市场化

进一步推进国有企业土地、资本、技术、劳动力、资源、数据等各类要素的转入等的市场化，在决策上，必须由国有企业或其出资人自主决策，并按照市场原则进行审计评估作价，由国有企业按照市场价格和市场方式支付对价。

# 二、推进国有企业产权交易市场化

进一步提高产权流动的市场化程度。推进国有企业与政府部门，国有企业之间的产权流转市场化程度。充分发挥产权市场、资本市场积极作用。加快产权交易平台的建设，完善国有企业产权交易配套法律措施，构建促进产权自由进退市场的交易机制体制与公开透明的产权交易平台，促使国有产权自由流动，从而盘活存量资本，提高资产的配置效率和经济效益。除另有规定的，原则上国有企业产权交易必须按照市场价格有偿交易，且进入产权交易所公开交易。

## （一）推进国有企业产权出售的市场化

进一步推进国有企业产权划出等的市场化，在决策上，必须由国有企业或其出资人自主决策，并按照市场原则进行审计评估作价，由转入方主体按照市场价格和市场方式支付对价。不同类型的国有资产因占有单位和背景的差异，其资产评估适用的相应规范也有所不同，如受财政部门监管的国有资产占有单位的资产评估主要适用财政部发布的相关规定，而受国资委监管的国有资产占有单位的资产评估主要适用国资委的相关规定。国有企业和相关监管部门应协调配合，避免由于缺乏充足投资经验导致未按规定对现有的资产进行评估，从而导致商誉、专利、土地等资产无法入账，形成估价过低、国有资产流失的问题①。

### （二）推进国有企业产权收购的市场化

进一步推进国有企业产权收购等的市场化，在决策上，必须由国有企业或其出资人自主决策，并按照市场原则进行审计评估作价，由国有企业按照市场价格和市场方式支付对价。国有企业和相关监管部门应协调配合，谨防相对方企业高估现有资产的价值，在产权交易过程中形成虚高报价。

## 三、推进国有企业经营管理市场化

推进国有企业经营管理不断提高市场化程度，推动企业面向市场需求、把握市场导向、运用市场机制、按照市场模式、注重市场效益，市场化提升国企管理水平与经营效益。

### （一）推进国有企业经营市场化

区分政府的社会公共管理职能与国有资产出资人职责，进一步推进政企分开、政资分开②，发挥市场在国有企业经营和资源配置中的决定性作用。通过法规、制度等，去除行政干预等非市场化因素对国有企

---

① 参见谢魏：《国有企业资产流失问题应对策略》，载《市场观察》2020 年第 5 期。
② 参见《国务院关于印发改革国有资本授权经营体制方案的通知》，载《中华人民共和国中央人民政府网站》，http://www. gov. cn/zhengce/content/2019-04/28/content_5387112. htm。

业经营的影响，进一步推进国有企业在采购、销售等经营过程中经营活动的市场化。

### （二）推进国有企业管理市场化

在国有企业内部管理中，在部门设置、人员聘用、工资薪酬、成本费用等企业管理方面，进一步提高市场意识，健全市场机制，按照市场原则，核定市场价格，不断提高国有企业内部管理的市场化水平。

## 四、推进国有企业人力资源市场化

### （一）推进国有企业人员聘用的市场化

进一步完善企业领导人员选拔任用管理机制，加大市场化选聘力度。进一步畅通企业领导人员身份转变渠道，加快推动国有企业管理团队成员市场化选拔任用，建立健全"能上能下、能进能退"的市场化选拔任用机制。制定实施市场化任期制管理、选聘、退出等环节，明确任期管理、选聘标准、人选来源、选聘程序、契约签订、退出管理等具体制度。

### （二）推进国有企业人员管理的市场化

深化国有企业用人制度改革，完善党管干部和发挥市场机制的结合与协调机制。实施分类管理、分层管理、任期制管理，形成市场化选拔、考核、激励、约束企业管理人员的人才竞争机制。进一步培育优秀国有企业家队伍，推行职业经理人制度。制定、实施市场化选聘、契约化管理、差异化薪酬等环节，明确权责划分、契约签订、考核实施、薪酬管理等具体制度。

## 五、推进国有企业考核评价市场化

### （一）提高考核评价的市场化水平

进一步完善国有企业经营者业绩考核的市场化程度，突出考核的针对性和实效性。坚持业绩导向原则,建立责权利明确、市场化程度高的考核评价机制。注重考核的科学性,对于不同类型的国企适用不同的考核标准,例如,对于市场竞争类和金融服务类企业以定量考核为主,重点考核主业价值和资本价值提升;而对于功能保障类企业,则定量定性考核相结合,健全政府主管部门联审机制,重点考核城市安全运营和民生满意度提升。[①]

### (二) 推进第三方市场化考核评价

探索第三方专业机构对企业战略管理、财务管理、风险管理等基础管理和经营绩效等进行市场化导向的综合绩效评价制度,作为国有企业业绩考核评价的重要参考。充分发挥第三方机构的专业视角和独特优势来全方位多维度评判国有企业的综合管理水平,既是绩效评价在视角上的重大转变,又可以有效推动国有企业补短板、锻长板,实现高质量发展。

## 六、推进国有企业激励约束市场化

### (一) 推进经营者激励约束市场化

应建立完善以市场业绩、市场绩效等为基础的国有企业经营者薪酬体系为主要内容的激励约束机制。修订《国有企业负责人业绩考核与薪酬管理办法》及其实施细则,探索与市场绩效挂钩的经营者持股、突出贡献特殊奖励等综合举措。坚持"水平适当、结构合理、管理规范、监督有效"的原则,探索制定和实施更符合国资国企改革发展需要的市管国有企业领导人员薪酬分配制度[②]。增量奖励试点:任务目标实现后,企业可以从超过目标值的增量贡献中提取一定比例的奖励,鼓励企

---

① 参见董勤:《上海国资委:健全国资管理体系　实施三级联动改革》,载《国资报告》2019年第12期。

② 参见董勤:《上海国资委:健全国资管理体系　实施三级联动改革》,载《国资报告》2019年第12期。

业不断提高质量和效率。

### （二）推进国有企业员工的激励约束市场化

推进企业市场化改革和国有企业用工改革，运用市场机制有效调节和配置人力资源。以市场导向为方向，建立公平公正、以绩效和能力为主线、责、权、利相一致、压力与权力相平衡、激励与约束相结合的市场化人力资源管理体系。建立健全工资总额与劳动力市场基本适应、与经济效益和劳动生产率等联动指标挂钩的工资决定和正常增长机制，实现效益增则工资总额增、效益减则工资总额减，确保工资水平与企业经济效益和劳动力市场竞争力相适应[①]。坚持"业绩导向、能进能出"的原则，建立退出机制，优化岗位管理，不断推进国有企业员工的激励约束市场化。

# 第四节　以法治化为主线推进监管改革

党的十八大以来，党中央确立了国有企业"出资人监管"的模式与方向的重大转型要求，围绕这一重点改革任务，国有企业监管法规法治化、分类监管法治化、监管权责法治化、风险管理法治化等一系列工作，进一步推进以"法治化"为主线的国有企业监管改革亟待研究解决、推进实施。

本研究认为，以法治化为主线推进监管改革，重点要推动实施以下改革举措。

## 一、推进国有企业监管政策法治化

### （一）推进国有企业党的政策法治化

长期以来尤其是党的十八大以来，党中央就国有企业改革发展和

---

① 参见《上海市人民政府关于印发〈上海市开展区域性国资国企综合改革试验的实施方案〉的通知》，载《上海市人民政府公报》2019 年第 19 期。

监督管理制定出台了一系列政策。政策是法律的依据和内容,法律是政策的规范化(法律化)。政策,在经立法机关、立法程序予以规范化成为现行法律之前,不具有规范性和国家强制性,不能在法院裁判中引用、作为判决依据。因此,按照依法治国、依法执政、依法行政、依法治企的要求,应推进相关国有企业政策相关转化为国家法律法规、地方性法规。

### (二) 推进国有企业政府文件法治化

中央人民政府和各级人民政府是中央企业和地方各级企业的出资人。关于国有企业改革发展、监督管理,制定、出台、实施了众多的政策、文件和规定。按照依法行政、依法治企要求,应将具有普遍性、重要性的相关重要文件转化为行政法规、地方性法规和地方规章。

## 二、推进国有企业党内规定法治化

按照国资监管法治化要求,做好国资监管政治监督方面的党的纪律等国有企业党内法规、规范性文件的建立健全与发展完善工作。

### (一) 推进国有企业党内法规落实

党内法规具有强烈政治属性、鲜明价值导向、科学治理逻辑、统一规范功能,高度凝结党的理论创新和实践经验,应当成为国有企业公司治理现代化、科学化、法治化的有机组成部分[①]。应大力推进贯彻落实《党章》《关于在深化国有企业改革中坚持党的领导加强党的建设的若干意见》《关于深化国有企业改革的指导意见》《中国共产党国有企业基层组织工作条例(试行)》《国有企业领导人员从业若干规定》《国有企业领导人员廉洁从业若干规定》《中国共产党问责条例》等国有企业相关党内法规。

---

① 参见窦克林:《一体推进"三不"的基础性工程——学习贯彻《关于加强新时代廉洁文化建设的意见》》,载《中国纪检监察》2022 年第 3 期。

### （二）推进国有企业公司章程完善

推进完善国有企业"宪法"即公司章程。出资人代表机构依据法律法规和公司章程规定行使股东权利、履行股东义务，党内法规有关内容依法纳入公司章程。按照以管资本为主的要求，出资人代表机构要转变工作职能、改进工作方式，以国有企业党的领导法治化为重点，加强公司章程管理，研究提出出资人代表机构审批事项清单，建立对董事会重大决策的合规性审查机制，制定监事会建设、责任追究等具体措施。①

## 三、推进国有企业监管权责法治化

### （一）推进国资监管权力法治化

进一步理顺厘清国资委等国有资产监督管理机构的出资人监管职责和社会公共管理职责，明确国有资本出资人身份和社会身份。在此基础上，对监管权力进行立法完善，制定国资监管权力清单，推进国资监管权力法治化进一步提高。

### （二）推进国资监管责任法治化

在国资委等国资监管机构监管权力清单制定完善同时或基础上，对其监管责任尤其是未能履职、造成损失等情况下的责任进行专门规定，以法治化方式压实监管部门的责任，推动国有企业监管法治化水平的进一步提升。

## 四、推进国有企业分类监管法治化

### （一）推进国有企业分类监管制度化

明确国有企业与私人企业的差异在于其不仅需要谋求实现国有资

---

① 参见《国务院办公厅关于进一步完善国有企业法人治理结构的指导意见》，载《中华人民共和国中央人民政府网站》，http://www.gov.cn/gongbao/content/2017/content_5194888.htm。

产保值增值的经济目标,而且又需要承担更多的政治和社会责任即完成一定的公共政策目标,如维护经济安全、实施国家宏观调控、提高国家竞争力等。基于国有企业承担的政策目标不同对国有企业进行制度化的分类监管、分类考核等。根据竞争类、功能类、金融类各类国有企业行业特点、功能任务、发展历史、发展现状与发展定位,进一步完善分类监管制度,分类推进企业改革发展、完善监督管理。

### (二) 推进国有企业分类监管法规化

在国有企业分类监管制度化基础上,以具有普遍性、共性和重要性的事项进行专门规定,制定修订《国有企业分类监管暂行办法》等法规性文件,推进各类企业分类监管专业化、法治化水平进一步提高,为国有企业的分类监管提供清晰可循、有约束力的统一分类监管标准。

## 三、推进国有企业监督协同法治化

### (一) 建设六位一体大监督体系

根据党中央、国务院关于国资国企改革发展部署要求,坚持"统筹协调、上下联动,分工负责、相互配合,问题导向、突出重点,综合督查、闭环管控"的原则,立足国资国企监督实践,推进包括"政治监督、出资监督、技术监督、内部监督、司法监督、社会监督"在内的"六位一体大监督体系"建设。

### (二) 健全六位一体大监督机制

建立"1+6+3"国资大监督体系实施机制。"1"是制定1个《关于国资大监督体系建设的指导意见》;"6"是制定《关于进一步加强国有企业政治监督的实施办法》中关于政治监督、出资监督、技术监督、内部监督、司法监督和社会监督6个专门监督办法;"3"是建立1个机构即"国资大监督体系建设"领导小组、1个机制即"国资大监督联席会议机制"、1个系统即"国资大监督信息系统"。以法律规范的制定和施行强化监督计划的刚性与可责性,与单位综合业绩考核体系挂钩,推动各类监督有机贯通、相互协作,形成决策科学、执行坚决、监督有力的监督运行机制。

## 四、推进国有企业风险管理法治化

### (一) 推进国有企业风险管理制度化

建立健全"以事先预防和事中控制为主、事后救济为辅"、以风险管理责任制为核心、以法律意见书制度为重点的法律风险防范法治化系列制度,力求从源头处降低国有企业风险发生的可能性,将风险发生后的影响范围控制到最小,避免由于管理不善导致国有企业风险发展成为社会经济系统性风险的现象发生。

### (二) 推进国有企业风险管理法规化

在国有企业风险管理制度化基础上,以具有普遍性、共性和重要性的事项进行专门规定,制定修订《国有企业风险管理暂行办法》等法规性文件,依循"事先预防—事中控制—事后救济与分析"的国有企业风险全流程监管脉络,制定具有可操作性的相关措施,明确风险管理过程中各责任主体的职能与权限,推进国有企业风险管理专业化、法治化水平进一步提高。

回首党的十八大以来的十年,国资国企改革取得了历史性成就,我们可以看到:党对国有企业的全面领导得到根本性加强;国有企业高质量发展迈出实质性步伐;国有企业活力效率切实增强;国有资产监管体制更加成熟定型;国有经济战略支撑作用充分发挥,姓党为民的政治本色充分彰显。在习近平新时代国有企业重要论述,尤其是习近平总书记关于国有企业改革发展和党的建设的重要论述精神引领和指导下,"这十年是中国特色现代企业制度成熟定型的十年,是国有企业发展最全面、活力效率提升最显著、布局结构优化最明显的十年"①。

同时，我们也更应当看到：现阶段的国资国企改革仍有问题需要寻求解决之道，新时代下，国有企业等相关主体应以习近平新时代国有企业重要论述为指导，坚持以资本化、市场化、法治化为主线推进国资国企综合改革，多措并举实现综合改革的同频共振、有机统一，推动新时代我国国资国企综合改革的不断发展与更上层楼。

---

① 　参见《中共中央宣传部就新时代国资国企改革发展情况举行发布会》，载《中国网》http://www.china.com.cn/zhibo/content_78272007.htm。

# 第七章　国资国企综合改革的样本研究
## ——以上海市金山区为样本的国有企业改革探索

　　地方国有企业是整个国有企业体系的重要组成部分,地方国资国企改革是整体国有企业改革发展的重要内容。党的十六大以来,各地国有资产及其监督管理体制框架已经基本建立,国资国企改革取得长足发展和突出成绩。但是,一些地方国有企业还存在监管机构职责定位不太明确,地方国有资本、国有企业运作不够规范等缺位、越位和错位问题;同时地方国有企业与国家中央国有企业的国资管理部门在监管职责、资产范围、管理方式等方面存在差异,所有这些都是必须分析和解决的实际问题。

　　地方国资国企改革要取得较好效果,既不能套用某种模式,也不能照搬某种经验,最重要的是根据党和国家国有企业的政策方针,结合地方具体情况来推进国资国企改革、健全完善国有资产管理体制模式。要首先非常明确地方国有企业、国有资产、国有经济在地方整体经济发展中,到底扮演什么样的角色,发挥什么样的作用,怎么样对它进行功能定位。必须根据当地的实际情况——包括地方经济的总体发展情况,地方的国有资产、国有企业情况,从实际出发创新体制,才可能形成一个规范、高效的地方国资国企改革方案并有效实施。

　　本研究以上海市金山区为样本,贯彻落实习近平新时代国有企业重要论述,就地方国资国企综合改革进行了深入系统研究,制定了有关《1+1+11国资国企综合改革方案》,并经过程序后予以实施,取得了较好的实践效果。

# 第一节　上海市金山区国资国企基本情况

## 一、国资国企总体情况

截至 20＃＃年末,上海市金山区共有全资及控股国有企业 163 户,总资产 387 亿元,净资产 158 亿元,国有资产总量(国有资本及权益合计)为 144.52 亿元,较 20＃＃年初增加 82.47 亿元,5 年年均增长 23.75％。20＃＃年度全区全资及控股国有企业利润总额为 2.2 亿元,净利润 1.7 亿元。[①]

截至 20＃＃年末,金山区共有城镇集体企业 62 户,总资产 16.4 亿元,净资产 8.3 亿元。集体资本及权益为 8.2 亿元,较 20＃＃年初增加 0.45 亿元。20＃＃年度城镇集体企业利润总额 5500 万元,净利润 4200 万元。

金山区经营性国有资产总量近年增长速度较快。资产增量主要来源于两方面,一是区政府拨入开发建设类区属企业的固定资产(房产、道路、绿化等),二是区政府拨入资金。国有企业总体盈利水平和资产回报率有所提升但还相对偏低。金山区城镇集体企业资产总量近年变化较小,企业盈利水平总体还不高。

## 二、国有企业基本情况

### 1. 区属企业情况

截至 20＃＃年 12 月底,由区人民政府授权区国资委监管的区属企业共计 10 户,资产总额为 236.53 亿元,净资产 116.68 亿元。

---

① 参见龚雅:《建立公开透明规范的国资流动平台的几点思考》,载《上海经济》2015 年第 4 期。

表 1　区属企业股权结构与主营业务

| 序号 | 区属企业名称 | 股权结构 | 主营业务 |
|---|---|---|---|
| 1 | 上海红双喜（集团）公司 | 区资产经营公司89.37%,上实投资有限公司10.63% | 体育器材、游艇、文教用品、画材、纸制品账册生产销售 |
| 2 | 上海玩具进出口有限公司 | 区资产经营公司89.79%,市玩具联社10.21% | 玩具出口贸易经纪与代理、国内批发零售业和物业经营管理 |
| 3 | 金山开发股份有限公司 | 区国资委33.13% | 自行车制造销售、房地产开发经营、准金融业务 |
| 4 | 新金山投资控股集团公司 | 区资产经营公司100% | 本区重大功能性项目和基础设施资金筹措、房地产开发 |
| 5 | 新城区建设发展有限公司 | 土地储备中心90.91%,山阳对外经济发展总公司3.64%,上海市金山土地开发服务公司2.73%,上海市金山城市建设投资有限公司2.73% | 新城区的规划、基础设施建设、安置房开发销售、招商引资 |
| 6 | 新枫泾建设发展有限公司 | 土地储备中心100% | 枫泾新镇区开发建设 |
| 7 | 金山区工业总公司 | 城镇集体经济合作组织 | 系统工业经济管理,物业管理、招商引资 |
| 8 | 金山市场有限公司 | 区资产经营公司60%,管理层30%,金卫资产经营公司10% | 市场开发、管理 |
| 9 | 金山区粮油总公司 | 区人民政府100% | 粮油收购、仓储、物业管理 |
| 10 | 金山区供销合作社 | 社员经济合作组织 | 农资供应、农副产品加工贸易、农村便利连锁 |

2.　其他出资企业

截至 20♯♯ 年底,除国资委监管的区属企业外,国资委通过金山资产投资经营公司或直接投资持股企业共 25 家。见下表:

| 序号 | 企业名称 内容 | 企业注册资本 | 出资情况 | | 委托管理或主管机构 |
|---|---|---|---|---|---|
| | | | 比例 | 出资额 | |
| 1 | 上海新金山工业投资发展有限公司 | 38000 | 30.87% | 11730 | 金山工业区 |
| 2 | 上海金山第二工业区投资有限公司 | 10000 | 50% | 5000 | 金山卫镇 |
| 3 | 上海金山功能区发展有限公司 | 10000 | 100% | 10000 | 金山工业区 |
| 4 | 上海金山现代农业园区发展建设有限公司 | 12000 | 25% | 3000 | 廊下镇 |
| 5 | 上海化学工业区金山分区发展有限公司 | 5000 | 60% | 3000 | 漕泾镇 |
| 6 | 上海安信农业保险股份有限公司 | 50000 | 3.28% | 1750 | 市金融办 |
| 7 | 上海农业产权交易所 | 100 | 100% | 100 | 区农委 |
| 8 | 上海石化城市建设综合开发公司 | 10000 | 100% | 23718.99 | 新金山集团 |
| 9 | 上海金沙滩投资发展有限公司 | 13000 | 99.23% | 12900 | 新城区公司 |
| 10 | 上海金山科技投资有限公司 | 3500 | 57.14% | 2000 | 区科委 |
| 11 | 上海银龙农业发展有限公司 | 1000 | 100% | 1000 | 区农委 |
| 12 | 上海金山巴士公共交通有限公司 | 9994.17 | 30% | 36 | 区建交委 |
| 13 | 上海金山粮油资产经营有限公司 | 100 | 100% | 100 | 粮油总公司 |
| 14 | 上海金山排海工程有限公司 | 1100 | 9.1% | 100 | 新金山集团 |
| 15 | 上海金开融资担保有限公司 | 10000 | 20% | 2000 | 金山开发 |
| 16 | 上海金山金石商社 | 4590 | 60.8% | 2790.72 | 区供销社 |
| 17 | 上海万泉招商有限公司 | 50 | 10% | 5 | 新城区公司 |
| 18 | 上海康宏进出口有限公司 | 500 | 90% | 450 | 上海皮革公司 |
| 19 | 上海人和经贸发展有限公司 | 1000 | 26% | 260 | 民营控股 |
| 20 | 上海金山拍卖行有限公司 | 100 | 26% | 26 | 民营控股 |
| 21 | 上海金山实业投资发展有限公司 | 60000 | 19.28% | 12914.50 | 民营控股 |

| 序号 | 企业名称 | 企业注册资本 | 出资情况 | | 委托管理或主管机构 |
|---|---|---|---|---|---|
| | | | 比例 | 出资额 | |
| 22 | 上海翔超化工贸易有限公司 | 500 | 100％ | 500 | 化工品交易市场托管 |
| 23 | 上海化工品交易市场经营管理公司 | 1009 | 51％ | 514.59 | 区国资委 |
| 24 | 上海家人劳务有限公司 | 50 | 100％ | 50 | 区国资委 |
| 25 | 上海金山产权经纪有限公司 | 500 | 100％ | 500 | 区国资委 |

## 2. 委办局所属企业

各委、办、局所属国有(城镇集体)全资、控股企业共计 67 户,其中城镇集体企业 16 户。委办局国有企业资产总额 33.4 亿元,净资产5.03 亿元;集体企业资产总额 5.6 亿元,净资产 2.47 亿元。近年委办局企业资产年均增长 10.7％,净资产年均增长 10.4％。年均负债率为81.18％,负债率偏高;年均净资产回报率 4.0％,总资产报酬率0.78％。

## 三、金山国资国企改革的困难与挑战

近年来,在金山区委、区政府的正确领导下,金山国资国企改革发展工作成效显著:国资总量持续增长,布局结构逐步优化,监管体制初步理顺,改革改制有序推进。

各区属企业积极主动,深刻领会区委、区政府工作指示精神,结合区国资委具体工作部署,着力发挥市场主体作用,研判把握复杂多变的政策和经济形势,一手抓改革、一手抓发展,尤其在二三级企业清理、优化资源配置、培育新经济增长亮点加快转型发展、加强法人治理结构建设、转换经营体制机制、承担社会责任等方面做了大量卓有成效的工作,有效履行了城市基础设施和功能性项目开发建设,服务"三农"、搞活贸易流通方便人民群众生活,创品牌提供优质产品,创税收利润和维护社会和谐稳定等职责。

同时,金山国资国企改革发展总体上与金山区经济社会发展趋势还不完全适应,进一步深化国资国企改革,仍是当前乃至今后几年十分重要而艰巨的工作。

### (一) 国资布局分散,服务区域发展水平有待提高

国有企业产业布局过宽过散,区属企业主营业务广泛分布在开发建设、建筑安装、房地产、市场经营、生产制造、投融资、贸易、涉农产业、招商引资等数十个行业。部分企业规模偏小、主业不够突出,产业布局结构调整还未完全到位,协同效应和规模效应有待提升,与金山区重点发展产业尤其是八大产业集群关联度不高。[①]

### (二) 经营绩效欠佳,盈利能力与经济效益有待提高

国资国企经济效益增长较慢,近年来虽有所提升,但在净资产收益率、总资产报酬率等经济指标上还处于较低水平。20♯♯年全区国有企业净资产收益率为 1.08%。部分企业缺乏具有核心能力与较高盈利水平的主营业务;建设类企业投融资机制有待发展完善。[②] 企业经营责任有待进一步落实。

### (三) 经营者梯队建设不足,专业运营管理水平有待提高

国企集企经营者队伍,长期以来对企业贡献巨大、经验丰富。但同时部分企业一定程度上存在梯队建设不足的情况,经营者队伍和专业人才梯队对改革发展的引领与支撑作用有待进一步加强。20♯♯年区属企业副职以上数据为:56~61 岁 15 人(26.8%);51~55 岁 20 人(35.7%);46~50 岁 11 人(19.6%);41~45 岁 7 人(12.5%);37~40

---

① 参见龚雅:《建立公开透明规范的国资流动平台的几点思考》,载《上海经济》2015 年第 4 期。
② 参见龚雅:《建立公开透明规范的国资流动平台的几点思考》,载《上海经济》2015 年第 4 期。

岁 3 人（5.4%）。

### （四）监管严肃性不足，国资国企监管效能有待提高

国资委是承接原来国有企业九龙治水模式的特设国有资产出资人代表机构。《国资法》的出台，虽然奠定了国资委国有资产出资人代表地位，但在履行国资监管职责过程中，由于国有资产管理体制改革的主客观局限性，国有资产监管的运行并不顺畅。国资委自身建设有待进一步加强，国资监管效能有待进一步提高。

### （五）改革进入深水区，企业改革发展动力有待提高

随着国有资产改革发展的逐步深入，政策法规约束日趋严格，改革的规范性和成本也越来越大。因为历史原因，部分区属企业仍承担较多社会责任，老企业历史包袱较重，职工队伍稳定问题多发，加之，近年来宏观经济形势严峻，国资国企改革发展工作难度加大，企业发展动力弱化。[①]

## 第二节　上海市金山区国资国企综合改革

### 一、金山国资国企改革的指导思想和基本原则

#### （一）指导思想

深入贯彻落实党中央、国务院和上海市委、市政府关于国有企业改革发展的决策部署，坚持改革的整体性、系统性和协同性，以"资本化、市场化、法治化"为方向进一步深化国资改革，促进企业发展，不断提高国资国企的活力、竞争力和带动力，推动国资国企改革和监管改革国企在服务区域发展中实现自身发展，提升国资国企对金山区经济社会发

---

① 参见龚雅：《建立公开透明规范的国资流动平台的几点思考》，载《上海经济》2015 年第 4 期。

展的贡献度。

**（二）基本原则**

1. 坚持服务全区经济建设。国（集）资各项工作立足于服务区域经济社会发展、服务区委、区政府工作部署。围绕金山区发展战略，结合国资自身特点与优势，加快推进国有经济的整合发展，提高国资影响力与带动力。

2. 坚持以发展为第一要务。深化改革，加大整合重组力度，推进企业做大做强。在符合区情的前提下，大力推动企业整合重组，在优化国资布局的同时，加快国资向具有发展空间的优势企业集聚，加大非主业资产整合和中小企业改制重组力度，提高国资运营效率。

3. 坚持推进体制机制创新。在监管层面，完善分类监管体系，分别确定不同类型企业（集团）的战略定位；分类完善公司治理结构、控制模式和考核目标体系。推动企业发挥创新主体作用，促进企业走品牌战略和技术创新之路。

4. 坚持改革发展稳定和谐统一。规范企业收入分配，建立职工收入正常增长机制，保障职工对企业改制发展有关事项的知情权、参与权、监督权和决定权，充分调动和保护职工参与国有企业改革重组的积极性，确保企业和谐稳定。

## 二、金山国资国企改革的总体目标与主要指标

**（一）主要目标**

用2—3年的时间，以全面深化国资国企改革为契机，以体制机制创新为突破口，推进国资布局结构进一步优化，国企综合实力进一步提升，国资监管体制机制进一步完善，服务区域经济发展能级进一步提高。

进一步推进以"资本化"为方向的国资改革：推进出资人监管转型、国资布局结构优化、混合所有制发展和管理层持股探索。进一步推进以"市场化"为方向的国企改革：推进产权流动市场化、经营管理市场

化、人力资源市场化和激励约束市场化。进一步推进以"法治化"为方向的监管改革：推进监管法规制度化、分类监管制度化、战略管理制度化和风险管理制度化。

### （二）主要指标

经营性国资基本集中到城市开发建设、市场开发管理、现代农业及其服务业、文旅传媒、资产与资本经营等对金山区经济社会发展具有引领作用的产业，集中到具备行业优势和著名品牌的重点企业，为金山区新一轮建设发展提供重要载体。

基本完成社会事业领域经营性事业单位转企、经营性资产剥离及公司制改造，基本完成生产经营类企业的股份制改造，基本完成非主业资产和中小企业的调整、整合。[1]

以市场为导向，着力培育 2—3 家具有核心主业与发展优势、能支撑金山区产业升级、代表金山形象的规模企业集团。

以建立现代企业制度为方向，完善法人治理结构，形成市场化选人用人机制，逐步打造一支勇于开拓、市场化、职业化的企业经营者队伍。[2]

建立一套透明、规范、高效的国资监管制度，逐步形成全面覆盖、权责明确、分类监管、流转顺畅的国资监督、管理和运营体系。[3]

## 三、金山国资国企改革的工作重点与主要任务

### （一）以增强保值增值水平为重点，提高服务区域发展的能力

1. 完善企业保值增值制度

进一步完善国有企业负责人经营业绩考核制度，健全分类考核制

---

[1] 参见《上海万亿国资新局：产业类企业 5 年内上市或股份制改造》，载东方财富网博客，http://blog. eastmone.

[2] 参见《上海万亿国资新局：产业类企业 5 年内上市或股份制改造》，载东方财富网博客，http://blog. eastmone.

[3] 参见《上海万亿国资新局：产业类企业 5 年内上市或股份制改造》，载东方财富网博客，http://blog. eastmone.

度。根据企业行业类型、经营状况、主营业务的不同,制定分类考核指标体系,增强考核的科学性和全面性,突出考核的针对性和实效性。建立短效与长效相结合的激励机制,探索有利于企业中长期发展的激励方式。建立健全区属企业经营管理责任追究制度,充分发挥业绩考核的导向作用,把国有资产经营与保值增值责任制落到实处。

2. 推进企业积极参与金山经济建设

加强和提高企业参与区域经济社会发展的资本实力和运营水平,紧紧围绕金山区经济建设与区委、区政府工作部署,围绕政府赋予的职能任务,聚焦重点地区、重点领域、重点项目,优化国资布局结构与整合方向,优化股权结构,优化管理层级,发挥国资在区域经济发展中的战略地位和主力军作用。

3. 发挥国有经济对区域发展的积极作用

至 20＃＃年底,实现区属经营性国资总量增加至 150 亿元以上,年均增长率保持在 10％以上的目标;实现区属企业主营业务收入和净利润年均增长率 8％以上的目标;实现区属企业净资产收益率年均增长 15％;实现区属企业国有资产的保值增值率年均增长 3％以上的目标;实现主要区属企业通过自身经营发展和招商引资税收年均增加 10％以上,对区级财政收入的贡献率从目前的 8％增加到 10％以上的目标。

### (二) 以增强国资流动性为重点,加快国资布局结构调整

1. 推进国资战略发展方向调整

发挥国资在区域经济发展中的引领作用,推动国资向城市开发建设、市场开发管理、现代农业及其服务业、文旅传媒、资产与资本经营等产业集聚。根据市场化、开放性重组的原则,加大一般竞争性领域、不符合金山区国资布局调整方向的区属企业改制力度,实现国资退出。按照政企分开、事企分开和管办分离的原则,逐步推进文化、教育、科研、卫生、体育等社会事业领域中符合国家规定及政策的经营性事业单位转企。

2. 推进非主业资产整合和委托监管企业脱钩改制

推动区属企业根据战略定位和发展目标,加快整合非主业资产。① 加快中小企业改革和规范对外投资管理,区属企业管理层级原则上控制在二级以内。通过重组整合、改制退出、关闭破产等方式,全面完成委办局委托监管企业脱钩工作,进一步推进政企分开、企事分开、管办分离,实现经营性国资监管全覆盖。

3. 创新国资有序流动、保值增值的市场化机制

坚持发挥市场配置资源的基础作用,充分利用资本市场和产权交易市场,发挥企业作为市场主体的积极性和主动性,促进国资跨企业、跨行业、跨所有制的流动②,进一步推进国资国企的资产资本化、资本证券化工作。

## (三) 以提高核心竞争力为重点,推进区属企业战略发展

1. 分类明确企业(集团)的战略定位

根据金山区功能定位和发展战略以及企业自身实际,确定企业的发展方向。生产经营类企业要着重突出主业,以培育壮大产业为主,逐步发展成为具有较强市场竞争力和较大影响力、具有自主品牌等重要知识产权的市场主体。开发建设类企业要着重发挥在区域建设发展中的导向作用,重点承担城市基础设施和重大项目建设等任务。经营管理类企业要着重发挥在物业管理、资产管理、商贸流通领域的建设与运营管理作用。投融资类企业要注重适应政策和市场发展,整合资源,创新模式,进一步提高融资能力、加强资金使用管理,为金山经济建设发挥更大的资金支持作用。区资产投资经营公司要着重发挥在优化国资布局中的投融资主体和载体平台作用③,以资本经营和股权运作为主,

---

① 参见《认清当前形势,明确目标任务,加快推进上海国资国企改革发展——上海国资委系统改革发展形势任务宣传提纲》,载《企业与文化》2008 年第 9 期。

② 参见《市政府新闻发布会介绍〈关于进一步推进上海国资国企改革发展的若干意见〉》,载上海房地产拍卖网,http://blog.sina.com。

③ 参见《认清当前形势,明确目标任务,加快推进上海国资国企改革发展——上海国资委系统改革发展形势任务宣传提纲》,载《企业与文化》2008 年第 9 期。

按照不同功能定位,可以持有多家企业的股权,引导增量,盘活存量,促进流动中的国有资产保值增值。

2. 推进企业重组,形成新国资企业集群

大力推进区属企业资产重组,积极引导国有资本向能带动区域经济发展、具有市场竞争力的优势行业集中,向技术先进、结构合理、机制灵活的大企业集中,向大企业的主业集中,着力培育开发建设类、商贸流通类、投融资类等若干能支撑金山区产业升级、代表金山形象的规模企业集团。

3. 做优做强国有控股上市公司,服务于经济社会建设

推进国有控股上市公司主营业务转型和传统产业有序整合工作,完成优质资产注入和定向增发工作,推动国有控股上市公司参与城市基础设施和综合配套服务设施的建设与运营,推动国有控股上市公司全面融入金山区域经济建设。

4. 推动企业走品牌和技术创新之路

以企业为主体、市场为导向,着力凝聚一批科技创新、品牌建设的人才和团队,建立持续稳定的技术和品牌开发机制,推动企业形成核心技术和自主品牌。

### (四) 以资本运作为重点,提高国有企业投融资水平与绩效

1. 推进国有资本证券化工作

根据市国资国企工作会议提出的推进国有资本证券的工作要求,贯彻执行区委、区政府工作部署,结合金山区实际和金山区国资证券化工作安排,着力推进资产资本化、资本化证券化工作。加快相关企业股份制改革,培育上市公司。同时,推动上市企业启动定向增发系列工作,尽快恢复融资功能,发挥上市国企资本运作平台的积极作用。

2. 探索国有股权运作的多种模式

不断优化资产质量,加快通过拍卖、置换等形式实现呆滞资产货币化、流动化、集中化,提高再融资能力。继续探索国有股权运作新模式,通过股权调整吸引民间资本和外资参与国有经济改革和发展,在保持

控制权的前提下,重点引进国内外相关产业战略投资者或优势资源。

3. 设立国有资本运作平台

设立国有资本运作平台,使其成为区内重要项目的建设主体、战略产业的投资主体、国资国企的整合主体和国有资本的运作主体,通过"投融结合、股权管理、资本运作",推进国有经济布局结构调整,发挥国有资本在重点领域和战略产业资源配置上的带动作用①,推动国有经济做大做强,实现滚动发展。

### (五) 以执行《企业国有资产法》为重点,完善企业法人治理结构

#### 1. 建立和完善公司法人治理结构

按照现代企业制度要求和《企业国有资产法》《公司法》的规定,进一步优化国有企业的出资人、董事会、监事会、经理层、党委会、职代会和工会相互之间的关系,规范企业法人治理结构的设置和运作,做到区属国有企业均建立规范的董事会、监事会和经理层或相应机构。进一步明确董事会和经理层的职责,强化监事会监督职能,逐渐推动形成决策机构、权力机构、监督机构和企业经营管理者各负其责、协调运转和有效制衡的机制。

#### 2. 完善企业领导人员选拔任用机制

按照"市场化、职业化"要求,选择符合任职条件的人选担任区属企业的董事、监事。根据市委、市政府统一要求,对区属企业领导人员公务员身份进行逐步置换,企业领导人员不再套用党政机关行政级别。② 积极稳妥探索经营者的公开选拔和市场化选聘,逐步实现企业经营者选拔由组织任命向组织任命与市场选择相结合的转变。逐步推行董事会选聘经理人员的试点,探索实行职业经理人制度,引进高水平专业人才,提高企业经营质量。探索实行企业经营者任期制度,推动区

---

① 参见《金山区国民经济和社会发展第十二个五年规划纲要》,载豆丁网,https://www. docin. com/p-1708183292. html。

② 参见《上海国企大改革:取消老总行政级别 薪酬挂钩市场》,载新浪网,https:// news. sina. com. cn/o/2008-09-04/050714400334s. shtml。

属企业健康可持续发展。

3. 完善企业经营决策制度

加快推进区属企业重大经营决策科学化、民主化,完善企业重大投资、担保、融资、改制、改组、资产处置等重要事项的决策程序,探索建立企业重大经营决策咨询制度。

## 四、金山国资国企改革的功能定位与布局结构

### (一) 功能定位

金山区国资国企功能定位为:"两个推进"。

1. 推进国资集资保值增值

企业为本:作为市场主体,区属企业应立足市场竞争,切实承担起企业经营职责,不断加强战略管理、人力资源管理、业务管理、财务管理、风险管理,实现企业资产质量与经济效益的不断提升,推进国有集体资产保值增值。

2. 推进区域经济社会发展

发展为要:深刻认识国资国企肩负的职责与使命,围绕区委、区政府中心工作,服务"三个金山"建设,打造聚焦金山区开发建设与产业发展的,具有竞争力、影响力与带动力的国有企业集群,不断提升服务经济社会发展大局能力。

### (二) 布局结构

围绕金山经济发展战略部署,积极稳妥推进国有资本从传统产业、一般竞争性领域退出,向金山区重点产业、战略性新兴产业集中,探索打造六大国资板块。

1. 开发建设板块:开发建设类企业,着力发挥投融资平台、基础设施与功能性项目建设主力军作用,围绕1158城镇体系规划,服务金山"十二五"功能性基础设施项目开发建设,服务金山新城建设、服务枫泾特色镇建设等重要任务。

2. 生产经营板块：生产经营类企业，立足实业经营，通过市场化、开放式整合，进一步延伸完善产业链，加强企业管理，依靠"创新驱动、转型发展"，提高产品技术含量和服务竞争力，加快推进企业经济效益的提高和产业能级的提升。

3. 资产经营板块：资产经营类企业，对房地产物业等资产，盘活存量、做大增量，通过集约化经营，提高资产经营水平和效益。同时加快和加大转型发展力度，争取在创意产业园区等特色房地产建设运营、老企业老品牌的转型发展方面有所突破。

4. 农商贸易板块：农商贸易板块主要涉及现代农业类企业，聚焦新郊区新农村建设，加强农业产业链与涉农商贸服务建设，打造规模化的现代农业企业，在服务"三农"与"接二连三"上发挥重要作用。具备条件的企业推进股份制改造等资本证券化工作。

5. 文化旅游板块：文化旅游类企业，立足金山人文、地理、产业经济、文体赛事等特色文化旅游传媒资源，完善产业链、打造品牌、提升产业能级，发挥规模和协同效应效益，打造金山特色的文化旅游传媒龙头企业，推动金山文化旅游传媒产业发展。

6. 资本经营板块：资本经营类企业，加强对国资系统金融、准金融类企业、资产的专业化、功能性监管。积极推动"创业金山"引导基金设立运作。结合国企改制资金收益，加强对重点发展产业与战略性新兴产业支持，推进金融、实业良性互动与产融联合发展。

## 五、金山国资国企改革的主要举措与十大工程

### （一）深化国资管理体制改革，推进以"资本化"为方向的国资改革

1. 推进出资人监管转型

以"管资本"为核心，推进完成国资"行政化监管"向"出资人监管"转型。以《公司法》《国资法》《证券法》三法统一为基础，以产权为纽带，围绕出资人"经营者选择、重大决策、资产收益"三大职责，健全完善包括模式、架构、路径、举措等在内的出资人监管体系与机制。

经营者选择方面,国有资产出资人对国家出资企业行使董事、监事等产权代表派出权,按规定程序对董事、监事进行选拔、任免和考核。重大决策方面,加强委派产权代表表决权和监督权的行使,通过参与公司战略规划等重大事项决策,监督公司运行。资产收益方面,尊重企业法人财产权和自主经营权,不干预企业的具体经营,通过深化完善国有资本经营预算管理,切实推进国有资本保值增值,到 20♯♯年逐步提高国有资本经营收益收缴比例至 30%。

2. 推进国资布局结构优化

聚焦"两个推进"功能定位,围绕"六大板块"打造,以资本进退为手段,进一步优化金山区国资国企布局结构。一是资本整合。加大资产整合力度,推动国资向优势企业集中,着力培育 2—3 家代表金山形象的具有竞争力、带动力和影响力的企业集团。二是资本证券化。加快推进国企股份制改造工作,推动国资国企与资本市场对接,利用多层次资本市场,加大资本证券化的力度。三是资本合作。进一步推进对接一批中央企业、一批市属企业、一批社会资本的"三个一批"工作,集聚资金资源服务金山发展。

3. 积极稳妥发展混合所有制

坚持"资本化、专业化、开放性"原则,探索具有国有资本放大带动、保值增值效能的混合所有制企业发展机制。规范推进具备条件的区属企业以战略投资者引进、战略性新兴产业投资等方式,与其他所有制企业以资本为纽带合作发展,探索投资主体多元、优势互补、合作共赢的发展模式。

4. 积极稳妥探索管理层持股

以解放思想、依法规范为原则,突出企业效益和发展目标,突出中长期激励的针对性和实效性,调动企业经营管理人才等各类人才的积极性,探索创新管理、技术等关键岗位人员与企业利益共享、风险共担的激励约束机制。积极稳妥探索管理层持股,建立完善管理层持股的准入与管理制度。

## （二）深化国资国企改革发展，推进以"市场化"为方向的国企改革

### 1. 推进产权流动市场化

推进国有企业产权的市场化流转。一是国家出资企业与政府机构之间产权流动市场化。按市场规则，通过审计、评估，市场化作价流转国有股权。二是国家出资企业之间产权流动市场化。区属企业之间、区属企业与市属企业、中央企业之间的产权流转，通过市场化程序进行。三是充分发挥产权市场、资本市场在价格发现、价值重估、资金筹集、产权流转等方面的重要积极作用。

### 2. 推进经营管理市场化

推进国家出资企业经营管理的市场化，推动企业面向市场需求、把握市场导向、运用市场机制、按照市场模式、注重市场效益，市场化提升国企管理水平与经营效益，推进具备条件的企业探索国际化经营，不断积累经营管理市场化经验，分类探索国家出资企业经营管理市场化模式与机制。

### 3. 推进人力资源市场化

进一步完善企业领导人员选拔任用管理机制。不断拓宽选人用人渠道，加大企业领导人员市场化选聘力度。引入竞争机制，探索组织推荐、公开招聘、猎头寻找等多种选聘方式。建立企业经营管理者"能上能下、能进能出"的良性机制。

### 4. 推进激励约束市场化

进一步发展完善区属企业负责人业绩考核与薪酬管理制度。加大与"两个推进"功能定位等业绩挂钩的考核激励力度，探索经营者持股、突出贡献特殊奖励等综合举措。探索聘请第三方专业机构，对企业战略管理、财务管理、风险管理等各方面进行市场化导向的综合绩效评价，为各区属企业业绩考核提供专业导向和市场依据。

## （三）优化完善国资监管体系，推进以"法治化"为方向的监管改革

### 1. 监管法规制度化

围绕中央确定的国资监管"管资本"转型的政策方向，按照上海市

"多管国资、少管国企、不管经营"的改革要求,建立"1+1+11"出资人监管权利清单制度体系,不断发展完善国资监管制度建设。夯实出资人权利清单及配套制度实施运行基础,为新一轮金山国资国企改革发展的推进与深化提供制度保障。

2. 分类监管制度化

根据国资国企改革发展总体要求,在"竞争类、功能类、公共服务类"三类基础上,根据各区属企业行业特点、功能任务、发展历史、发展现状与发展定位,进一步完善分类监管制度,分类推进企业改革发展、完善监督管理。

3. 战略管理制度化

围绕"三个金山"建设任务和"两个推进"功能定位,全面推进区属企业发展战略实施工作。以制定下发的《金山区区属企业发展战略规划管理办法》和各企业制定的战略规划为指导,分解目标任务,细化工作措施,有力有序推进,不断提升区属企业战略管理水平。

4. 风险管理制度化

进一步加强企业法制建设和"事前事中事后"全覆盖的企业法律风险防控制度建设。推动区属企业法律顾问制度、重大法律纠纷案件管理制度、法律意见书制度等工作指引的全面实施,进一步提升区属企业依法治企和风险管控水平。


### (四) 金山国资国企改革的十大工程

金山区国资国企改革发展工作,将围绕国集资六大板块打造,进一步优化国有集体经济产业结构、产权结构、治理结构、主业结构、人才结构、薪酬结构等六大结构,重点推进十大工程。

1. 国有资产出资人监管体系建设工程

以《企业国有资产法》和《公司法》为依据,围绕出资人"经营者选聘、重大决策、资产收益"即"管人、管事、管资产"三大职责,以建立履行出资人职责为导向的国资监管体制为重点,制定、完善相关规章制度与配套办法,健全、完善"国资委—国资经营平台—国有企业"三层架构的国资管理模式与机制。按照"制度上进一步细化配套、机制上进一步合理顺畅、操作上进一步有序有效"的原则,积极探索建立包括模式、架构、机制、路径、举措等在内的地方国有资产出资人监管体系。

2. 经营者队伍建设工程

经营者队伍建设是国资国企发展的决定性因素,人才是第一资源。充分认识企业家、经营者与专业人才的重要作用,着力推进国企经营者队伍建设工程。不断优化国资队伍年龄结构、知识结构和能力结构。完成企业领导人员公务员身份置换工作。改进企业领导人员选拔任用机制,进一步加大公开竞聘力度。完善企业领导人员激励约束机制。探索建立董事会任期制。重视和加强企业经营者梯队培养,推进企业经营者素质提升专项工作。举办"创业金山"企业论坛,推动国企领导人员经营管理能力不断提升。

3. 国资布局结构调整工程

围绕金山经济社会发展目标,结合国资国企实际,以整合发展、改革改制、新设组建等为手段,进而有为,退而有序,通过开放性市场化重组等方式,进一步推动国资国企结构调整和布局优化。重点保障城市运营产业、巩固发展传统优势产业,积极培育战略性新兴产业。加快推进国有资本向金山区重点发展的八大产业集群集聚,提升产业能级,打造新国资集资企业集群,成为金山城市建设、产业升级和经济发展的重要力量。

4. 企业发展战略推进工程

有效履行国有资产出资人职责,制定实施区属企业发展战略规划管理办法。推动国有企业围绕"三个金山"建设、产业结构调整方向以及行业形势和自身资源条件,制定发展战略目标、战略重点、战略举措与具体方案。以企业发展战略为抓手,推进企业明确主业、聚焦主业,提高运行质量,不断做优做强,实现可持续发展。

5. 企业经营绩效评估推进工程

按照市国资国企会议工作部署,立足国有企业财务绩效评价模型的优化,推动企业经营绩效评估与专项审计。组织企业战略、市场营销、投融资、财务审计及法律等各方面的专业人士组成专门小组，按照"两个推进"的要求，对各区属企业及其主业板块进行经营评估与专项审计，为各区属企业进而国资国企整体的改革发展与有效监管提供决策依据。

6. 经营者激励约束机制建设工程

进一步完善国有企业经营者业绩考核制度，健全分类考核制度，增强考核的科学性和全面性，突出考核的针对性和实效性。注重企业利润创造的导向与激励，建立短效与长效相结合的激励机制，探索有利于企业中长期发展的激励方式。建立完善激励约束制度，把国有资产经营与保值增值责任落到实处。建立与国有企业经营者等人才发展相匹配的薪酬体系，调动管理、技术等各类人才的积极性。

7. 资本证券化推进工程

以市国资国企工作会议提出的提升国资证券化率为契机，贯彻落实区委、区政府工作部署，着力国资资产资本化、资本证券化推进工程。加快相关企业的股份制改造工作，进行上市孵化和培育。积极创造条件，推进国有控股上市公司做优做强。积极探索通过定向增发等方式，引入增量资源和新机制，提高上市公司运营质量和服务区域建设的能力水平。

8. 经营性国资监管全覆盖工程

按照"政企分开、事企分开、管办分离"要求，坚持"统一授权、统一规则、分类监管"的原则，对委托委办局所属企业制定推进国资监管全覆盖的总体方案。遵循"总结试点，积极稳妥；划转为主，托管为辅；先整体划转，后整合发展"原则，对委办局所属企业逐步建立"出资监管为主＋委托监管为辅"的国资监管体制架构，实现全区经营性国资监管全覆盖。

9. 企业法治建设推进工程

积极开展以企业法律顾问制度为抓手的企业法治工作，在区属企业及其重要子企业建立法律顾问制度与诉讼管理制度。建立健全"以事先预防和事中控制为主、事后补救为辅"的、以"法律意见书制度"为核心的法律风险防范机制,进一步促进国有企业依法决策和依法经营,规范国有资产安全运行,依法维护国有资产出资人和国有企业合法权益,保障国有资产安全与保值增值。

10. 资源聚焦集聚工程

按照市场化、开放性的原则,立足金山,对接两个扇面,推动区外大型企业集团等各种资源、资金、技术集聚金山,服务"三个金山"建设。鼓励支持各种所有制、各类社会资本参与国资改革重组。积极对接大型集团,围绕金山开发建设与产业发展,探索推进国国合作以及混合所有制经济发展。推动、集聚相关企业注册地向金山集中、主业向重点发展产业集中、制造业向工业园区集中。

## 六、金山国资国企改革的保障措施

### (一) 加强党建工作,为区属国有经济改革与发展提供政治保障

1. 充分发挥党组织的政治核心作用

要适应新形势、新任务和新要求以习近平新时代国有企业重要论述为指导,以深入开展"创先争优"活动和学习型党组织建设为抓手,大力加强基层党组织建设,充分发挥基层党组织推动发展、服务群众、凝聚人心、促进和谐的作用。要根据改革发展的新形势和职工思想的新变化、新特点,大力加强思想政治工作,认真做好释疑解惑工作,保证改革发展的顺利进行。要充分发挥工会、共青团等群团组织的作用,形成推动改革发展的强大合力。要坚持从严治党的方针,切实加强对党员的教育管理、关心和帮助,党员的先锋模范作用要充分发挥。

2. 加强企业领导班子建设

要加强教育培训,不断增强企业领导干部忠诚国资国企、推动国资国企发展的责任感和使命感,进一步激发搞好国资国企的内在动力。要大力加强企业领导班子能力建设,抓好"四好"领导班子建设和学习型领导班子建设,不断提高领导企业科学发展的能力。要适应企业改革重组的新形势、干部队伍的新变化和企业做大做强的新要求,配好配

强企业领导班子，进一步优化班子的年龄结构、知识结构，为企业的科学发展提供组织保证。要加强企业后备干部的选拔培养，保证领导班子建设后继有人。

3.　大力加强人才队伍建设

要着眼于国资国企的长远发展和现实需要，把人才队伍建设作为战略任务，摆在非常突出的位置抓紧抓好。要突出重点，加快紧缺人才培养引进，重视后备人才队伍建设，努力建设一支忠诚国资、善于创新、能力突出、业绩明显、结构合理的产权代表、经营管理者、思想政治工作者、科技人才和高技能人才队伍。要创新管理，初步形成一套符合现代企业制度要求的人才培养、选用、评价和激励约束机制，建立健全开放的企业人才工作运行体系。要以人为本，完善制度政策，构筑支撑平台，创造一个真正尊重人才、大力培养人才、积极引进人才、合理使用人才、精心爱护人才的良好环境。

4.　进一步深化反腐倡廉建设

要严格执行党风廉政建设责任制，认真落实党风廉政建设的各项制度和措施，保证党风廉政建设责任制落到实处、取得实效。坚持标本兼治、综合治理、惩防结合、注重预防的原则，惩治和预防腐败体系建设扎实推进。以监督制约权力运行为核心，以加强制度建设、强化制度执行为根本，运用"制度加科技"的理念和方式，拓展从源头上防治腐败工作领域，坚决防范和遏制腐败发生的风险。要认真贯彻执行《中国共产党党员领导干部廉洁从政若干准则》和《国有企业领导人员廉洁从业的若干规定》，加强监督检查，确保企业领导人员廉洁自律、廉洁从业，防止国有资产流失。要以建设服务型机关为抓手，进一步加强机关的作风建设，努力打造履职到位、服务到位、形象优良的部门。

**（二）完善国资监管的组织领导体系，为区属国有（集体）经济改革与发展提供组织保障**

1.　明确各类国资监管的责任主体

区属经营性国资统一纳入国资监管范围，执行国家、上海市和本区国资监管规定。区国资委根据区政府授权,按照"权利、义务和责任相统一,管资产与管人、管事相结合"的原则①,代表区政府对所出资企业履行出资人职责。具备条件的部、委、办、局、镇、街道、工业区所属的国资根据需要可委托相关部门监管,分别承担相应的监管责任,完善相应的管理制度,切实做到责任有主体、行为有规范、问责有对象。区属非经营性国资由区财政局监管,国家另有规定的,按照规定执行。

2. 理顺国资委、相关部门与企业之间的关系

根据相关规定进一步界定事权,细化分工,明确国资委与相关部门在企业经营者管理、重大投资决策、国有股权转让、企业财务监督等方面的职责关系。减少政府对国有企业的行政干预,在国资委切实履行出资人职责的前提下,尊重企业的市场主体地位,推进企业市场化经营,使企业真正成为自主经营、自负盈亏的法人。

3. 构建国有资产监管协作体系

加强与行业主管部门的沟通协作,按职责分工共同指导企业制定改革发展的具体方案,共同解决企业改革发展中遇到的问题。加强出资人监管与审计、纪检、财政等其他监督方式的协调与配合,建立制度化的沟通协调模式,实现对区属企业的全方位高效监管。

4. 建立健全国资监管信息系统

加强对企业重大事项的动态监管,定期披露企业财务情况、审计结果等重要信息,接受社会监督,提高国资运作的透明度,防止国有资产流失。建立国资监管信息系统,打造信息化实时动态监管体系,提高国资监管的信息化水平。

### (三) 完善国资监管运营体制机制,为区属国有经济改革与发展提供制度保障

1. 完善区属企业财务监督制度

加强财务预算控制,规范和推进各区属企业财务预算编制、财

---

① 参见肖东平:《规范和完善地方政府投融资平台的建议》,载《财会研究》2010 年第 12 期。

务预算执行和财务预算监督等工作。进一步完善区属国有企业企业财务报告制度和国有企业资产统计工作体系，加强企业财务动态监测和分析，加强对企业运营指导，加强和完善区属企业内部审计制度。

2．建立健全国有资本经营预算制度

国有资本收益收缴工作要加强完善，对国有资本经营预算资金收支和使用的监督管理要进一步加强，将国有资本经营预算收入集中用于国有经济布局结构优化，进一步增强政府宏观调控能力，统筹使用国有资本收益，促进国有资本的合理配置。

3．完善产权管理制度

完善国有企业改革改制审批程序，探索建立重大项目改革改制监督管理办法。健全国有资产评估制度，提高评估质量。严格产权交易和股权转让程序，加强产权交易和股权转让的全过程监管，加强探索全方位、多形式、多层次的企业国有产权转让监督体系，推动产权交易的规范化。

4．建立健全企业法律风险防范机制

积极开展以企业法律顾问制度为抓手的企业法制工作，建立健全"以事先预防和事中控制为主、事后补救为辅"的企业法律工作制度，促进国有企业依法决策和经营管理，规范国有资产安全运行，维护国有资产所有者和企业的合法权益。区属企业及其重要子企业要基本建立法律顾问制度，设立法律事务部门。

# 第三节　国资国企综合改革制度规范体系

以习近平新时代国有企业重要论述为指导，深入贯彻落实党的十八大、十九大精神，坚持改革的整体性、系统性和协同性，围绕"管资本"政策要求，以"资本化、市场化、法治化"为方向进一步深化国资改革、国企改革和监管改革，促进企业发展，立足公司法、国资法、证券法三法统一推进改革,依法制度化探索解决"管资本"怎么管(依法)、管什么(权利清单)、不管什么(清单外放权)、怎么管(权利行使制度)问题,上海市金山区制定实施了以"国有资产出资人监管权利清单制度"为核心的"1+1+11"国资管理体制改革方案与配套制度体系。第一个"1"即为《深化国资改革促进企业发展的意见》;第2个"1"为《金山区国有资产出资人监督权利清单制度》;"11"为11项具体的出资人权利行使制度。

## 一、制定实施《深化国资改革促进企业发展的意见》①

1. 进一步深化国资改革、促进企业发展的指导思想和总体目标

(1) 指导思想

深入贯彻落实党的十八大、十九大精神,坚持改革的整体性、系统性和协同性,以"资本化、市场化、法治化"为方向进一步深化国资改革,促进企业发展,不断提高国资国企的活力、竞争力和带动力,推动国资国企在服务区域发展中实现自身发展,提升国资国企对金山区经济社会发展的贡献度。

(2) 总体目标

用3—5年的时间,以全面深化国资国企改革为契机,以体制机制创新为突破口,推进国资布局结构进一步优化,国企综合实力进一步提升,国资监管体制机制进一步完善,服务区域经济发展能级进一步提高。

进一步推进以"资本化"为方向的国资改革:推进出资人监管转型、国资布局结构优化、混合所有制发展和管理层持股探索。进一步推进以"市场化"为方向的国企改革:推进产权流动市场化、经营管理市场化、人力资源市场化和激励约束市场化。进一步推进以"法治化"为方

---

① 本《意见》为基于前述研究的政策性文件制度,在内容上与前述文字有一定的再现,为了文件完整性考虑予以安排,特作说明。

向的监管改革：推进监管法规制度化、分类监管制度化、战略管理制度化和风险管理制度化。

2. 深化国资管理体制改革，推进以"资本化"为方向的国资改革

（1）推进出资人监管转型

以"管资本"为核心，推进完成国资"行政化监管"向"出资人监管"转型。以公司法、国资法、证券法三法统一为基础，以产权为纽带，围绕出资人"经营者选择、重大决策、资产收益"三大职责，健全完善包括模式、架构、路径、举措等在内的出资人监管体系与机制。

经营者选择方面，国有资产出资人对国家出资企业行使董事、监事等产权代表派出权，按规定程序对董事、监事进行选拔、任免和考核。重大决策方面，加强委派产权代表表决权和监督权的行使，通过参与公司战略规划等重大事项决策，监督公司运行。资产收益方面，尊重企业法人财产权和自主经营权，不干预企业的具体经营，通过深化完善国有资本经营预算管理，切实推进国有资本保值增值，到20♯♯年逐步提高国有资本经营收益收缴比例至♯♯％。

（2）推进国资布局结构优化

聚焦"两个推进①"功能定位，围绕"六大板块②"打造，以资本进退为手段，进一步优化金山区国资国企布局结构。一是资本整合。加大资产整合力度，推动国资向优势企业集中，着力培育2—3家代表上海市金山区形象的具有竞争力、带动力和影响力的企业集团。二是资本证券化。加快推进国企股份制改造工作，推动国资国企与资本市场对接，利用多层次资本市场，加大资本证券化的力度。三是资本合作。进一步推进对接一批中央企业、一批市属企业、一批社会资本的"三个一批"工作，集聚资金资源服务上海市金山区发展。

---

① "两个推进"：一是推进国有资本保值增值：企业为本，区属企业应立足市场竞争，切实加强经营管理，不断提高经济效益，推进国资保值增值。二是推进区域经济社会发展：发展为要，区属企业应围绕区委、区政府中心工作，不断提升服务区域经济社会发展大局能力。

② "六大板块"：指开发建设板块、生产经营板块、资产经营板块、农商贸易板块、文化旅游板块、资本经营板块。

（3）积极发展混合所有制

坚持"资本化、专业化、开放性"原则，探索具有国有资本放大带动、保值增值效能的混合所有制企业发展机制。规范推进具备条件的区属企业以战略投资者引进、战略性新兴产业投资等方式，与其他所有制企业以资本为纽带合作发展，探索投资主体多元、优势互补、合作共赢的发展模式。

（4）积极探索管理层持股

以解放思想、依法规范为原则，突出企业效益和发展目标，突出中长期激励的针对性和实效性，调动经营管理等各类人才的积极性，探索创新管理、技术等关键岗位人员与企业利益共享、风险共担的激励约束机制。积极稳妥探索管理层持股，建立完善管理层持股的准入与管理制度。

3. 深化国资国企改革发展，推进以"市场化"为方向的国企改革

（1）产权流动市场化

推进国有企业产权的市场化流转。一是国家出资企业与政府机构之间产权流动市场化。按市场规则，通过审计、评估，市场化作价流转国有股权。二是国家出资企业之间产权流动市场化。区属企业之间、区属企业与市属企业、中央企业之间的产权流转，通过市场化程序进行。三是充分发挥产权市场、资本市场在价格发现、价值重估、资金筹集、产权流转等方面的重要积极作用。

（2）经营管理市场化

推进国家出资企业经营管理的市场化，推动企业面向市场需求、把握市场导向、运用市场机制、按照市场模式、注重市场效益，市场化提升国企管理水平与经营效益，推进具备条件的企业探索国际化经营，不断积累经营管理市场化经验，分类探索国家出资企业经营管理市场化模式与机制。

（3）人力资源市场化

进一步完善企业领导人员选拔任用管理机制。不断拓宽选人用人渠道，加大企业领导人员市场化选聘力度。引入竞争机制，探索组织推

荐、公开招聘、猎头寻找等多种选聘方式。建立企业经营管理者"能上能下、能进能出"的良性机制。

（4）激励约束市场化

进一步发展完善区属企业负责人业绩考核与薪酬管理制度。加大与"两个推进"功能定位等业绩挂钩的考核激励力度，探索经营者持股、突出贡献特殊奖励等综合举措。探索聘请第三方专业机构，对企业战略管理、财务管理、风险管理等各方面进行市场化导向的综合绩效评价，为各区属企业业绩考核提供专业导向和市场依据。

4. 优化完善国资监管体系，推进以"法治化"为方向的监管改革

（1）监管法规制度化

围绕中央确定的国资监管"管资本"转型的政策方向，按照上海市"多管国资、少管国企、不管经营"的改革要求，建立"1＋1＋11"出资人监管权利清单制度体系，不断发展完善国资监管制度建设。夯实出资人权利清单及配套制度实施运行基础，为新一轮上海市金山区国资国企改革发展的推进与深化提供制度保障。

（2）分类监管制度化

根据国资国企改革发展总体要求，在"竞争类、功能类、公共服务类"三类基础上，根据各区属企业行业特点、功能任务、发展历史、发展现状与发展定位，进一步完善分类监管制度，分类推进企业改革发展、完善监督管理。

（3）战略管理制度化

围绕"三个金山"建设任务和"两个推进"功能定位，全面推进区属企业发展战略实施工作。以制定下发的《上海市金山区区属企业发展战略规划管理办法》和各企业制定的战略规划为指导，分解目标任务，细化工作措施，有力有序推进，不断提升区属企业战略管理水平。

（4）风险管理制度化

进一步加强企业法制建设和"事前事中事后"全覆盖的企业法律风险防控制度建设。推动区属企业法律顾问制度、重大法律纠纷案件管

理制度、法律意见书制度等工作指引的全面实施①，进一步提升区属企业依法治企和风险管控水平。

5. 强化责任意识形成工作合力，为深化国资国企改革提供政治保障

（1）充分发挥党组织政治核心作用

根据参与决策、带头实施、有效监督的要求，对学习型、服务型、创新型的党组织建设进一步加强，现代企业制度下企业党组织的政治核心作用要充分发挥。加强基层党组织建设，充分发挥基层党组织推动发展、服务群众、凝聚人心、促进和谐的作用。② 要根据改革发展的新形势和职工思想的新变化、新特点，大力加强思想政治工作，保证改革发展的顺利进行。要充分发挥工会、共青团等群团组织的作用，形成推动国资国企改革发展的强大精神动力。

（2）加强组织领导形成改革强大合力

区委、区政府及相关职能部门建立促进金山区国有资产和国有企业改革发展的领导和协调机制，对国有资产和国有企业改革发展的重大事项作出统筹决策。

各有关部门、各企业要深入贯彻落实《深化国资改革促进企业发展的意见》，增强大局观念和责任意识，在区委、区政府的领导下，坚定不移，坚持不懈，各司其职，密切配合，落实工作责任，形成国资国企改革发展的强大合力。

有关部门和企业要做好职工思想发动和组织宣传工作，引导广大职工参与改革、支持改革，切实保障职工合法权益，维护企业和社会和谐稳定，确保国资国企改革顺利推进。

---

① 参见《金山区人民政府关于印发〈金山区国有企业出资人权利清单制度〉的通知》，载上海市金山区人民政府网站，https：//www. jinshan. gov. cn/qzfwj-zdgkgwml/20200825/776620. html。

② 参见《金山区人民政府关于印发〈金山区国有企业出资人权利清单制度〉的通知》，载上海市金山区人民政府网站，https：//www. jinshan. gov. cn/qzfwj-zdgkgwml/20200825/776620. html。

## 二、国有资产出资人监管权利清单制度制定

### (一) 总则①

#### 1. 目的和依据

为贯彻党的十八大、十九大精神,落实《中共上海市委、上海市人民政府关于进一步深化上海国资改革促进企业发展的意见》,以"管资本"为核心依法履行国家出资企业出资人职责,根据《中华人民共和国公司法》《中华人民共和国企业国有资产法》《中华人民共和国证券法》等法律法规,结合上海市金山区实际,制定本制度。

#### 2. 适用范围

本制度所称国家出资企业,是指上海市金山区人民政府(以下简称区政府)授权上海市金山区国有资产监督管理委员会(以下简称区国资委)履行出资人代表职责的国有独资企业、公司,国有控股公司,国有参股公司。

#### 3. 出资人权利

区国资委根据区政府授权,按照《公司法》《企业国有资产法》等法律、法规规定,享有对上海市金山区国家出资企业经营者选择、重大决策和资产收益等出资人权利,履行出资人职责。

#### 4. 出资人权利类型

根据权利行使程序不同,出资人权利分为审议决定事项、审议表决事项和审议备案事项。审议决定事项须经区国资委审议、批准后方可实施。审议表决事项经区国资委审议、批准后由派出的产权代表行使表决权。审议备案事项为报告事项,由国家出资企业在董事会(或相应决策机构)作出决议后报告至区国资委备案。按规定须报区政府批准的事项从其规定。

---

① 参见《金山区人民政府关于印发〈金山区国有企业出资人权利清单制度〉的通知》,载上海市金山区人民政府网站,https://www.jinshan.gov.cn/qzfwj-zdgkgwml/20200825/776620.html。

**（二）国家出资企业出资人权利清单**

（1）国有独资公司（企业）出资人权利

国有独资企业（公司）不设股东会，由出资人行使下列职权：

1）审议备案公司（企业）的发展战略；

2）审议决定公司（企业）的年度投资计划；

3）审议决定子公司新设、合资、合并、关闭方案；

4）按法定程序任免由非职工代表担任的董事、监事；

5）在委派董事中指定董事长；

6）审议决定有关董事、监事的报酬事项；

7）审议决定公司（企业）的年度预算方案、决算方案；

8）审议决定公司（企业）的利润分配方案和弥补亏损方案；

9）审议决定增加或者减少注册资本方案；

10）审议决定发行公司债券或其他具有债券性质的证券方案；

11）审议决定公司（企业）改制、合并、分立、解散、清算或者变更公司（企业）形式；

12）审议决定公司（企业）对外转让出资；

13）审议决定公司（企业）股权激励计划；

14）审议决定公司（企业）清产核资事项；

15）审议决定修改公司（企业）章程；

16）审议备案年度董事会报告；

17）审议备案年度监事会报告；

18）审议备案公司（企业）重大对外投资、资产购置、资产处置、对外担保以及融资事项；

19）国家法律、行政法规规定的其他出资人权利。

公司（企业）改制、合并、分立、解散、增加或者减少注册资本和发行公司债券，国资委审核后报区政府批准。

除上述事项外，其他出资人权利，由区国资委授权国有独资公司（企业）董事会（或相应决策机构）按相关规定履行出资人代表职权。

（2）国有控股、参股公司的出资人权利

国有控股、参股公司，区国资委参加或委派代表参加股东会，按出资份额通过行使表决权履行下列职权：

1）审议表决公司的发展战略；

2）审议表决公司的年度投资计划；

3）审议表决子公司新设、合资、合并、关闭方案；

4）委派和更换由非职工代表担任的代表出资人的董事、监事；

5）审议表决有关董事、监事的报酬事项；

6）审议表决公司的年度预算方案、决算方案；

7）审议表决公司的利润分配方案和弥补亏损方案；

8）审议表决增加或者减少注册资本方案；

9）审议表决发行公司债券或其他具有债券性质的证券方案；

10）审议表决公司合并、分立、解散、清算或者变更公司形式；

11）审议表决公司对外转让出资；

12）审议表决股权激励计划；

13）审议表决公司清产核资事项；

14）审议表决修改公司章程；

15）审议备案年度董事会报告；

16）审议备案年度监事会报告；

17）审议备案公司重大对外投资、资产购置、资产处置、对外担保以及融资事项；

18）国家法律、行政法规规定的其他出资人权利。

公司改制、合并、分立、解散、增加或者减少注册资本和发行公司债券，区国资委在审议表决前须报区政府批准。

除上述事项外，其他出资人权利，由区国资委授权派出董事按照相关规定履行出资人代表职权。

**（三）国有控股上市公司的出资人权利**

出资人按持股比例依法对下列事项进行审议表决：

1）公司发展战略；

2）公司年度投资计划；

3）公司年度预算方案、决算方案；

4）公司利润分配方案和弥补亏损方案；

5）委派或更换非职工代表担任的代表出资人的董事、监事；

6）有关董事、监事的报酬事项；

7）增加或者减少注册资本；

8）发行公司债券或其他具有债券性质的证券；

9）公司合并、分立、解散、清算或者变更公司形式；

10）清产核资；

11）修改公司章程；

12）公司聘用、解聘会计师事务所；

13）公司在一年内购买、出售重大资产；

14）变更募集资金用途事项；

15）股权激励计划；

16）重大对外担保事项；

17）法律、行政法规、部门规章或公司章程规定应当由股东大会决定的其他事项。

除上述事项外，其他出资人权利，由区国资委授权派出董事按相关规定履行出资人代表职权。

上市公司重大事项报告制度按照《上市公司信息披露管理办法》执行，不再单独上报。

**（四）出资人权利行使制度**

（1）战略规划管理制度

区国资委建立国家出资企业战略规划管理制度，行使出资人战略规划管理权利。

（2）区属企业领导人员管理制度

区国资委对委派到区属企业的领导人员进行分类管理和任期制管理，行使出资人经营者选择权利。

（3）重大事项管理制度

区国资委建立国家出资企业重大事项管理制度，行使出资人重大决策管理权利。

（4）业绩考核与薪酬管理制度

区国资委建立国家出资企业经营者业绩考核与薪酬管理制度,行使出资人薪酬管理权利。

（5）国有资本经营收益管理制度

区国资委建立国家出资企业国有资本经营收益管理制度,行使出资人资产收益权利。

（6）董监事会报告制度

区国资委建立董事会、监事会报告制度,行使出资人董监事报告管理权利。

（7）法律风险管理制度

区国资委建立法律风险管理制度,指导企业建立实施法律顾问制度、重大法律纠纷案件管理制度、法律意见书制度,行使出资人国有资产风险管理监督权利。

（8）国有资产损失责任追究制度

区国资委建立国有资产损失责任追究制度,行使出资人国有资产损失责任追究权利。

（9）综合绩效评价管理制度

区国资委建立区属企业综合绩效评价管理制度,行使出资人国有资本运营管理监督权利。

（10）稽查制度

区国资委建立稽查制度,依法行使对占有、使用国有资产的国家出资企业开展调查、检查和稽核的权利。

（11）其他权利制度

区国资委依法对国家法律、行政法规等规定的除上述出资人权利外的其他事项,履行监督管理职权。

# 主要参考文献

［1］习近平：《决胜全面建成小康社会　夺取新时代中国特色社会主义伟大胜利》，人民出版社，2017 年 10 月 27 日。

［2］郝鹏：《新时代国有企业改革发展和党的建设的科学指南》，载《求是》2022 年第 13 期。

［3］苏虹：《构建落实"前置程序"推动党的领导有机融入公司治理——上海市国资委党委落实"前置程序"要求的实践与探索》，载《现代国企研究》2021 年第 7 期。

［4］王立胜、张弛、陈健：《习近平关于国有企业论述研究》，载《当代经济研究》2020 年第 3 期。

［5］董勤：《上海国资委：健全国资管理体系　实施三级联动改革》，载《国资报告》2019 年第 12 期。

［6］郁庆治：《新时代语境下的国企党建创新理论与实践研究》，载《中国浦东干部学院学报》2018 年第 7 期。

［7］胡徐腾：《坚持党的领导与建立现代企业制度》，载《现代国企研究》2019 年第 6 期。

［8］陈宾：《法人治理结构视角下完善国有企业党的领导》，载《行政管理改革》，2018 年第 5 期。

［9］宋方敏：《论"国有企业做强做优做大"和"国有资本做强做优做大"的一致性》，载《政治经济学评论》2018 年第 3 期。

［10］王伟国：《国家治理体系视角下党内法规研究的基础概念辨析》，载《中国法学》，2018 年第 2 期。

［11］郝鹏：《坚持党的领导　加强党的建设　为做强做优做大国有企业提供坚强保证》，载《国资报告》2017 年第 2 期。

［12］马跃：《加强党的领导与完善公司治理如何有机结合》，载《国家治理》，2017 第 2 期。

［13］王震：《政党适应性视阈下国有企业党建工作调适研究》，中共中央党校，2017 年。

［14］宋方敏：《习近平国有经济思想研究略论》，载《政治经济学评论》2017 年第 1 期。

［15］晓宇：《国有资产管理体制改革即将落地实施布局期刚刚开始》，载《经济研究

参考》2016 年第 60 期。

［16］张守良:《在实践中探索　在探索中创新　国有企业党的领导体制及党的建设制度建设沿革》,载《国资报告》2016 年第 7 期。

［17］林益彬等:《国有资产管理体制改革开始新征程:压力下的转型》,载《上海国资》2016 年第 1 期。

［18］傅尔基:《混合化与国有资产管理体制改革全面深化》,载《毛泽东邓小平理论研究》2015 年第 10 期。

［19］恽力达:《国企混合所有制改革背景下法人治理结构的完善——以《上海国有资产管理体制改革二十条》为视角》,载《现代国企研究》2015 年第 6 期。

［20］丁堡骏:《国有企业如何实现浴火重生》,载《红旗文稿》2014 年第 10 期。

［21］天津经济课题组、曲宁、王晓菲、虞冬青、孟力、张丽恒、仲成春:《国有资产管理体制改革先行一步的亮点及启示》,载《天津经济》2014 年第 1 期。

［22］孙会岩、周璐:《改革开放以来国有企业产权改革的历史分析》,载《科学发展》2011 年第 7 期。

［23］艾南:《以"组合式"制度创新提升国企党建科学化水平》,载《中共中央党校学报》2011 年第 2 期。

［24］李昌庚:《转型视角下的中国国有企业治理法律研究》,载《法学杂志》,2010年第 12 期。

［25］李曙光:《论〈国有资产法〉中的"五人"定位》,《政治与法律》,2009 年第 4 期。

［26］郑海航:《中国国有资产管理体制改革三十年的理论与实践》,载《经济与管理研究》2008 年第 11 期。

［27］郭国荣:《中国特色国有资产监管体制发展完善的初步思考》,载《国有资产管理》2008 年第 7 期。

［28］魏杰:《必须构建新的国有资产管理体制》,载《改革》2002 年第 6 期。

［29］杨天宇:《构建我国国有资产管理体制的理论思考》,载《当代财经》2002 年第 1 期。

［30］肖云、上海市政府现代办:《上海国有企业建立现代企业制度的探索》,载《经济与管理研究》2000 年第 2 期。

［31］蒋铁柱:《国有资产管理体制改革二十年》,载《学术月刊》1998 年第 12 期。

［32］万福义:《探索有中国特色的国有企业法人治理结构》,载《中共中央党校学报》,1998 年第 4 期。

［33］王保树:《国有企业走向公司的难点及其法理思考》,载《法学研究》,1995 年第 1 期。

［34］Phillip Ribletts: *A Legal Regime for State-Owned Companies in the Modern Era* , 2009.

［35］Andrew Dickinson: *State Immunity and State-Owned Enterprises* , 2009.

［36］Allen, F. , and Gale, D. : "Corporate Governance and Competition", in Vives, X. , (ed.), *Corporate Governance*: *Theoretical and Empirical Perspectives* , Cambridge University Press, 2000.

# 后记

　　国有企业是中国特色社会主义的重要物质基础和政治基础，国有企业改革是中国经济体制改革的核心环节。自 2000 年有幸参与宝钢集团课题调研至今，二十多年来在理论和实务角度，对国有企业改革发展规律有了一定的研究认识和实践积累。本书就是有幸来到国家高端智库上海社会科学院工作后，深入思考的成果之一。

　　国有企业改革，是一个全社会、国内外普遍高度关注的问题，关系着国家民族的发展命运，影响着社会大众的生产生活。国有企业改革的成功，取决于对其客观本质和运动规律的科学把握和系统推进。本研究在对七十多年来我国国有企业改革艰辛探索进行分析基础上，首次对习近平新时代国有企业重要论述进行了学理化阐释，对新时代国有企业改革的基本属性、本质特征、地位作用、主要矛盾、目标任务、改革主体、发展动力、布局结构、公司治理、竞争中性、监督管理等进行了系统分析，提出了"特色化治理改革、资本化国资改革、市场化国企改革、法治化监管改革"等新时代国有企业综合改革的系统对策建议。在新时代民族复兴战略全局和世界百年变局"两个大局"下，希望对于我国国有企业改革发展能够具有一定的参考意义。

　　本书的形成，很多师长、同仁都需要深深感谢。从上海财经大学法学院到杨浦区财政局、金山区国资委、到上海社会科学院法学所，二十年多来，得到了各位师长、同事和亲友的关心、支持和帮助，在此表示由衷的感激！本书研究得到了上海市哲学社会科学基金的资助，出版得到了责任编辑郑秀艳老师的专业把关，也一并致谢！最后，深深感谢我的父亲母亲和姐姐。几十年在外求学工作,事务繁忙,未能身边尽孝,母亲驾鹤西去是一生最大的痛。希望本书作为一点点工作成果,能够向父母汇报,也祈望天下所有的父母都幸福安康!

李建伟

2022 年 7 月 30 日

**图书在版编目(CIP)数据**

新时代国有企业综合改革研究/李建伟著.—上海:上海三联
书店,2022.8

(上海社会科学院法学研究所学术精品文库)

ISBN 978－7－5426－7847－8

Ⅰ.①新…　Ⅱ.①李…　Ⅲ.①国有企业－企业改革－研究－
中国　Ⅳ.①F279.241

中国版本图书馆 CIP 数据核字(2022)第 154739 号

# 新时代国有企业综合改革研究

著　　者 / 李建伟

责任编辑 / 郑秀艳
装帧设计 / 一本好书
监　　制 / 姚　军
责任校对 / 王凌霄

出版发行 / 上海三联书店

　　　　　(200030)中国上海市漕溪北路 331 号 A 座 6 楼

邮　　箱 / sdxsanlian@sina.com

邮购电话 / 021－22895540

印　　刷 / 上海惠敦印务科技有限公司

版　　次 / 2022 年 8 月第 1 版
印　　次 / 2022 年 8 月第 1 次印刷
开　　本 / 640 mm×960 mm　1/16
字　　数 / 200 千字
印　　张 / 16.25
书　　号 / ISBN 978－7－5426－7847－8/F·782
定　　价 / 68.00 元

敬启读者,如发现本书有印装质量问题,请与印刷厂联系 021－63779028